系统规划与管理师
章节习题与考点特训
（第二版）

主 编 薛大龙

中国水利水电出版社
www.waterpub.com.cn
·北京·

内容提要

系统规划与管理师考试是全国计算机技术与软件专业技术资格（水平）考试（简称"软考"）的高级资格考试，通过系统规划与管理师考试，可获得高级工程师职称。

本书针对新颁第 2 版系统规划与管理师考试大纲编写，作为软考教材的章节习题集，本书具有四个特点：目录与第 2 版官方教材一致；知识点分布与最新考纲一致；重点与高频考点一致；难度与历年真题一致。在学习了知识点之后，再做与该章节知识点相对应的练习题，可以极大地提升学习效率。

本书可作为考生备考系统规划与管理师的学习教材，也可供相关考试培训班使用。

图书在版编目（CIP）数据

系统规划与管理师章节习题与考点特训 / 薛大龙主编. -- 2版. -- 北京：中国水利水电出版社，2025.5.
ISBN 978-7-5226-3427-2

Ⅰ. G203-44

中国国家版本馆 CIP 数据核字第 2025W1Y801 号

责任编辑：周春元　　加工编辑：杨继东　　封面设计：李 佳

书　名	系统规划与管理师章节习题与考点特训（第二版） XITONG GUIHUA YU GUANLISHI ZHANGJIE XITI YU KAODIAN TEXUN
作　者	主　编　薛大龙
出版发行	中国水利水电出版社 （北京市海淀区玉渊潭南路 1 号 D 座　100038） 网址：www.waterpub.com.cn E-mail：mchannel@263.net（答疑） 　　　　sales@mwr.gov.cn 电话：（010）68545888（营销中心）、82562819（组稿）
经　售	北京科水图书销售有限公司 电话：（010）68545874、63202643 全国各地新华书店和相关出版物销售网点
排　版	北京万水电子信息有限公司
印　刷	三河市德贤弘印务有限公司
规　格	184mm×240mm　16 开本　15.25 印张　367 千字
版　次	2020 年 7 月第 1 版　　2020 年 7 月第 1 次印刷 2025 年 5 月第 2 版　　2025 年 5 月第 1 次印刷
印　数	0001—3000 册
定　价	48.00 元

凡购买我社图书，如有缺页、倒页、脱页的，本社营销中心负责调换

版权所有·侵权必究

全国计算机技术与软件专业技术资格（水平）考试辅导用书编委会

主　任　薛大龙

副主任　邹月平　姜美荣　胡晓萍

委　员　刘开向　胡　强　朱　宇　杨亚菲

　　　　施　游　孙烈阳　张　珂　何鹏涛

　　　　王建平　艾教春　王跃利　李志生

　　　　吴芳茜　黄树嘉　刘　伟　兰帅辉

　　　　马利永　王开景　韩　玉　周钰淮

　　　　罗春华　刘松森　陈　健　黄俊玲

　　　　孙俊忠　王　红　赵德端　涂承烨

　　　　余成鸿　贾瑜辉　金　麟　程　刚

　　　　唐　徽　刘　阳　马晓男　孙　灏

　　　　陈振阳　赵志军　顾　玲　上官绪阳

　　　　刘　震　郑　波

本书之 WHAT&WHY

为什么选择本书

历年全国软考高级资格考试的平均通过率一般在 10%左右。考试所涉及的知识范围较广，而考生一般又多忙于工作，仅靠教程很难在有限的时间内领略及把握考试的重点和难点。

本书作者多年来潜心研究软考知识体系，对历年的软考试题进行了深入分析、归纳与总结，并把这些规律性的知识融入软考培训的教学当中，取得了非常显著的效果。但限于各方面条件，能够参加面授的考生还是相对较少，为了能让更多考生分享到我们的一些经验与成果，特组织编写了本书。本书具有以下四个特点：

- ➢ **目录与第2版官方教材一致**：本书按照分类组织成习题集，使考生能更有针对性地复习和应考，考生通过做本书的习题，可掌握教材各章的知识点、考试重点和难点，熟悉考试方法、试题形式、试题的深度与广度、考试内容的分布，以及解答问题的方法和技巧。
- ➢ **知识点分布与最新考纲一致**：本书作者通过细致分析考试大纲，结合命题规律，使得本书中的题目分布与最新的系统规划与管理师考试大纲的要求一致，符合考试大纲要求的正态分布。在学习了知识点之后，再做与该章节知识点相对应的练习题，可以极大地提升学习效率。
- ➢ **重点与高频考点一致**：本书把作者团队中多名杰出讲师的软考教学经验、多年试题研究及命题规律总结经验融汇在一起，练习题目与高频考点呈强正相关的关系，同时兼顾非高频考点。
- ➢ **难度与历年真题一致**：本书在以上三个特点的基础上，还专门分析了考试难度，使得练习题的难度与历年真题的难度一致，从而使考生不过多地偏离考试方向，完全符合考试的要求。

本书作者不一般

本书由薛大龙担任主编，针对机考环境下的最新考试要求进行编写，赵德端对书稿进行了审核。

薛大龙，北京理工大学博士研究生，多所大学客座教授，北京市评标专家，财政部政府采购评审专家。全国计算机技术与软件专业技术资格（水平）考试辅导用书编委会主任，以第一作者主编出版书籍超过 60 本。非常熟悉命题要求、命题形式、命题难度、命题深度、命题重点及判卷标准。

薛博士曾多次受邀给中共中央党校、国家税务总局等单位进行授课，截至目前共受邀给大型国企、上市公司等超过 1000 家企业进行内训，讲授公开课 600 多次，授课学员超过 118 万人。

薛博士授课幽默风趣，善于利用"段子手"的风格来讲解很专业的各类知识点，同时能针对重要考点编写"速记词"以增加学员对知识点的记忆,被业内称为"软考金句王"。

致谢

感谢中国水利水电出版社有限公司周春元编辑在本书的策划、写作大纲的确定、编辑出版等方面付出的辛勤劳动和智慧,以及他给予我们的很多支持与帮助。

本书适合谁

本书可作为考生备考"系统规划与管理师"的学习教材,也可供相关考试培训班使用。考生可通过学习本书,掌握考试的重点、熟悉试题形式及解答问题的方法和技巧等。

由于编者水平有限,且本书涉及的内容很广,书中难免存在疏漏和不妥之处,诚恳地期望各位专家和读者不吝指正和帮助,对此,我们将十分感激。

关注大龙老师抖音,了解最新考试资讯!

编　者

2025 年 2 月于北京

目　　录

本书之 WHAT&WHY

第 1 章　信息系统与信息技术发展 …………… 1
1.1　信息系统及其发展 …………………… 1
答案及解析 ………………………………… 2
1.2　信息技术及其发展 …………………… 3
答案及解析 ………………………………… 4
1.3　新一代信息技术及发展 ……………… 5
答案及解析 ………………………………… 6

第 2 章　数字中国与数智化发展 ……………… 7
2.1　数字化转型 …………………………… 7
答案及解析 ………………………………… 8
2.2　数字中国 ……………………………… 9
答案及解析 ……………………………… 10
2.3　数字经济 …………………………… 11
答案及解析 ……………………………… 12
2.4　数字政府 …………………………… 13
答案及解析 ……………………………… 14
2.5　数字社会 …………………………… 15
答案及解析 ……………………………… 16
2.6　数字生态 …………………………… 17
答案及解析 ……………………………… 18
2.7　数智化发展 ………………………… 19
答案及解析 ……………………………… 20

第 3 章　科学与哲学方法论 ………………… 22
3.1　矛盾论 ……………………………… 22
答案及解析 ……………………………… 23
3.2　实践论 ……………………………… 24
答案及解析 ……………………………… 24
3.3　系统论 ……………………………… 25
答案及解析 ……………………………… 26
3.4　信息论 ……………………………… 26
答案及解析 ……………………………… 27
3.5　控制论 ……………………………… 28
答案及解析 ……………………………… 28
3.6　耗散结构理论 ……………………… 29
答案及解析 ……………………………… 30
3.7　协同论 ……………………………… 30
答案及解析 ……………………………… 31
3.8　突变论 ……………………………… 32
答案及解析 ……………………………… 33
3.9　复杂系统论 ………………………… 34
答案及解析 ……………………………… 34

第 4 章　信息系统规划 ……………………… 36
4.1　概述 ………………………………… 36
答案及解析 ……………………………… 37
4.2　信息系统规划主要内容 …………… 37
答案及解析 ……………………………… 39
4.3　信息系统规划工作要点 …………… 40
答案及解析 ……………………………… 41
4.4　信息系统规划常用方法 …………… 42
答案及解析 ……………………………… 43

第 5 章　应用系统规划 ……………………… 45
5.1　基础知识 …………………………… 45
答案及解析 ……………………………… 46
5.2　主要内容 …………………………… 47
答案及解析 ……………………………… 48
5.3　主要过程 …………………………… 49
答案及解析 ……………………………… 50
5.4　常用方法 …………………………… 51
答案及解析 ……………………………… 52
5.5　软件工厂 …………………………… 54

答案及解析 …………………………………… 55
第 6 章　云资源规划 …………………………… 57
　6.1　云资源规划概述 …………………………… 57
　　答案及解析 …………………………………… 58
　6.2　云计算架构 ………………………………… 59
　　答案及解析 …………………………………… 60
　6.3　计算资源规划 ……………………………… 62
　　答案及解析 …………………………………… 62
　6.4　存储资源规划 ……………………………… 63
　　答案及解析 …………………………………… 64
　6.5　云数据中心规划 …………………………… 65
　　答案及解析 …………………………………… 66
第 7 章　网络环境规划 ………………………… 69
　7.1　网络架构和主要技术 ……………………… 69
　　答案及解析 …………………………………… 70
　7.2　广域网规划 ………………………………… 71
　　答案及解析 …………………………………… 72
　7.3　局域网规划 ………………………………… 73
　　答案及解析 …………………………………… 74
　7.4　无线网规划 ………………………………… 75
　　答案及解析 …………………………………… 76
　7.5　网络整体规划的重点事项 ………………… 77
　　答案及解析 …………………………………… 78
第 8 章　数据资源规划 ………………………… 80
　8.1　概述 ………………………………………… 80
　　答案及解析 …………………………………… 81
　8.2　数据资源规划的方法 ……………………… 81
　　答案及解析 …………………………………… 82
　8.3　数据架构 …………………………………… 84
　　答案及解析 …………………………………… 85
　8.4　数据标准化 ………………………………… 86
　　答案及解析 …………………………………… 88
　8.5　数据管理 …………………………………… 89
　　答案及解析 …………………………………… 90
第 9 章　信息安全规划 ………………………… 92
　9.1　信息安全概述 ……………………………… 92

　　答案及解析 …………………………………… 93
　9.2　信息安全架构 ……………………………… 94
　　答案及解析 …………………………………… 95
　9.3　信息安全规划的主要内容 ………………… 96
　　答案及解析 …………………………………… 97
　9.4　信息安全规划案例 ………………………… 98
　　答案及解析 …………………………………… 99
第 10 章　云原生系统规划 …………………… 100
　10.1　云原生发展背景 ………………………… 100
　　答案及解析 ………………………………… 101
　10.2　云原生技术架构 ………………………… 101
　　答案及解析 ………………………………… 103
　10.3　云原生建设规划 ………………………… 105
　　答案及解析 ………………………………… 106
　10.4　云原生实践 ……………………………… 107
　　答案及解析 ………………………………… 108
第 11 章　信息系统治理 ……………………… 109
　11.1　IT 治理 …………………………………… 109
　　答案及解析 ………………………………… 110
　11.2　IT 审计 …………………………………… 112
　　答案及解析 ………………………………… 113
第 12 章　信息系统服务管理 ………………… 115
　12.1　服务战略规划 …………………………… 115
　　答案及解析 ………………………………… 116
　12.2　服务设计实现 …………………………… 117
　　答案及解析 ………………………………… 118
　12.3　服务运营提升 …………………………… 120
　　答案及解析 ………………………………… 121
　12.4　服务退役终止 …………………………… 122
　　答案及解析 ………………………………… 123
　12.5　持续改进与监督 ………………………… 124
　　答案及解析 ………………………………… 125
第 13 章　人员管理 …………………………… 127
　13.1　人力资源管理基础 ……………………… 127
　　答案及解析 ………………………………… 128
　13.2　工作分析与岗位设计 …………………… 128

答案及解析 …………………………… 129
13.3 人力资源战略与计划 …………… 130
答案及解析 …………………………… 131
13.4 人员招聘与录用 ………………… 132
答案及解析 …………………………… 133
13.5 人员培训 ………………………… 134
答案及解析 …………………………… 136
13.6 组织绩效与薪酬管理 …………… 137
答案及解析 …………………………… 138
13.7 人员职业规划与管理 …………… 139
答案及解析 …………………………… 140
第 14 章 规范与过程管理 ……………… 142
14.1 管理标准化 ……………………… 142
答案及解析 …………………………… 143
14.2 流程规划 ………………………… 144
答案及解析 …………………………… 145
14.3 流程执行 ………………………… 145
答案及解析 …………………………… 146
14.4 流程评价 ………………………… 146
答案及解析 …………………………… 147
14.5 流程持续改进 …………………… 148
答案及解析 …………………………… 149
第 15 章 技术与研发管理 ……………… 150
15.1 技术研发管理 …………………… 150
答案及解析 …………………………… 151
15.2 技术研发应用 …………………… 152
答案及解析 …………………………… 153
15.3 知识产权管理 …………………… 154
答案及解析 …………………………… 155
第 16 章 资源与工具管理 ……………… 157
16.1 研发与测试管理 ………………… 157
答案及解析 …………………………… 158
16.2 运维管理 ………………………… 159
答案及解析 …………………………… 160
16.3 项目管理工具 …………………… 161
答案及解析 …………………………… 162

第 17 章 信息系统项目管理 …………… 163
17.1 项目基本要素 …………………… 163
答案及解析 …………………………… 164
17.2 项目经理的角色 ………………… 165
答案及解析 …………………………… 166
17.3 价值驱动的项目管理知识体系 … 167
答案及解析 …………………………… 168
第 18 章 智慧城市发展规划 …………… 170
18.1 发展整体环境 …………………… 170
答案及解析 …………………………… 171
18.2 发展关注焦点 …………………… 171
答案及解析 …………………………… 172
18.3 发展规划要点 …………………… 172
答案及解析 …………………………… 173
18.4 系统架构 ………………………… 174
答案及解析 …………………………… 175
第 19 章 智慧园区发展规划 …………… 177
19.1 发展整体环境 …………………… 177
答案及解析 …………………………… 178
19.2 发展关注焦点 …………………… 179
答案及解析 …………………………… 180
19.3 发展规划要点 …………………… 181
答案及解析 …………………………… 181
19.4 信息系统架构 …………………… 182
答案及解析 …………………………… 183
第 20 章 数字乡村发展规划 …………… 185
20.1 发展整体环境 …………………… 185
答案及解析 …………………………… 186
20.2 发展关注焦点 …………………… 187
答案及解析 …………………………… 188
20.3 发展规划要点 …………………… 189
答案及解析 …………………………… 190
20.4 信息系统架构 …………………… 190
答案及解析 …………………………… 191
第 21 章 企业数字化转型发展规划 …… 193
21.1 转型驱动力 ……………………… 193

答案及解析 …………………………………… 194
21.2 转型关注焦点 ……………………………… 195
答案及解析 …………………………………… 196
21.3 转型能力成熟度 …………………………… 197
答案及解析 …………………………………… 198
21.4 转型的规划要点 …………………………… 199
答案及解析 …………………………………… 200
21.5 转型系统架构规划设计 …………………… 200
答案及解析 …………………………………… 201

第22章 智能制造发展规划 ……………………… 203
22.1 发展整体环境 ……………………………… 203
答案及解析 …………………………………… 204
22.2 发展关注焦点 ……………………………… 205
答案及解析 …………………………………… 206
22.3 能力成熟度模型 …………………………… 207
答案及解析 …………………………………… 208
22.4 发展规划要点 ……………………………… 209
答案及解析 …………………………………… 210
22.5 信息系统架构 ……………………………… 210
答案及解析 …………………………………… 211

第23章 新型消费系统规划 ……………………… 213
23.1 发展整体环境 ……………………………… 213
答案及解析 …………………………………… 214
23.2 发展关注焦点 ……………………………… 215

答案及解析 …………………………………… 216
23.3 规划要点 …………………………………… 217
答案及解析 …………………………………… 219
23.4 系统架构 …………………………………… 220
答案及解析 …………………………………… 221

第24章 法律法规和标准规范 …………………… 223
24.1 法律法规 …………………………………… 223
答案及解析 …………………………………… 224
24.2 标准规范 …………………………………… 225
答案及解析 …………………………………… 226

第25章 案例分析 ………………………………… 227
25.1 智慧城市案例分析 ………………………… 227
案例题答案 …………………………………… 227
25.2 智慧园区案例分析 ………………………… 228
案例题答案 …………………………………… 229
25.3 数字乡村案例分析 ………………………… 229
案例题答案 …………………………………… 230
25.4 企业数字化案例分析 ……………………… 230
案例题答案 …………………………………… 231
25.5 智能制造案例分析 ………………………… 232
案例题答案 …………………………………… 232
25.6 新型消费系统案例分析 …………………… 233
案例题答案 …………………………………… 234

第1章 信息系统与信息技术发展

1.1 信息系统及其发展

- 信息化过程的核心是___(1)___。
  - (1) A. 计算机技术的广泛应用　　　　B. 传统产业的转型升级
  　　　C. 服务业的现代化　　　　　　　D. 社交媒体的普及
- 以下___(2)___不属于信息化的特征。
  - (2) A. 广泛性　　　　B. 慢速性　　　　C. 数据量巨大　　　　D. 信息处理能力强大
- 狭义的信息系统主要由___(3)___组成。(以家庭智能音箱为例)
  - (3) A. 音箱硬件、网络连接、语音识别软件、用户手册
  　　　B. 音箱外观、音响效果、智能助手、售后服务
  　　　C. 音箱品牌、音质保证、用户反馈、销售渠道
  　　　D. 音箱材质、电池续航、音乐库、智能控制
- 信息系统的___(4)___强调了系统能够随着需求的变化而扩展。
  - (4) A. 复杂性　　　　B. 动态性　　　　C. 易用性　　　　D. 实时性
- ___(5)___将计算机信息系统的发展道路划分为六个阶段，即初始阶段、传播阶段、控制阶段、集成阶段、数据管理阶段和成熟阶段。
  - (5) A. 香农　　　　B. 诺兰　　　　C. 泰罗　　　　D. 薛定锷
- 以下___(6)___不是信息系统生命周期的阶段。
  - (6) A. 系统规划
  　　　B. 系统分析
  　　　C. 系统测试（仅指测试阶段，不包括编码）
  　　　D. 系统部署

- 以下___(7)___最能体现信息系统的可扩展性。

 （7）A．智能手机支持多种应用程序的安装和卸载

 　　　B．电视机可以接收多个频道的信号

 　　　C．汽车导航系统可以实时更新地图数据

 　　　D．打印机可以连接多台电脑进行打印

- 信息化过程中，___(8)___涉及信息网络体系的构建。

 （8）A．信息产业的升级　　　　　　　B．信息资源的管理

 　　　C．信息网络基础设施的建设　　　D．信息技术人才的培养

- 诺兰模型中，在___(9)___组织选定统一的数据库平台、数据管理体系和信息管理平台。

 （9）A．初始阶段　　　　　　　　　　B．控制阶段

 　　　C．数据管理阶段　　　　　　　　D．成熟阶段

- 以下___(10)___特征强调了信息系统在处理紧急或突发情况时的能力。

 （10）A．实时性　　　B．安全性　　　C．可靠性　　　D．成本效益

答案及解析

（1）**答案：A** 解析　信息化是计算机技术、网络技术、通信技术等信息技术的广泛应用与传统产业和现代服务业相结合的过程。计算机技术的广泛应用是信息化的核心。传统产业的转型升级和服务业的现代化虽然也是信息化的组成部分，但不是核心。社交媒体的普及与信息化过程无直接关联。

（2）**答案：B** 解析　信息化具有广泛性、深度性、快速性、数据量巨大、信息交流快速、信息处理能力强大等特征。慢速性显然与信息化的快速性特征相悖。

（3）**答案：A** 解析　狭义的信息系统是指由计算机硬件（音箱硬件）、网络和通信设备（网络连接）、软件（语音识别软件）、信息资源（用户手册等指导信息）、信息用户和规章制度组成的以处理信息流为目的的人机一体化系统。B选项、C选项、D选项与狭义信息系统的定义不符。

（4）**答案：B** 解析　信息系统的动态性特征强调了系统能够随着需求的变化而扩展和适应。复杂性关注的是系统的结构和功能；易用性关注的是用户的使用体验；实时性关注的是系统处理信息的速度。

（5）**答案：B** 解析　香农是信息论的奠基人，主要贡献在于提出了信息熵的概念，与计算机信息系统的发展阶段划分无直接关联。诺兰模型是信息系统发展阶段的模型，由诺兰于1973年提出，该模型将计算机信息系统的发展过程划分为六个阶段，与题目描述完全吻合。泰罗是科学管理之父，不是诺兰模型的提出者。薛定锷是量子力学领域的著名物理学家，与计算机信息系统的发展阶段划分无关。

（6）**答案：C** 解析　信息系统的生命周期包括系统规划、系统分析、系统设计、系统实施（包括编码和测试）、系统运行和维护等阶段。系统测试是系统实施阶段的一部分，不能单独作为

生命周期的一个阶段。

（7）**答案：A** **解析** 智能手机的可扩展性体现在它能够支持多种应用程序的安装和卸载，这符合信息系统可扩展性的特征。B选项中的电视机可以接收多个频道的信号是功能多样性，而非可扩展性；C选项中的汽车导航系统可以更新地图数据是实时性特征；D选项中的打印机可以连接多台电脑进行打印是互操作性或兼容性特征。

（8）**答案：C** **解析** 信息化内涵包括信息网络体系、信息产业基础、社会运行环境、效用积累过程等。信息网络体系的构建是信息化过程中的重要环节，它涉及信息网络基础设施的建设，如光纤网络、无线网络等。

（9）**答案：C** **解析** 在诺兰模型的数据管理阶段，组织选定统一的数据库平台、数据管理体系和信息管理平台，以统一数据的管理和使用，实现资源整合和信息共享。

（10）**答案：C** **解析** 信息系统的可靠性特征强调了系统在处理紧急或突发情况时的能力，即系统能够在规定条件下和规定时间内完成规定功能的能力。实时性关注的是系统处理信息的速度；安全性关注的是系统免受未经授权的访问、使用、披露、中断、修改或销毁的能力；成本效益关注的是系统的经济性和效率。

1.2 信息技术及其发展

- 冯·诺依曼计算机结构的五大硬件部件不包括___(1)___。
  - （1）A．控制器　　　B．显示器　　　C．存储器　　　D．输入设备
- 以下___(2)___属于系统软件。
  - （2）A．Office　　　　　　　　　B．WPS
  - 　　　C．Windows 操作系统　　　D．Photoshop
- 局域网（LAN）与广域网（WAN）的主要区别在于其作用范围，以下___(3)___描述正确。
  - （3）A．LAN 覆盖全球范围
  - 　　　B．WAN 覆盖一个城市或地区
  - 　　　C．LAN 覆盖一个建筑物或一组相邻建筑物
  - 　　　D．WAN 覆盖一个企业或组织内部
- 在 OSI 七层模型中，___(4)___负责端到端的数据传输。
  - （4）A．物理层　　　　　　　　B．数据链路层
  - 　　　C．传输层　　　　　　　　D．网络层
- SDN（软件定义网络）架构中，___(5)___负责掌握全局网络信息并控制转发规则。
  - （5）A．数据平面　　　　　　　B．控制平面
  - 　　　C．应用平面　　　　　　　D．管理平面
- 以下___(6)___不属于按连接方式划分的存储系统类型。
  - （6）A．SAN 存储　　B．NAS 存储　　C．云存储　　D．DAS 存储

- 关系型数据库与非关系型数据库的主要区别之一是___(7)___。
  - (7) A. 数据存储方式　　　　　　　　B. 数据处理速度
  　　　C. 数据安全性　　　　　　　　　D. 数据可视化能力
- 数据仓库的主要目的是___(8)___。
  - (8) A. 实时处理交易数据　　　　　　B. 支持管理决策
  　　　C. 存储临时文件　　　　　　　　D. 提供网络安全服务
- 以下___(9)___不是信息安全的基本属性。
  - (9) A. 保密性　　B. 完整性　　C. 可用性　　D. 可访问性
- 网络安全态势感知的关键技术不包括___(10)___。
  - (10) A. 海量多元异构数据的汇聚融合技术
  　　　 B. 网络安全事件的实时响应技术
  　　　 C. 网络安全态势评估与决策支撑技术
  　　　 D. 网络安全态势可视化

答案及解析

（1）**答案：B**　**解析**　冯·诺依曼计算机结构将计算机硬件划分为控制器、运算器、存储器、输入设备和输出设备，显示器属于输出设备。

（2）**答案：C**　**解析**　系统软件是为整个计算机系统配置的不依赖特定应用领域的通用软件，主要包括操作系统、数据库和中间件等。Windows 操作系统是典型的系统软件，而 Office、WPS 和 Photoshop 都是针对特定应用（如办公、图像处理）设计的应用软件。

（3）**答案：C**　**解析**　局域网（LAN）通常覆盖一个建筑物或一组相邻建筑物，而广域网（WAN）则覆盖更大的地理范围，如城市、地区甚至全球。

（4）**答案：C**　**解析**　在 OSI 七层模型中，传输层负责端到端的数据传输，确保数据包无差错、按顺序、无丢失和无冗余地传输。物理层负责在物理链路上传输比特流；数据链路层提供点到点的帧传输；网络层负责在源节点和目的节点之间传输数据。

（5）**答案：B**　**解析**　在 SDN 架构中，控制平面负责掌握全局网络信息并控制转发规则。数据平面由交换机等网络通用硬件组成，负责数据的实际传输；应用平面包括各种基于 SDN 的网络应用，用户无须关心底层细节就可以编程、部署新应用。

（6）**答案：C**　**解析**　按连接方式的不同，存储系统可以划分为 SAN 存储、NAS 存储和 DAS 存储。云存储是一种基于网络的分布式存储系统，但它不是按连接方式划分的存储系统类型之一。

（7）**答案：A**　**解析**　关系型数据库与非关系型数据库的主要区别之一是数据存储方式。关系型数据库使用表结构来存储数据，支持事务的 ACID 原则；而非关系型数据库则采用分布式、非关系型的数据存储方式，不保证遵循 ACID 原则。

（8）**答案：B**　**解析**　数据仓库是一个面向主题的、集成的、非易失的且随时间变化的数据集合，用于支持管理决策。它不同于操作型数据库，后者主要用于实时处理交易数据。

（9）**答案：D 解析** 信息安全的基本属性包括保密性（信息不被未授权者知晓）、完整性（信息是正确的、真实的、未被篡改的）、可用性（信息可以随时正常使用）、可控性（管理者能够对信息实施必要的控制管理）和不可否认性（人们要为自己的信息行为负责）。

（10）**答案：B 解析** 网络安全态势感知的关键技术主要包括海量多元异构数据的汇聚融合技术、面向多类型的网络安全威胁评估技术、网络安全态势评估与决策支撑技术以及网络安全态势可视化。实时响应技术虽然重要，但它更多地属于网络安全事件处理的一部分，而不是态势感知的关键技术。态势感知更侧重于对安全风险的洞悉和评估。

1.3 新一代信息技术及发展

- 区块链技术中，___(1)___ 保证了账目数据的安全性。
  - （1）A．多中心化　　　B．不可篡改　　　C．开放共识　　　D．智能合约
- 云计算中，IaaS 提供的主要服务是___(2)___。
  - （2）A．应用软件服务　　　　　　　B．虚拟操作系统服务
  - 　　　C．计算机能力和存储空间服务　D．数据库管理系统服务
- 以下___(3)___不是大数据的主要特征。
  - （3）A．规模性　　　B．多样性　　　C．确定性　　　D．速度
- 人工智能中，___(4)___ 技术是实现人机交互的关键。
  - （4）A．机器学习　　　　　　　B．自然语言处理
  - 　　　C．计算机视觉　　　　　　D．专家系统
- 边缘计算将数据的处理放在___(5)___进行。
  - （5）A．网络中心　　　　　　　B．远程服务器
  - 　　　C．网络边缘的节点上　　　D．用户终端
- 数字孪生的核心技术不包括___(6)___。
  - （6）A．建模　　　B．仿真　　　C．数据分析　　　D．数字线程
- 以下___(7)___不是新基建的具体内容。
  - （7）A．5G通信网络　　　　　B．人工智能基础设施
  - 　　　C．传统电网改造　　　　　D．数据中心
- 物联网技术可以应用于___(8)___。
  - （8）A．智能家居控制　　　　　B．传统银行柜台业务
  - 　　　C．手工绘制地图　　　　　D．面对面交流
- 以下___(9)___不是云计算的关键技术。
  - （9）A．虚拟化技术　　　　　　B．云存储技术
  - 　　　C．区块链技术　　　　　　D．访问控制管理技术

答案及解析

（1）**答案：B**　**解析**　区块链技术通过不可篡改的特性，确保了账目数据的安全性。每个节点都保存一个唯一的、真实的账本副本，任何改动都会在所有副本中反映出来。

（2）**答案：C**　**解析**　IaaS（基础设施即服务）提供计算机能力、存储空间等基础设施方面的服务，需要较大的基础设施投入和长期运营管理经验。

（3）**答案：C**　**解析**　大数据的主要特征包括规模性、多样性、价值密度和速度，而确定性不是大数据的特征。

（4）**答案：B**　**解析**　自然语言处理是实现人机交互的关键技术之一，它使计算机能够理解、解释和生成人类语言，从而实现与人类的交互。

（5）**答案：C**　**解析**　边缘计算将数据的处理、应用程序的运行甚至一些功能服务的实现，由网络中心下放到网络边缘的节点上，在网络边缘侧的智能网关上就近采集并且处理。

（6）**答案：C**　**解析**　数字孪生的核心技术包括建模、仿真和基于数据融合的数字线程，而数据分析虽然重要，但不是其核心技术的直接组成部分。

（7）**答案：C**　**解析**　新基建的具体内容包括以 5G、物联网、工业互联网、卫星互联网为代表的通信网络基础设施，以人工智能、云计算、区块链为代表的新技术基础设施，以及以数据中心、智能计算中心为代表的算力基础设施。传统电网改造不属于新基建的内容。

（8）**答案：A**　**解析**　物联网技术可以应用于智能家居控制等场景，通过传感器等设备实现家居设备的互联和智能化控制。而传统银行柜台业务、手工绘制地图和面对面交流等场景与物联网技术无直接关联。

（9）**答案：C**　**解析**　云计算的关键技术主要涉及虚拟化技术、云存储技术、多租户和访问控制管理等，而区块链技术虽然与云计算有交集，但并非云计算的关键技术之一。区块链技术更多地与分布式账本、加密算法和共识机制等相关。

第2章 数字中国与数智化发展

2.1 数字化转型

- 数字化转型是建立在___(1)___上的高层次转型。
  - (1) A. 数字化升级和数字化创新　　B. 数字化转换和数字化升级
  - C. 数字化创新和数字化应用　　D. 数字化模拟和数字化升级
- 第四科学范式对应的是___(2)___。
  - (2) A. 经验范式　　B. 理论范式
  - C. 模拟范式　　D. 数据密集型研究范式
- 以下___(3)___不是数据作为生产要素的特点。
  - (3) A. 与土地、劳动力、资本并列
  - B. 是未来社会数字化、智能化发展的重要基础
  - C. 可以被无限复制而不减少价值
  - D. 只存在于数字世界中
- 社交网络信息传播具有___(4)___特征。
  - (4) A. 永生性和即时性　　B. 有限性和方向性
  - C. 即时性和可破坏性　　D. 永生性、无限性、即时性和方向性
- 以下___(5)___不是新兴"智慧主体"的特点。
  - (5) A. 可复制性　　B. 自我修炼能力
  - C. 不可预测性　　D. 更加广泛的连接能力
- 数字化转型中,组织需要将能力和活动进行___(6)___处理。
  - (6) A. 数字化删除　　B. 数字化"封装"
  - C. 数字化模拟　　D. 数字化复制

- 以下___(7)___不是数字化转型国家标准 GB/T 43439 中提到的能力域。
  (7) A．组织　　　　　　B．营销　　　　　　C．数据　　　　　　D．数字化运营
- 在数字化转型成熟度模型中，___(8)___表示组织初步具备基于数据的运营和优化能力。
  (8) A．一级　　　　　　B．二级　　　　　　C．三级　　　　　　D．四级
- 以下___(9)___最能体现数字化转型在日常生活中的应用。
  (9) A．传统银行柜台业务　　　　　　B．智能家居系统
    C．手工绘制地图　　　　　　　　D．面对面交流
- 数字化转型过程中，组织需要有效管控___(10)___。
  (10) A．转型结果　　　　　　　　　B．转型速度
    C．转型过程　　　　　　　　　D．转型成本

答案及解析

（1）**答案：B**　**解析**　数字化转型是建立在数字化转换（即将信息转换成数字形式）和数字化升级（即利用数字技术提升现有流程和业务）的基础上，对组织活动、流程、业务模式和员工能力等方方面面进行重新定义的一种高层次转型。A 选项中的数字化创新虽然与数字化转型有关，但它不是基础；C 选项中的"数字化应用"是数字化转型的结果之一，而非基础；D 选项中的数字化模拟并不能准确描述数字化转型的基础。

（2）**答案：D**　**解析**　第四科学范式对应的是数据密集型研究范式，它通过新型信息技术的数据洞察，从大数据中自动化挖掘实践经验和理论原理并自行开展模拟仿真。经验范式是第一次科技革命对应的研究范式；理论范式是第二次科技革命对应的研究范式；模拟范式是第三次科技革命对应的研究范式。

（3）**答案：D**　**解析**　数据作为生产要素的特点包括与土地、劳动力、资本并列，是未来社会数字化、智能化发展的重要基础，以及可以被无限复制而不减少价值（在合法和道德的范围内）。"只存在于数字世界中"是不准确的，因为数据虽然以数字形式存在，但它来源于现实世界并反映现实世界的某些特征。

（4）**答案：D**　**解析**　社交网络信息传播具有永生性（信息不会被破坏或消灭）、无限性（信息可以无限传播）、即时性（信息传播速度大幅缩短）和方向性（信息传播具有目的性）等特征。A 选项虽然包括了永生性和即时性，但缺少无限性和方向性；B 选项中的有限性与社交网络信息传播的无限性相矛盾；C 选项中的可破坏性并不能准确描述社交网络信息传播的特征。

（5）**答案：C**　**解析**　新兴"智慧主体"如互联网账号、自动驾驶汽车等，具备较强的可复制性、自我修炼能力（即通过学习不断优化自身性能）、更加广泛的连接能力（能够与其他设备或系统互联）和更加标准的交互手段等。不可预测性并不是新兴"智慧主体"的普遍特点，因为许多"智慧主体"是通过算法和模型进行决策的，其决策过程在一定程度上是可预测的。

（6）**答案：B**　**解析**　数字化转型中，组织需要将各项能力和活动进行定义，并实现对这些

能力因子的数字化"封装",形成类似于信息化系统中的对象、类、模块等组件。这有助于组织更灵活地调度和管理这些能力和活动。数字化删除与数字化转型的目的相悖;数字化模拟虽然与数字技术有关,但并非数字化转型中的关键处理步骤;数字化复制虽然可以实现数据的复制和传播,但并非数字化转型中组织和活动处理的核心内容。

(7)答案:B 解析 数字化转型国家标准 GB/T 43439 中提到的能力域包括组织、技术、数据、资源、数字化运营、数字化生产和数字化服务等。这些能力域涵盖了组织进行数字化转型所需的关键方面。营销虽然对组织很重要,但并不是该国家标准中明确提到的能力域之一。

(8)答案:B 解析 在数字化转型成熟度模型中,二级表示组织初步具备基于数据的运营和优化能力。这意味着组织开始利用数据来指导决策、优化流程和提升效率。一级表示组织初具转型意识;三级表示组织具备数字化转型总体规划并有序实施;四级表示组织将数据作为核心要素,构建算法和模型为业务相关方提供数据智能体验。

(9)答案:B 解析 智能家居系统通过数字化技术实现家居设备的互联和智能化控制,是数字化转型在日常生活中的应用之一,它使得家庭环境更加便捷、舒适和安全。传统银行柜台业务虽然也在逐渐采用数字技术,但并非数字化转型的典型应用;手工绘制地图与数字化技术无关;面对面交流虽然是人类交流的重要方式,但并不涉及数字化转型。

(10)答案:C 解析 数字化转型不是一个结果,而是一个持续的过程,组织需要有效地管控转型过程以确保转型的顺利进行和成功实现,这包括制定明确的转型目标、规划合理的转型路径、建立有效的管理机制和监控体系等。转型结果虽然是转型的最终目标,但并非需要管控的方面;转型速度虽然重要,但并非决定转型成功的关键因素;转型成本虽然需要关注,但并非转型过程管控的核心内容。

2.2 数字中国

- 数字中国建设是___(1)___被正式纳入国家发展战略的重要推手。
  - (1) A. 2015 年 B. 2017 年
    - C. 2020 年 D. 2019 年
- 以下___(2)___不是数字中国建设"2522"整体框架中的内容。
  - (2) A. 夯实数字基础设施 B. 推进数字经济与实体经济深度融合
    - C. 强化数字技术创新体系 D. 优化数字化发展国际环境
- 到 2025 年,数字中国建设的目标是___(3)___。
  - (3) A. 全面实现数字化 B. 基本形成一体化推进格局
    - C. 数字化发展水平进入世界前列 D. 建成全面数字化、信息化的现代化强国
- 以下___(4)___不是数字中国建设在数字经济方面的主要任务。
  - (4) A. 做强做优做大数字经济 B. 发展高效协同的数字政务
    - C. 培育数字经济新业态新模式 D. 提升数字经济核心产业竞争力

- 数字中国建设中，数据资源体系的建设重点是___(5)___。
  - (5) A. 数据采集 　　　　　　　　　　　B. 数据存储
  　　　C. 数据共享和开放 　　　　　　　 D. 数据分析
- 数字中国建设中，数字技术创新体系的核心是___(6)___。
  - (6) A. 自主研发 　　　　　　　　　　　B. 技术引进
  　　　C. 合作创新 　　　　　　　　　　　D. 模仿创新
- 以下___(7)___不是数字中国建设在优化数字化发展环境方面的主要措施。
  - (7) A. 建设公平规范的数字治理生态
  　　　B. 加强对数字产业的监管
  　　　C. 构建开放共赢的数字领域国际合作格局
  　　　D. 提升全民数字素养
- 数字中国建设对___(8)___领域的影响最为显著。
  - (8) A. 制造业 　　　　　　　　　　　　B. 农业
  　　　C. 服务业 　　　　　　　　　　　　D. 所有领域都显著
- 以下___(9)___不是数字中国建设面临的挑战。
  - (9) A. 数据安全问题 　　　　　　　　　B. 技术创新能力不足
  　　　C. 数字化人才短缺 　　　　　　　　D. 法律制度完善

答案及解析

（1）**答案：C** **解析** 党的十九大将"数字中国"作为国民经济社会发展的重要推手纳入报告之中，但正式作为重要推手并广泛提及是在后续的政策文件和规划中，特别是与"十三五"规划和后续的国家信息化战略紧密相关。虽然2015年和2017年都有与数字化相关的政策出台，但2020年前后"数字中国"的概念更加明确和突出。2019年虽然接近，但并非正式纳入的年份。

（2）**答案：B** **解析** 数字中国建设"2522"整体框架中，"5"指的是推进数字技术与经济、政治、文化、社会、生态文明建设"五位一体"深度融合，B选项只提到了数字经济与实体经济的融合，没有涵盖政治、文化、社会和生态文明建设，因此是片面的。

（3）**答案：B** **解析** 根据规划，到2025年，数字中国建设的基本目标是基本形成横向打通、纵向贯通、协调有力的一体化推进格局，并取得重要进展。A选项过于绝对，C选项是2035年的目标，D选项则是更长远的目标。

（4）**答案：B** **解析** 发展高效协同的数字政务是数字中国建设在政治方面的主要任务，而不是数字经济方面的。A、C、D选项都是数字经济方面的主要任务。

（5）**答案：C** **解析** 数据资源体系的建设重点是促进数据的共享和开放，以释放数据的价值。虽然数据采集、存储和分析都是重要的环节，但共享和开放是数据资源体系建设的核心。

（6）**答案：A** **解析** 数字技术创新体系的核心是自主研发，通过自主创新提升技术水平和竞争力。技术引进虽然重要，但不是核心；合作创新是手段之一；模仿创新是初级阶段的做法，不是长期发展的核心。

（7）**答案：D** 解析 提升全民数字素养是数字中国建设的长期目标之一，但不是优化数字化发展环境的直接措施。A、B、C 选项都是优化数字化发展环境的主要措施。

（8）**答案：D** 解析 数字中国建设对经济、政治、文化、社会、生态等诸多方面都产生了全方位的影响，因此所有领域都显著受到影响。虽然制造业、农业和服务业都受到了数字中国建设的影响，但无法单独指出哪一个领域最为显著。

（9）**答案：D** 解析 法律制度完善是数字中国建设的保障之一，而不是面临的挑战。A、B、C 选项都是数字中国建设面临的挑战。

2.3 数字经济

- 小张开了一家网店，利用大数据分析顾客购买行为，优化商品推荐。这属于数字经济的 ___(1)___ 部分。
  （1）A．数字产业化　　B．产业数字化　　C．数字化治理　　D．数据价值化
- 智慧城市的建设，通过物联网技术实现城市管理的智能化，这体现了数字经济的 ___(2)___ 特征。
  （2）A．数字化　　　　B．网络化　　　　C．智能化　　　　D．自动化
- 某企业利用区块链技术实现供应链金融的透明化和可追溯性，这属于数字经济的 ___(3)___ 应用领域。
  （3）A．数字产业化　　B．产业数字化　　C．数字化治理　　D．金融科技
- 政府利用大数据分析城市交通流量，优化交通规划，这属于数字经济的 ___(4)___ 方面。
  （4）A．数字产业化　　B．产业数字化　　C．数字化治理　　D．数据价值化
- 小李通过在线学习平台学习编程技能，这种学习方式体现了数字经济的 ___(5)___ 特点。
  （5）A．数字化　　　　B．网络化　　　　C．智能化　　　　D．便捷化
- 某电商平台通过大数据分析顾客购买历史，为顾客提供个性化推荐，这体现了数字经济的 ___(6)___ 价值。
  （6）A．提升生产效率　B．创造新价值　　C．降低生产成本　D．优化资源配置
- 随着数字经济的发展，越来越多的企业开始利用云计算、大数据等技术进行数字化转型，这体现了数字经济的 ___(7)___ 趋势。
  （7）A．数字化治理　　B．产业数字化　　C．数字产业化　　D．数据价值化
- 某医院利用人工智能技术辅助医生进行疾病诊断，这体现了数字经济的 ___(8)___ 应用领域。
  （8）A．数字产业化　　B．产业数字化　　C．医疗健康　　　D．数字化治理
- 在数字经济背景下，数据已经成为一种新的生产要素，这体现了数字经济的 ___(9)___ 特点。
  （9）A．数字化　　　　B．数据资源化　　C．网络化　　　　D．智能化

● 某企业利用区块链技术实现产品溯源，确保产品质量，这体现了数字经济的＿＿（10）＿＿价值

（10）A．提升生产效率　　　　　　　　B．保障消费者权益
　　　C．降低生产成本　　　　　　　　D．优化供应链管理

答案及解析

（1）**答案：B**　解析　小张利用数字技术优化网店运营，属于产业数字化的范畴。数字产业化主要指的是数字技术本身的产业化，如电子信息制造业等；数字化治理指的是利用数字技术优化社会治理；数据价值化是数据经历资源化、资产化、资本化的过程。

（2）**答案：C**　解析　智慧城市的建设体现了数字经济的智能化特征，通过物联网等技术实现城市管理的智能化。数字化指的是将数据转化为数字形式；网络化指的是通过网络连接实现信息共享；自动化虽然与智能化有一定关联，但自动化更多指的是机械或系统的自动运行，不一定涉及智能化。

（3）**答案：B**　解析　虽然金融科技看似相关，但在此题语境下更偏向于产业数字化的一个具体应用领域。企业利用区块链技术优化供应链管理，属于产业数字化的范畴。数字产业化主要指的是数字技术本身的产业化；数字化治理指的是利用数字技术优化社会治理。

（4）**答案：C**　解析　政府利用数字技术优化社会治理，属于数字化治理的范畴。数字产业化主要指的是数字技术本身的产业化；产业数字化指的是利用数字技术优化产业升级；数据价值化是数据经历资源化、资产化、资本化的过程。

（5）**答案：B**　解析　虽然便捷化看似相关，但在此题语境下更偏向于网络化带来的一个结果。小李通过在线学习平台学习，体现了数字经济的网络化特点，即通过网络连接实现资源共享和学习。数字化指的是将数据转化为数字形式；智能化指的是利用智能技术实现自动化和智能化决策；便捷化虽然描述了数字经济的一个优势，但不是其直接特点。

（6）**答案：B**　解析　电商平台通过大数据分析为顾客提供个性化推荐，创造了新的价值，提升了用户体验和购买意愿。提升生产效率主要指的是通过数字技术优化生产过程；降低生产成本指的是通过数字技术减少生产成本；优化资源配置指的是通过数字技术优化资源分配。

（7）**答案：B**　解析　企业利用数字技术进行数字化转型，属于产业数字化的范畴。数字化治理指的是利用数字技术优化社会治理；数字产业化主要指的是数字技术本身的产业化；数据价值化是数据经历资源化、资产化、资本化的过程。

（8）**答案：B**　解析　虽然医疗健康看似相关，但在此题语境下更偏向于产业数字化的一个具体应用领域。医院利用人工智能技术优化医疗服务，属于产业数字化的范畴。数字产业化主要指的是数字技术本身的产业化；数字化治理指的是利用数字技术优化社会治理。

（9）**答案：B**　解析　在数字经济背景下，数据已经成为一种新的生产要素，这体现了数字经济的数据资源化特点。数字化指的是将数据转化为数字形式；网络化指的是通过网络连接实现信息共享；智能化指的是利用智能技术实现自动化和智能化决策。

（10）**答案：B** **解析** 企业利用区块链技术实现产品溯源，确保了产品质量，从而保障了消费者权益。提升生产效率主要指的是通过数字技术优化生产过程；降低生产成本指的是通过数字技术减少生产成本；优化供应链管理虽然与区块链技术有一定关联，但在此题语境下更偏向于产业数字化的一个结果，而不是直接价值。

2.4 数字政府

- 小张想要在家乡办理异地的驾驶证换证手续，他应该选择＿＿（1）＿＿服务模式。
  - （1）A．一网通办 B．跨省通办
  - C．一网统管 D．信息共享
- 李女士想要在线查询并办理个人所得税申报，她应该通过＿＿（2）＿＿方式办理。
  - （2）A．跨省通办 B．一网通办
  - C．一网统管 D．数字监管
- 数字政府通过数据驱动重塑政务信息化管理架构，其核心目的是＿＿（3）＿＿。
  - （3）A．提升政府形象 B．促进经济发展
  - C．以人为本 D．加强权力控制
- 在"一网统管"中，强调的"一网"指的是＿＿（4）＿＿。
  - （4）A．互联网 B．政务专网
  - C．统一的城市管理网络 D．政府内部网络
- 下列＿＿（5）＿＿不属于数字政府能力体系的内容。
  - （5）A．提升经济调节能力 B．提升市场监管能力
  - C．提升环境保护能力 D．提升国防安全能力
- 小王想要查询自己所在地的空气质量指数，他应该通过＿＿（6）＿＿数字政府服务查询。
  - （6）A．一网通办 B．跨省通办
  - C．环境监测平台 D．一网统管
- 数字政府被赋予了＿＿（7）＿＿新特征。
  - （7）A．协同化、云端化 B．智能化、数据化
  - C．动态化、透明化 D．协同化、云端化、智能化、数据化、动态化
- 在"一网通办"中，打破部门壁垒的关键是＿＿（8）＿＿。
  - （8）A．信息共享 B．法规制定
  - C．技术创新 D．人员培训
- 数字政府建设强调的"共享"主要体现在＿＿（9）＿＿方面。
  - （9）A．数据共享 B．权力共享
  - C．资源共享 D．数据与资源共享

答案及解析

（1）**答案：B** 解析 小张想要在家乡办理异地的驾驶证换证手续，这符合"跨省通办"的定义，即申请人在办理地之外的省市提出事项申请。A项"一网通办"主要侧重于本地政务服务的线上办理；C项"一网统管"是政府管理方式的整合与提升；D项"信息共享"是数字政府建设的基础，但不是具体服务模式。

（2）**答案：B** 解析 李女士想要在线查询并办理个人所得税申报，这属于政务服务范畴，可以通过"一网通办"实现。A项"跨省通办"主要用于跨地域的政务服务；C项"一网统管"是政府管理方式的整合；D项"数字监管"是市场监管的一种方式，不是政务服务方式。

（3）**答案：C** 解析 数字政府通过数据驱动重塑政务信息化管理架构，其核心目的是以人为本，提供更加便捷、高效的政务服务。A项提升政府形象是目的之一，但不是核心；B项促进经济发展是政府工作的一部分，但不是数字政府的核心目的；D项加强权力控制不是数字政府的主要目的。

（4）**答案：C** 解析 "一网统管"中的"一网"指的是统一的城市管理网络，用于整合政府各部门的管理资源，实现联动、预警和创新管理。A项互联网是公共网络，不是特指政府管理网络；B项政务专网是政府内部使用的专用网络，但"一网统管"更侧重于城市管理资源的整合；D项政府内部网络范围较窄，不包括城市管理网络。

（5）**答案：D** 解析 数字政府能力体系包括经济调节、市场监管、社会管理、公共服务、生态环境保护、政务运行效能和政务公开水平等方面的提升。D项提升国防安全能力不属于数字政府能力体系的内容，而是国家安全体系的一部分。

（6）**答案：C** 解析 小王想要查询自己所在地的空气质量指数，这属于环境监测范畴。虽然数字政府服务中包含环境监测功能，但通常会有专门的环境监测平台提供此类信息。A项"一网通办"主要用于政务服务；B项"跨省通办"主要用于跨地域的政务服务；D项"一网统管"是政府管理方式的整合。

（7）**答案：D** 解析 数字政府被赋予了协同化、云端化、智能化、数据化、动态化等新特征。A项和B项只列举了部分特征，不完整；C项中的透明化虽然重要，但不是数字政府被赋予的新特征之一。

（8）**答案：A** 解析 在"一网通办"中，打破部门壁垒的关键是信息共享。通过信息共享，可以优化业务流程，提升服务水平与效率。B项法规制定是保障政务服务顺利进行的基础，但不是打破部门壁垒的关键；C项技术创新是提升政务服务效率的手段之一，但不是核心；D项人员培训是提升政府工作人员能力的方式，但与打破部门壁垒无直接关系。

（9）**答案：D** 解析 数字政府建设强调的"共享"主要体现在数据共享和资源共享两个方面。数据共享可以打破信息孤岛，提升政府决策和服务效率；资源共享可以优化资源配置，提高政府工作效能。B项权力共享不是数字政府建设强调的内容，权力应依法行使，不能共享。A项和C项只列举了部分方面，不完整。

2.5 数字社会

- 数字民生建设的重点不包括___(1)___。
  - (1) A. 普惠　　　　　　　　　　B. 赋能
  - 　　 C. 利民　　　　　　　　　　D. 盈利
- 下列___(2)___不属于智慧城市建设的核心能力要素。
  - (2) A. 数据治理　　　　　　　　B. 数字孪生
  - 　　 C. 边际决策　　　　　　　　D. 城市规划
- 小明想在家乡的政务网站上查询自己的社保缴纳情况，这体现了智慧城市建设的___(3)___方面。
  - (3) A. 数据治理　　　　　　　　B. 多元融合
  - 　　 C. 利民　　　　　　　　　　D. 数字孪生
- 下列___(4)___不属于《数字乡村发展战略纲要》明确的重点任务。
  - (4) A. 加快乡村信息基础设施建设　B. 发展农村数字经济
  - 　　 C. 建设智慧城市　　　　　　　D. 深化信息惠民服务
- 数字生活主要体现在___(5)___方面。
  - (5) A. 生活工具数字化　　　　　　B. 生活方式数字化
  - 　　 C. 生活内容数字化　　　　　　D. 以上都是
- 下列___(6)___不属于智慧城市建设的必然要求。
  - (6) A. 以人民为中心　　　　　　　B. 新技术持续赋能
  - 　　 C. 城市治理现代化　　　　　　D. 城乡一体化发展
- 小李通过手机上的智慧医疗 App 预约挂号，这体现了数字生活的___(7)___方面。
  - (7) A. 生活工具数字化　　　　　　B. 生活方式数字化
  - 　　 C. 生活内容数字化　　　　　　D. 以上都不是
- 下列___(8)___不属于数字民生建设中的赋能表现。
  - (8) A. 提升民生保障实效　　　　　B. 扩大民生保障覆盖范围
  - 　　 C. 信息技术体系与民生的深度融合　D. 推动数字技术全面融入社会交往
- 智慧城市群区域一体化协同发展新格局逐步形成，这体现了智慧城市建设的___(9)___方面。
  - (9) A. 以人民为中心　　　　　　　B. 城市治理现代化
  - 　　 C. 区域协同发展　　　　　　　D. 多元融合
- 数字乡村建设的目标是到 21 世纪中叶___(10)___。
  - (10) A. 全面建成数字中国　　　　　B. 全面建成数字乡村
  - 　　　C. 实现农业现代化　　　　　　D. 实现乡村全面振兴

答案及解析

（1）**答案：D** 解析 数字民生建设的重点通常强调普惠、赋能和利民，旨在通过信息技术体系扩大民生保障覆盖范围、提升民生保障实效、创新公共服务场景。而盈利并非数字民生建设的重点。

（2）**答案：D** 解析 智慧城市建设的核心能力要素包括数据治理、数字孪生、边际决策、多元融合和态势感知。城市规划虽然重要，但并非智慧城市建设的核心能力要素。

（3）**答案：C** 解析 小明通过政务网站查询社保缴纳情况，体现了智慧城市建设中信息技术体系创新拓展公共服务场景，推动数字技术全面融入社会交往和日常生活，使民生服务日趋智慧化、便利化和人性化，即利民方面。

（4）**答案：C** 解析 《数字乡村发展战略纲要》明确的重点任务包括加快乡村信息基础设施建设、发展农村数字经济、强化农业农村科技创新供给、建设智慧绿色乡村、繁荣发展乡村网络文化、推进乡村治理能力现代化、深化信息惠民服务、激发乡村振兴内生动力、推动网络扶贫向纵深发展、统筹推动城乡信息化融合发展。

（5）**答案：D** 解析 数字生活主要体现在生活工具数字化、生活方式数字化、生活内容数字化三个方面，涵盖了人们生活的方方面面。

（6）**答案：D** 解析 智慧城市建设的必然要求包括以人民为中心、新技术持续赋能、城市治理现代化等。城乡一体化发展虽然重要，但并非智慧城市建设的必然要求。

（7）**答案：A** 解析 小李通过手机上的智慧医疗 App 预约挂号，体现了生活工具的数字化，即利用数字化工具（如手机 App）来方便生活。

（8）**答案：D** 解析 数字民生建设中的赋能表现包括提升民生保障实效、扩大民生保障覆盖范围以及信息技术体系与民生的深度融合。推动数字技术全面融入社会交往虽然体现了数字技术的广泛应用，但并非数字民生建设中的赋能表现，而是利民方面的体现。

（9）**答案：C** 解析 智慧城市群区域一体化协同发展新格局逐步形成，体现了智慧城市建设中的注重区域协同发展。

（10）**答案：B** 解析 《数字乡村发展战略纲要》指出，到 21 世纪中叶，全面建成数字乡村，这是数字乡村建设的明确目标。A 项全面建成数字中国是数字中国建设的总体目标，并非数字乡村建设的目标；C 项实现农业现代化是农业农村发展的重要目标之一，但并非数字乡村建设的唯一或主要目标；D 项实现乡村全面振兴是乡村振兴战略的总目标，虽然与数字乡村建设密切相关，但并非其直接目标。

2.6 数字生态

- 数据要素市场的主要目的是___(1)___。
  - (1) A．保护个人隐私　　　　　　　　B．实现数据流动的价值
  　　　C．阻止数据泄露　　　　　　　　D．提高数据存储能力
- 下列___(2)___不是数据作为新型生产要素的属性。
  - (2) A．劳动工具　　　　　　　　　　B．劳动对象
  　　　C．生产资料　　　　　　　　　　D．交换媒介
- 下列关于数据要素市场化配置的表述，___(3)___是错误的。
  - (3) A．是一种结果　　　　　　　　　　B．是一种手段
  　　　C．涉及数据由市场配置的过程　　　D．旨在实现数据的价值
- 网络安全法律法规和制度标准的健全主要得益于___(4)___的颁布。
  - (4) A．《中华人民共和国网络安全法》
  　　　B．《中华人民共和国数据安全法》
  　　　C．《中华人民共和国个人信息保护法》
  　　　D．以上都是
- 下列___(5)___不是加强网络安全保障体系和能力建设的主要举措。
  - (5) A．健全国家网络安全法律法规和制度标准
  　　　B．提高数据存储能力
  　　　C．加强网络安全风险评估和审查
  　　　D．推动网络安全教育、技术、产业融合发展
- 网络安全等级保护2.0标准体系的发布对网络安全的影响是___(6)___。
  - (6) A．降低了网络安全标准　　　　　　B．提高了网络安全标准
  　　　C．对网络安全没有影响　　　　　　D．增加了网络安全风险
- 下列___(7)___不是加强网络安全基础设施建设的措施。
  - (7) A．建设网络安全监测预警系统　　　　B．提高网络防火墙性能
  　　　C．加强数据加密技术　　　　　　　　D．优化网络带宽
- 个人信息保护的重要性主要体现在___(8)___方面。
  - (8) A．提高数据存储能力　　　　　　　　B．保障个人隐私权益
  　　　C．促进数字经济发展　　　　　　　　D．增加网络安全风险
- 下列___(9)___不属于网络安全风险评估和审查的内容。
  - (9) A．识别网络安全风险点　　　　　　　B．评估网络安全风险的影响程度
  　　　C．审查网络安全防护措施的有效性　　D．预测未来网络技术的发展趋势

- 在加强网络安全保障体系和能力建设中，以下___（10）___措施与国际合作相关。

  （10）A．健全国家网络安全法律法规和制度标准

  B．加强网络安全风险评估和审查

  C．加强网络安全国际交流合作

  D．推动网络安全教育、技术、产业融合发展

答案及解析

（1）**答案：B** 解析 数据要素市场的主要目的是形成以市场为根本的调配机制，实现数据流动的价值或者数据在流动中产生价值。选项 A 保护个人隐私虽然重要，但不是数据要素市场的主要目的；选项 C 阻止数据泄露是数字安全领域的重要任务，但它并不是数据要素市场的主要目的。提高数据存储能力是数据存储技术和管理领域的重要目标，但它与数据要素市场的主要目的无直接关联。

（2）**答案：D** 解析 数据作为新型生产要素，具有劳动工具和劳动对象的双重属性。数据作为生产资料，是现代生产过程中不可或缺的要素。它与其他生产要素（如劳动力、资本、土地等）相结合，共同推动生产活动的进行。数据的积累和应用可以显著提高生产效率、降低成本，并促进产品和服务的创新。交换媒介通常指货币等用于交易的工具，与数据作为生产要素的属性不符。

（3）**答案：B** 解析 数据要素市场化配置是一种结果，而不是手段。它涉及将尚未完全由市场配置的数据要素转向由市场配置的动态过程，旨在实现数据的价值。

（4）**答案：D** 解析 网络安全法律法规和制度标准的健全主要得益于《中华人民共和国网络安全法》《中华人民共和国数据安全法》《中华人民共和国个人信息保护法》以及《关键信息基础设施安全保护条例》等法律法规的颁布。这些法律法规共同构成了我国网络安全法律法规和制度标准的重要基础。

（5）**答案：B** 解析 加强网络安全保障体系和能力建设的主要举措包括健全国家网络安全法律法规和制度标准，加强网络安全风险评估和审查，加强网络安全基础设施建设，提高网络安全综合治理能力，推动网络安全教育、技术、产业融合发展以及加强网络安全国际交流合作。提高数据存储能力虽然对网络安全有一定影响，但并非加强网络安全保障体系和能力建设的主要举措之一。

（6）**答案：B** 解析 网络安全等级保护2.0标准体系的发布提高了我国网络安全的标准和要求，为网络安全保障体系和能力建设提供了更加坚实的支撑。

（7）**答案：D** 解析 加强网络安全基础设施建设的措施包括建设网络安全监测预警系统、提高网络防火墙性能、加强数据加密技术等。这些措施旨在提高网络的安全性和防护能力。优化网络带宽虽然对网络的性能和效率有积极影响，但并非加强网络安全基础设施建设的直接措施。

（8）**答案：B** 解析 个人信息保护的重要性主要体现在保障个人隐私权益方面。通过加强

个人信息保护，可以确保个人隐私不被泄露或滥用，从而维护个人的合法权益。选项 A 提高数据存储能力与个人信息保护无直接关联；选项 C 促进数字经济发展虽然与个人信息保护有一定联系，但并非其主要目的；选项 D 增加网络安全风险与个人信息保护的目的相悖。

（9）**答案：D　解析**　网络安全风险评估和审查的内容包括识别网络安全风险点、评估网络安全风险的影响程度以及审查网络安全防护措施的有效性等。这些措施旨在及时发现和应对网络安全风险。预测未来网络技术的发展趋势虽然对网络安全有一定影响，但并非网络安全风险评估和审查的直接内容。

（10）**答案：C　解析**　在加强网络安全保障体系和能力建设中，加强网络安全国际交流合作是一项与国际合作相关的措施。通过与国际社会的合作与交流，可以共同应对网络安全挑战、分享网络安全经验和技术成果、提升网络安全保障能力。选项 A、B 和选项 D 虽然都是加强网络安全保障体系和能力建设的重要措施，但与国际合作无直接关联。

2.7　数智化发展

- 社会科学研究借鉴的第四范式主要指的是＿＿（1）＿＿。
  - （1）A．实验研究　　　　　　　　　B．调查研究
  - 　　C．数据驱动的社会研究范式　　D．文献研究
- 习近平总书记强调，人工智能在新一轮科技革命和产业变革中扮演＿＿（2）＿＿。
  - （2）A．辅助角色　　　　　　　　　B．次要角色
  - 　　C．重要驱动力量　　　　　　　D．边缘角色
- 数字空间是＿＿（3）＿＿共同构成的。
  - （3）A．物理空间和社会空间　　　　B．虚拟空间和网络空间
  - 　　C．物理空间、社会空间和数字空间　　D．自然空间和技术空间
- 数字空间的基础是＿＿（4）＿＿。
  - （4）A．大数据、云计算和物联网技术　　B．海量、异构、动态数据集
  - 　　C．人工智能和机器学习算法　　　　D．数字网络技术和传感技术的融合
- 全球数字营商环境评价指标体系包含＿＿（5）＿＿一级指标。
  - （5）A．3个　　　　　　　　　　　　B．4个
  - 　　C．5个　　　　　　　　　　　　D．6个
- 下列＿＿（6）＿＿不属于数字营商环境评价指标体系的一级指标。
  - （6）A．数字支撑体系　　　　　　　B．环境保护与可持续发展
  - 　　C．数据开发利用与安全　　　　D．数字市场规则
- 我国已经进入信息技术与实体经济＿＿（7）＿＿。
  - （7）A．初步融合阶段　　　　　　　B．深度融合阶段
  - 　　C．分离阶段　　　　　　　　　D．弱融合阶段

- 为消除数智化新业态新模式发展面临的制约因素，不需要从___(8)___方面进行考虑。

  （8）A．优化业态治理方式　　　　　　B．加强传统行业保护

  　　　C．完善就业服务和保障制度　　　D．改革生产资料管理制度

- 下列___(9)___不属于5G、人工智能、现代物流等先进生产力发展的积极影响。

  （9）A．提升生产效率　　　　　　　　B．创造新型就业机会

  　　　C．增加环境污染　　　　　　　　D．促进经济转型升级

- 在数智化新业态新模式发展中，___(10)___可以进一步提升数字化转型效益。

  （10）A．加大政府补贴力度　　　　　　B．加强数字化转型协同

  　　　C．限制外资企业进入　　　　　　D．提高行业准入门槛

答案及解析

（1）**答案：C　解析**　社会科学研究借鉴的第四范式主要指的是数据驱动的社会研究范式，它运用计算机科学技术设计的特定算法从大规模社会数据中识别关键变量，发现变量之间的关联性。选项A实验研究、选项B调查研究、选项D文献研究都是社会科学研究的传统范式，但不是第四范式。

（2）**答案：C　解析**　习近平总书记强调，人工智能是新一轮科技革命和产业变革的重要驱动力量。这意味着人工智能在这一变革中起着至关重要的作用。选项A辅助角色、选项B次要角色、选项D边缘角色都低估了人工智能在新一轮科技革命和产业变革中的重要性。

（3）**答案：C　解析**　人类从由物理空间和社会空间共同构成的二元空间，发展成物理空间、社会空间和数字空间构成的三元空间。选项A只包含了物理空间和社会空间，忽略了数字空间；选项B虚拟空间和网络空间虽然与数字空间有关，但并不等同于数字空间的全部；选项D自然空间和技术空间与数字空间的定义不符。

（4）**答案：B　解析**　物理空间中数字网络技术与传感技术的融合拉开了万物互联的大数据时代的帷幕，人与环境的高效信息交互产生的海量、异构、动态数据集，逐步形成了数字空间基础。虽然大数据、云计算、物联网技术、人工智能和机器学习算法在数字空间中都有重要作用，但它们并不是数字空间的基础。数字网络技术和传感技术的融合是数字空间形成的基础条件之一，但选项D表述不够准确，因为它没有直接指出数据集是数字空间的基础。

（5）**答案：C　解析**　国家工业信息安全发展研究中心于2021年12月提出的全球数字营商环境评价指标体系包含5个一级指标：数字支撑体系、数据开发利用与安全、数字市场准入、数字市场规则、数字创新环境。

（6）**答案：B　解析**　全球数字营商环境评价指标体系包含5个一级指标：数字支撑体系、数据开发利用与安全、数字市场准入、数字市场规则、数字创新环境。选项B环境保护与可持续发展并不属于这一体系的一级指标。

（7）**答案：B　解析**　我国已经进入信息技术与实体经济深度融合的阶段。这意味着信息技

术与实体经济之间的界限越来越模糊，两者之间的融合程度越来越高。选项 A 初步融合阶段、选项 C 分离阶段、选项 D 弱融合阶段都与实际情况不符。

（8）**答案：B** **解析** 为消除数智化新业态新模式发展面临的制约因素，需要从优化业态治理方式、完善就业服务和保障制度、改革生产资料管理制度等方面进行考虑。选项 B 加强传统行业保护与数智化新业态新模式的发展目标相悖。

（9）**答案：C** **解析** 5G、人工智能、现代物流等先进生产力的发展对经济社会有多方面的积极影响，包括提升生产效率、创造新型就业机会、促进经济转型升级等。然而，它们并不直接导致环境污染的增加。相反，这些先进生产力的发展往往有助于减少环境污染和提高资源利用效率。

（10）**答案：B** **解析** 在数智化新业态新模式发展中，为了进一步提升数字化转型效益，需要加强数字化转型协同。这意味着不同行业、不同企业之间需要加强合作与协调，共同推动数字化转型的进程。选项 A 加大政府补贴力度虽然可能在一定程度上促进数字化转型，但并非直接提升效益的关键；选项 C 限制外资企业进入和选项 D 提高行业准入门槛都可能与开放市场和公平竞争的原则相悖，不利于数字化转型的长期发展。

第3章 科学与哲学方法论

3.1 矛盾论

- 在《矛盾论》中，被视为唯物辩证法最根本的规律是___(1)___。
  - （1）A. 质量互变规律　　　　　　　　B. 对立统一规律
  　　　C. 否定之否定规律　　　　　　　D. 因果律
- 在信息系统规划与管理中，以下___(2)___是常见的、需要特别关注的。
  - （2）A. 需求与供给的矛盾　　　　　　B. 敏态与稳态的矛盾
  　　　C. 投入与产出的矛盾　　　　　　D. 创新与保守的矛盾
- 根据《矛盾论》的观点，以下___(3)___不是矛盾普遍性的表现。
  - （3）A. 矛盾存在于一切过程中
  　　　B. 矛盾存在于每一事物的发展过程中
  　　　C. 矛盾只存在于复杂的事物中
  　　　D. 差异往往是指矛盾的初始阶段
- 在系统规划与管理中，以下___(4)___不是解决矛盾时需要考虑的因素。
  - （4）A. 矛盾双方的性质和特点　　　　B. 矛盾所处的环境和条件
  　　　C. 矛盾双方的利益诉求　　　　　D. 矛盾双方的年龄和性别
- 以下___(5)___最能体现《矛盾论》在系统规划与管理中的应用。
  - （5）A. 通过市场调研了解用户需求
  　　　B. 制订详细的项目进度计划
  　　　C. 分析并解决组织当前面临的主要矛盾
  　　　D. 优化信息系统的用户界面

答案及解析

（1）**答案：B** **解析** B 项"对立统一规律"是唯物辩证法最根本的规律，也是《矛盾论》中全面系统论述的核心内容，它揭示了事物内部矛盾双方既对立又统一的关系，是推动事物发展的根本动力。A 项质量互变规律是唯物辩证法的基本规律之一，但并非最根本的；C 项否定之否定规律同样是唯物辩证法的基本规律，但也不是最根本的；D 项因果律则是哲学和逻辑学中的基本概念，与唯物辩证法的最根本规律无直接关联。

（2）**答案：B** **解析** B 项敏态与稳态的矛盾在信息系统规划与管理中是一个常见的、需要特别关注的矛盾。敏态指的是信息系统能够快速响应变化、灵活调整的能力，稳态则指的是信息系统的稳定性和可靠性。在信息系统规划与管理过程中，如何平衡敏态与稳态，既保持系统的灵活性又确保系统的稳定性，是一个重要的挑战。A 项需求与供给的矛盾虽然也存在，但在信息系统规划与管理的语境下，更常见的是需求与资源的矛盾；C 项投入与产出的矛盾是经济学中的基本概念，虽然也适用于信息系统规划与管理，但不如敏态与稳态的矛盾更具有针对性；D 项创新与保守的矛盾虽然也是一个重要的议题，但在信息系统规划与管理中更侧重于敏态与稳态的平衡。

（3）**答案：C** **解析** C 项矛盾只存在于复杂的事物中不是矛盾普遍性的表现。根据《矛盾论》的观点，矛盾是普遍存在的，不仅存在于复杂的事物中，也存在于简单的事物中；不仅存在于客观现象中，也存在于思想现象中；不仅存在于每一事物的发展过程中，也存在于一切过程中。A 项和 B 项所述都是矛盾普遍性的表现；D 项指出差异往往是指矛盾的初始阶段，也是矛盾普遍性的一个方面。

（4）**答案：D** **解析** D 项矛盾双方的年龄和性别不是解决矛盾时需要考虑的因素。在系统规划与管理中，解决矛盾时需要考虑的是矛盾双方的性质和特点、矛盾所处的环境和条件、矛盾双方的利益诉求等关键因素。这些因素直接影响到矛盾的性质、解决方式和解决效果。而矛盾双方的年龄和性别通常不是解决矛盾时需要特别关注的因素，除非这些因素直接关联到矛盾的产生或解决。

（5）**答案：C** **解析** C 项分析并解决组织当前面临的主要矛盾最能体现《矛盾论》在系统规划与管理中的应用。《矛盾论》主要讲人应如何分析社会矛盾与解决社会矛盾，促成事物的转化。同样地，在系统规划与管理中，也需要分析并解决组织当前面临的主要矛盾，如需求与资源的矛盾、敏态与稳态的矛盾等。这些矛盾的解决是推动系统规划与管理进程的关键。A 项通过市场调研了解用户需求是系统规划与管理的一个环节，但并非直接体现《矛盾论》的应用；B 项制订详细的项目进度计划是项目管理的基本内容，同样不直接体现《矛盾论》的应用；D 项优化信息系统的用户界面是用户体验设计的一部分，也不直接体现《矛盾论》的应用。

3.2 实践论

- 《实践论》认为，一切真知最终来源于___(1)___。

  (1) A. 书本知识　　　B. 实践经验　　　C. 先天直觉　　　D. 逻辑推理

- 在系统规划与管理中，以下___(2)___最符合《实践论》的思想。

  (2) A. 制订详尽的规划文档，但不去实际执行

  　　B. 依赖过往经验，不进行新的实践探索

  　　C. 以实际问题为导向，注重实践经验积累

  　　D. 只注重理论创新，忽视实际操作可行性

- 根据《实践论》，以下___(3)___能够最有效地检验认识的真理性。

  (3) A. 通过逻辑推理验证　　　　　　　B. 通过专家评审确认

  　　C. 通过实践检验　　　　　　　　　D. 通过模拟实验模拟

- 在系统规划过程中，以下___(4)___的做法违背了《实践论》的原则。

  (4) A. 根据用户需求进行功能设计

  　　B. 在设计初期进行多次原型迭代

  　　C. 完全依赖过往成功案例进行复制

  　　D. 在实施后进行效果评估和反馈收集

- 以下___(5)___最能体现《实践论》中"实践—认识—再实践—再认识"的循环反复过程。

  (5) A. 科学家在实验室中进行多次实验以验证理论假设

  　　B. 学生通过阅读教科书来学习新知识

  　　C. 艺术家根据灵感创作艺术作品

  　　D. 投资者根据市场趋势进行投资决策

答案及解析

(1) **答案：B　解析**　《实践论》强调实践是认识的基础，一切真知最终来源于实践。书本知识虽然重要，但书本知识本身也是前人实践经验的总结，不是最终来源；先天直觉和逻辑推理都是认识过程的一部分，但它们不能脱离实践而产生真知。

(2) **答案：C　解析**　以实际问题为导向，注重实践经验积累最符合《实践论》的思想。在系统规划与管理中，应遵循实践性原则，以实际问题为导向，注重实践经验积累，并在实际使用中持续优化调整。A 选项只制订规划而不执行，违背了实践是认识的目的的原则；B 选项依赖过往经验而不进行新的实践探索，容易陷入经验主义的误区；D 选项只注重理论创新而忽视实际操作可行性，则可能导致规划与实际脱节。

(3) **答案：C　解析**　《实践论》认为，实践是检验认识真理性的标准。只有通过实践，才

能将认识与客观世界相联系，验证认识的正确与否。逻辑推理虽然重要，但它本身不能作为检验真理的最终标准；专家评审虽然能提供专业意见，但专家的认识也可能受到个人经验、知识背景等因素的影响；模拟实验虽然可以模拟某些情境，但模拟环境往往与真实环境存在差异，因此也不能完全替代实践检验。

（4）**答案：C 解析** 虽然过往成功案例可以提供一定的参考和借鉴，但每个系统都有其独特性和复杂性，完全依赖过往成功案例进行复制可能忽视当前系统的实际情况和需求。这违背了以实际问题为导向、注重实践经验积累的原则。根据用户需求进行功能设计是符合实践性原则的；在设计初期进行多次原型迭代有助于发现问题并及时调整；在实施后进行效果评估和反馈收集是实践检验的重要环节。

（5）**答案：A 解析** 科学家通过实验来验证理论假设，通过实验结果的反馈来修正和完善理论认识，然后再进行实验验证，如此循环反复直至得出正确的结论，这完全符合《实践论》中关于认识和实践相互关系的描述。学生通过阅读教科书来学习新知识主要是理论学习过程；艺术家根据灵感创作艺术作品主要是艺术创作过程；投资者根据市场趋势进行投资决策虽然涉及实践但不一定遵循循环反复的认识过程。

3.3 系统论

- 在系统论中，___(1)___ 强调了系统具有不断地与外界环境进行物质、能量、信息交换的性质和功能。

  （1）A．系统整体性原理　　　　　B．系统层次性原理
  　　 C．系统开放性原理　　　　　D．系统目的性原理

- 以下___(2)___ 最能体现系统论中的系统稳定性原理。

  （2）A．生态系统在受到外界干扰后能迅速恢复平衡
  　　 B．股票市场受到利好消息刺激后大幅上涨
  　　 C．个人电脑在感染病毒后性能大幅下降
  　　 D．城市交通在高峰时段出现严重拥堵

- 在系统规划与管理中，系统论提供了一种从整体全局思考问题的维度，以下___(3)___ 不符合这一思想。

  （3）A．分析系统的组成元素及其相互作用
  　　 B．关注系统的输入、输出和交互方式
  　　 C．只关注系统中最关键的元素或环节
  　　 D．考虑系统与环境之间的相互影响

- 以下___(4)___ 揭示了系统从一种状态进入另一种状态的突变过程，是系统质变的一种基本形式。

  （4）A．系统层次性原理　　　　　B．系统开放性原理
  　　 C．系统突变性原理　　　　　D．系统稳定性原理

- 在系统论中，___(5)___ 强调了系统具有同构和同态的性质，体现在系统的结构和功能、存在方式和演化过程具有共同性。

  (5) A. 系统整体性原理　　　　　　　B. 系统相似性原理
  　　C. 系统自组织原理　　　　　　　D. 系统目的性原理

答案及解析

（1）**答案：C**　**解析**　系统开放性原理强调系统具有不断地与外界环境进行物质、能量、信息交换的性质和功能，这是系统得以向上发展和稳定存在的前提。系统整体性原理强调系统是由若干要素组成的有机整体；系统层次性原理强调系统组织在地位与作用、结构与功能上表现出等级秩序性；系统目的性原理强调系统在一定范围内其发展变化不受或少受条件变化或途径经历的影响。

（2）**答案：A**　**解析**　系统稳定性原理强调系统具有一定的自我稳定能力，能在一定范围内自我调节以保持和恢复原来的有序状态。生态系统在受到外界干扰后能迅速恢复平衡最能体现系统论中的系统稳定性原理。股票市场的大幅上涨是受到外部利好消息的刺激，不属于系统内部的自我调节；个人电脑性能下降是受到外部病毒的影响，也不属于系统内部的自我调节；城市交通拥堵是系统内部供需矛盾的结果，但并未体现系统的自我恢复能力。

（3）**答案：C**　**解析**　系统论强调系统是由多个相互作用的元素组成的，这些元素之间的相互作用和反馈机制形成了系统的结构和功能。因此，在系统规划与管理中，应全面分析系统的组成元素及其相互作用，而不仅仅是关注系统中最关键的元素或环节。A 项、B 项和 D 项都符合系统论从整体全局思考问题的思想。

（4）**答案：C**　**解析**　系统突变性原理揭示了系统从一种状态进入另一种状态的突变过程，这是系统质变的一种基本形式。系统层次性原理强调系统的等级秩序性；系统开放性原理强调系统与外界环境的交换；系统稳定性原理强调系统的自我稳定能力。

（5）**答案：B**　**解析**　系统相似性原理强调系统具有同构和同态的性质，体现在系统的结构和功能、存在方式和演化过程具有共同性。这是一种有差异的共性，是系统统一性的一种表现。系统整体性原理强调系统的有机整体性；系统自组织原理强调开放系统在内外因素作用下自发组织起来；系统目的性原理强调系统的发展变化具有一定的目的性。

3.4　信息论

- 在日常生活中，我们通过手机接收到的短信是信息的___(1)___。

  (1) A. 信源　　　　B. 信号　　　　C. 信息量　　　　D. 信宿

- 在图书馆中，一本新书的目录卡片上的信息是通过___(2)___被读者获取的。

  (2) A. 信道编码　　　　　　　　B. 信源编码
  　　C. 译码过程　　　　　　　　D. 直接读取

- 在电子邮件发送过程中，为了防止信息丢失或错误，通常会采取___（3）___措施。

    （3）A．增加信道容量　　　　　　　B．提高信息熵

    　　 C．添加冗余信息　　　　　　　D．使用更复杂的编码方式

- 在数据传输过程中，为了衡量数据的传输效率，通常会使用___（4）___概念。

    （4）A．信息量　　　　　　　　　　B．信道容量

    　　 C．编码方式　　　　　　　　　D．数据压缩率

- 在密码学中，为了保障信息的安全性，通常会采取___（5）___措施来隐藏信息的真实内容。

    （5）A．增加信息量　　　　　　　　B．使用信道编码

    　　 C．对信息进行加密　　　　　　D．提高信息熵

答案及解析

（1）**答案：B** **解析** 信号是消息的载体，短信通过信号在手机通信系统中传递。信源是消息的来源，如手机发送短信的服务器，而非接收到的短信本身；信息量是信息多少的量度，不是信息的具体形式；信宿是信息的接收者，如接收短信的手机用户，但短信本身不是信宿。

（2）**答案：D** **解析** 读者可以直接从目录卡片上读取所需信息。信道编码是将符号转换成为信道所要求的信号，图书馆目录卡片上的信息已经是可读形式，无须信道编码；信源编码是用符号来表达消息，但目录卡片上的信息已经是人类可读的形式，无须进一步编码；译码是编码的逆过程，用于将信号还原为信息。但在图书馆中，读者可直接读取目录卡片上的信息，无须译码。

（3）**答案：C** **解析** 在电子邮件发送过程中，添加冗余信息（如校验码）可以增加信息的抗噪能力，从而防止信息丢失或错误。信道容量是指信道传输信息的多少以及速度，虽然增加信道容量可以提高信息传输效率，但并不能直接防止信息丢失或错误；信息熵是信息论中衡量信息不确定性的一个概念，提高信息熵并不能防止信息丢失或错误；虽然使用更复杂的编码方式可以提高信息的安全性，但并不能直接防止信息丢失或错误，且可能增加解码的复杂性。

（4）**答案：B** **解析** 信道容量是指信道传输信息的多少以及速度，是衡量数据传输效率的重要指标。信息量是信息多少的量度，不能直接衡量数据的传输效率；编码方式只是数据传输过程中的一种技术手段，不能直接衡量数据的传输效率；数据压缩率是指数据压缩前后的大小比例，虽然与数据传输效率有关，但并非直接衡量数据传输效率的概念。

（5）**答案：C** **解析** 对信息进行加密是密码学中的基本手段，可以隐藏信息的真实内容，保障信息的安全性。增加信息量并不能隐藏信息的真实内容，反而可能增加信息泄露的风险；信道编码主要用于将符号转换成为信道所要求的信号，并不能隐藏信息的真实内容；提高信息熵并不能直接隐藏信息的真实内容，只是增加了信息的不确定性。

3.5 控制论

- 家中的恒温器通过___(1)___根据室温自动调节暖气或空调的工作状态。
  - (1) A. 开环控制系统 B. 闭环控制系统
  - C. 增加信息量来实现 D. 提高系统熵值来实现
- 在自动化生产线上，机器人通过___(2)___确保每次抓取的产品位置都准确无误。
  - (2) A. 人工不断校正位置
  - B. 开环控制系统
  - C. 闭环控制系统结合传感器反馈
  - D. 提高机器人的运行速度
- 在城市交通管理中，智能交通系统通过___(3)___根据实时路况调整信号灯时长。
  - (3) A. 固定的程序控制
  - B. 开环控制系统
  - C. 闭环控制系统结合交通流量数据
  - D. 人工手动调整
- 在远程医疗系统中，医生通过___(4)___实现视频通话指导患者进行操作。
  - (4) A. 开环控制系统实现远程指导
  - B. 闭环控制系统确保操作准确性
  - C. 通信网络和视频通话技术实现实时互动
  - D. 提高系统的熵值来增加互动性
- 在智能家居系统中，智能门锁通过___(5)___实现用户输入的密码进行解锁。
  - (5) A. 开环控制系统验证密码
  - B. 闭环控制系统不断尝试解锁
  - C. 比对预设密码与用户输入进行验证
  - D. 提高系统的鲁棒性来确保解锁成功

答案及解析

(1) **答案：B** **解析** 闭环控制系统依赖于系统输出信号进行反馈调节。恒温器根据室温的变化自动调节，是典型的闭环控制系统。开环控制系统不依赖于系统输出信号。恒温器需要根据室温（系统输出信号）来调节暖气或空调，因此不是开环控制；增加信息量并不能直接实现系统的自动调节功能；熵值衡量的是系统的无序程度，与系统的自动调节功能无关。

(2) **答案：C** **解析** 机器人通过传感器可以实时检测产品位置，并通过闭环控制系统进行调整，确保位置的准确性。通过人工不断校正位置不符合自动化生产线的定义，人工校正会降低效率；开环控制系统不依赖于输出信号的反馈，无法保证位置的准确性；提高机器人的运行速度并不能保证位置的准确性。

（3）**答案：C** **解析** 智能交通系统通过传感器收集交通流量数据，并通过闭环控制系统实时调整信号灯时长，以优化交通流量。固定的程序控制无法根据实时路况对信号灯时长进行调整；开环控制系统不依赖于实时路况的反馈；人工手动调整无法实时响应路况变化。

（4）**答案：C** **解析** 远程医疗系统通过通信网络和视频通话技术，使医生能够实时看到患者并给出指导。开环控制系统不适用于需要实时反馈和指导的场景；虽然闭环控制系统强调反馈，但在此场景中，医生指导患者更多依赖于实时互动而非系统内部的反馈机制；熵值与系统的互动性无关。

（5）**答案：C** **解析** 智能门锁通过比对预设密码与用户输入来验证身份，这是正确的验证方式。开环控制系统不依赖于用户输入的反馈进行验证；闭环控制系统虽然涉及反馈，但在此场景中，智能门锁不会不断尝试解锁，而是直接验证密码；系统的鲁棒性通常指的是系统在面对异常输入、环境变化或内部故障时，仍能保持其功能和性能稳定的能力。虽然提高系统的鲁棒性对于智能家居系统的整体稳定性和安全性是重要的，但它并不是智能门锁实现密码解锁的直接方式。

3.6　耗散结构理论

- 一个公司为了保持其管理信息系统的有序运行，需要不断从外界引入新的信息和技术，这种行为体现了耗散结构理论的＿＿（1）＿＿关键特征。

  （1）A．开放性　　　　　　　　　　B．平衡态
  　　 C．线性耦合　　　　　　　　　　D．涨落现象

- 在物流网络中，物流网络的＿＿（2）＿＿因素是推动其形成耗散结构的主要原因。

  （2）A．封闭性　　　　　　　　　　B．平衡状态
  　　 C．开放性和动态性　　　　　　D．线性耦合

- 企业管理信息系统在面对大量未加分析的信息输入时，可能会出现＿＿（3）＿＿。

  （3）A．系统稳定性增强　　　　　　B．抗干扰能力提高
  　　 C．决策困难　　　　　　　　　D．耗散结构形成加速

- 以下＿＿（4）＿＿不是耗散结构形成和维持的必要条件。

  （4）A．系统能够同周围环境进行能量、物质和信息的交换
  　　 B．系统各部分在长时间内不发生任何变化
  　　 C．系统必须远离平衡态
  　　 D．系统中存在非线性耦合

- 在耗散结构理论中，涨落现象起到了＿＿（5）＿＿作用。

  （5）A．保持系统稳定　　　　　　　B．触发系统形成耗散结构
  　　 C．增加系统熵值　　　　　　　D．促进系统线性发展

答案及解析

（1）**答案：A　解析**　耗散结构理论强调系统需要与外界进行能量、物质和信息的交换，这与公司不断从外界引入新信息和技术以保持系统有序运行的行为相符。平衡态是指系统各部分在长时间内不发生任何变化的状态，与题目中描述的公司不断引入新信息的行为相悖；线性耦合在热力学中指的是系统分支失稳后重新稳定到新的耗散结构分支上的过程，与题目描述不符；涨落是指系统微小偏差的发生，是形成耗散结构的触发器，但并非系统保持有序运行的关键特征。

（2）**答案：C　解析**　物流网络的开放性和动态性使其能够不断与外界进行交换，并自我调整以适应环境变化，这是形成耗散结构的关键原因。封闭性会导致系统无法与外界进行物质、能量和信息的交换，与耗散结构理论相悖；平衡状态是系统无序的表现，不符合耗散结构理论中有序化的要求；线性耦合在热力学中有特定含义，与物流网络形成耗散结构的原因无关。

（3）**答案：C　解析**　大量未加分析的信息输入会使管理者难以找出有价值的信息，从而导致决策困难。大量未加分析的信息输入会增加系统的复杂性，可能导致系统稳定性下降；未加分析的信息输入实际上增加了系统的干扰，降低了抗干扰能力；虽然耗散结构需要与外界进行交换，但大量未加分析的信息输入并不等同于有序的交换，不会加速耗散结构的形成。

（4）**答案：B　解析**　系统各部分在长时间内不发生任何变化，这是平衡态的特征，与耗散结构理论相悖。系统能够同周围环境进行能量、物质和信息的交换，这是耗散结构形成和维持的开放性条件；远离平衡态是耗散结构形成的重要条件；非线性耦合在热力学中对于系统重新稳定到新的耗散结构分支上是必要的。

（5）**答案：B　解析**　涨落现象是系统形成耗散结构的触发器，当涨落达到一定程度时，可能推动系统从无序状态转化为有序状态。涨落现象是系统微小偏差的发生，虽然可能对系统稳定性产生影响，但并非其主要作用；涨落现象本身并不直接增加系统熵值，而是可能导致系统状态的改变；涨落现象是随机的、不可预测的，并不促进系统的线性发展。

3.7　协同论

- 一个公司为了提升团队协作效率，引入了新的沟通工具和协作平台。这种行为体现了协同论的＿＿（1）＿＿核心思想。

  （1）A．不稳定原理　　　　　　　　　B．支配原理

  　　　C．序参量原理　　　　　　　　　D．自组织系统的协同作用

- 在生态系统中，某种植物种群数量的突然增加可能引发其他物种数量的变化，最终导致整个生态系统结构的调整。这体现了协同论的＿＿（2）＿＿。

  （2）A．不稳定原理　　　　　　　　　B．支配原理

  　　　C．序参量原理　　　　　　　　　D．自适应原理

- 在项目管理中，项目经理发现某个关键任务的进度严重滞后，于是调整了整个项目的进度计划，以确保项目能够按时完成。这种行为体现了协同论的___（3）___。

  （3）A．不稳定原理的应用　　　　　　B．支配原理的实践

  C．序参量原理的体现　　　　　　D．自组织系统自适应能力的展现

- 在城市交通系统中，当某个路段的交通流量突然增加时，其他路段的交通流量可能会受到影响，进而引发整个城市交通流量的重新分配。这体现了协同论的___（4）___。

  （4）A．不稳定原理　　　　　　　　　B．支配原理

  C．序参量原理　　　　　　　　　D．系统整体性原则

- 在软件开发团队中，团队成员通过定期的代码审查和讨论，不断优化代码质量和团队协作流程。这种行为最符合协同论的___（5）___。

  （5）A．不稳定原理　　　　　　　　　B．支配原理

  C．序参量原理　　　　　　　　　D．自组织系统自我进化能力的体现

答案及解析

（1）**答案：D　解析**　协同论强调系统内部各部分的协作，引入新沟通工具和协作平台正是为了提升团队协作的效率和协同性，符合自组织系统协同作用的思想。不稳定原理揭示的是模式形成导致原状态不稳定，与团队协作效率提升无直接关联；支配原理关注的是系统内部少数变量对整体的影响，与引入新工具提升协作效率不直接相关；序参量描述的是系统整体行为的宏观参量，与具体团队协作工具的使用无直接联系。

（2）**答案：A　解析**　植物种群数量的突然增加导致原生态系统状态不稳定，进而引发其他物种数量的变化和整个生态系统结构的调整，符合不稳定原理的描述。支配原理强调的是少数变量对系统整体的支配作用，与题目描述的生态系统整体结构调整不完全对应；序参量描述的是系统整体行为的宏观参量，而题目描述的是具体物种数量变化引发的系统调整，两者不直接相关；虽然生态系统具有自适应能力，但题目描述的是系统结构的变化，而非系统对环境的适应过程。

（3）**答案：D　解析**　项目经理根据关键任务进度的滞后情况调整整个项目进度计划，体现了项目管理系统对外部环境变化的自适应能力。不稳定原理主要描述的是模式形成导致的不稳定性，与项目经理调整进度计划无直接关联；支配原理关注的是系统内部少数变量对整体的影响，而项目经理调整进度计划是基于对关键任务进度的判断，并非少数变量对整体的支配；序参量描述的是系统整体行为的宏观参量，与项目经理的具体调整行为不直接相关。

（4）**答案：A　解析**　交通流量的突然增加导致原交通系统状态不稳定，进而引发其他路段交通流量的变化和整个城市交通流量的重新分配，符合不稳定原理的描述；支配原理强调的是少数变量对系统整体的支配作用，而城市交通流量的重新分配是多个路段相互作用的结果，并非少数变量支配；序参量描述的是系统整体行为的宏观参量，而题目描述的是具体路段交通流量的变化引发的系统调整，两者不直接相关；虽然协同论强调系统整体性，但此选项并非协同论的具体原理，且

题目描述的是系统状态的变化过程，而非整体性原则的展现。

（5）**答案：D** **解析** 软件开发团队通过定期的代码审查和讨论，不断优化代码质量和团队协作流程，体现了团队作为自组织系统的自我学习和进化能力。不稳定原理主要描述的是模式形成导致的不稳定性，与软件开发团队的代码审查和讨论无直接关联；支配原理关注的是系统内部少数变量对整体的影响，而软件开发团队的代码审查和讨论是团队成员共同参与的过程，并非少数变量支配；序参量描述的是系统整体行为的宏观参量，而软件开发团队的代码质量和协作流程的优化是具体行为的结果，与序参量原理不直接相关。

3.8 突变论

- 在企业管理中，当市场环境发生剧烈变化时，企业往往需要迅速调整战略以保持竞争力。这种行为体现了突变论的___（1）___核心思想。

    （1）A．质变只能通过飞跃的方式实现

    　　B．质变既可通过飞跃也可通过渐变的方式实现

    　　C．突变论主要研究系统的稳定性，不涉及变化

    　　D．突变论无法为系统规划提供思想体系

- 在生物学中，某种基因突变可能导致生物体出现全新的性状。这种现象可以用突变论的___（2）___来解释。

    （2）A．耗散结构论　　　　　　　　B．协同论

    　　C．奇点理论　　　　　　　　　D．分岔理论

- 在经济学中，当某个行业的市场结构发生突变时（如新技术的出现导致行业洗牌），以下___（3）___最符合突变论的观点。

    （3）A．这种突变是完全不可预测的

    　　B．这种突变只能通过飞跃的方式实现

    　　C．这种突变可能由多种因素共同作用导致

    　　D．突变论无法解释这种市场结构的变化

- 在软件开发中，当某个关键模块出现严重错误时，开发团队往往需要迅速定位并修复问题。这种行为体现了突变论的___（4）___。

    （4）A．提升系统的稳定性　　　　　B．研究质变产生的路径

    　　C．为算法设计提供数学基础　　D．为实际问题求解提供有效支撑

- 在物理学中，某个物理系统从一种稳定状态转变为另一种稳定状态的过程中，可能会出现状态突变。这与突变论的___（5）___理论相关。

    （5）A．耗散结构论中的有序结构形成　　B．协同论中的自组织现象

    　　C．奇点理论中的状态突变　　　　　D．分岔理论中的状态分支选择

答案及解析

（1）**答案：B** **解析** 企业面对市场环境变化时迅速调整战略，正是质变的一种体现，且可能通过飞跃（如重大战略转型）或渐变（如逐步调整市场策略）的方式实现。A 选项错误，因为突变论认为质变既可通过飞跃的方式实现，也可通过渐变的方式实现，而不是仅限于飞跃；C 选项错误，突变论不仅研究系统的稳定性，还研究系统的变化以及社会现象的突然转变；D 选项错误，突变论在系统规划与管理中可以为系统规划提供思想体系，并提升系统的性能、稳定性及安全性。

（2）**答案：C** **解析** 奇点理论是突变论的数学基础之一，用来描述系统中的突变或飞跃现象，如基因突变导致生物体出现全新性状的情况。耗散结构论主要研究开放系统在远离平衡态时如何通过物质和能量的交换形成有序结构，与基因突变现象不直接相关；协同论研究的是不同事物的共同特征及其协同机理，也不直接解释基因突变现象；分岔理论虽然也与突变论相关，但它更多地用于描述系统在不同条件下可能出现的不同状态分支，而不是直接解释基因突变。

（3）**答案：C** **解析** 市场结构的突变可能由多种因素（如新技术、政策变化、消费者需求变化等）共同作用导致，这符合突变论中多因素共同影响系统变化的观点。A 选项错误，虽然突变具有突发性，但并非完全不可预测。突变论提供了研究质变产生路径的方法，有助于预测和解释突变现象；B 选项错误，突变论认为质变既可通过飞跃的方式实现，也可通过渐变的方式实现，而不是仅限于飞跃；D 选项错误，突变论能够解释市场结构等社会现象的突然转变，并提供相应的数据模型进行验证。

（4）**答案：A** **解析** 开发团队迅速定位并修复关键模块的错误，是为了提升软件的稳定性和可靠性，这符合突变论在系统规划与管理中提升系统性能、稳定性及安全性的应用。B 选项错误，虽然突变论研究质变产生的路径，但在此场景中，开发团队的行为更多是为了应对已经发生的质变，而不是研究其产生的路径；C 选项错误，虽然突变论具有强大的数学理论基础，但在此场景中，开发团队的行为更多是基于实际问题的求解，而不是为算法设计提供数学基础；D 选项错误，虽然突变论可以为实际问题求解提供有效支撑，但在此场景中，开发团队的行为更侧重于提升系统稳定性，而不是直接求解某个具体问题。

（5）**答案：C** **解析** 奇点理论是突变论的数学基础之一，用于描述系统中的突变或飞跃现象，如物理系统从一种稳定状态转变为另一种稳定状态的过程中可能出现的状态突变。耗散结构论主要研究开放系统在远离平衡态时形成的有序结构，与物理系统从一种稳定状态转变为另一种稳定状态的过程中的突变现象不直接相关；协同论研究的是不同事物的共同特征及其协同机理，也不直接解释物理系统状态转变过程中的突变现象。虽然分岔理论与突变论相关，但它更多地用于描述系统在不同条件下可能出现的不同状态分支，而不是直接解释物理系统状态转变过程中的突变现象。

3.9 复杂系统论

- 在城市交通管理中，为了提高道路通行效率，需要综合考虑交通信号灯的设置、车辆流量、道路结构等多种因素。这体现了复杂系统论的___（1）___主要思想。

    （1）A. 局部互动可预测　　　　　　　　B. 整体大于部分之和
    　　　C. 系统自我学习能力无关紧要　　D. 异质性对系统稳定性无影响

- 在企业管理中，面对市场需求的快速变化，企业需要及时调整生产策略以应对。这体现了复杂系统论的___（2）___特性。

    （2）A. 稳定性　　　　　　B. 线性关系
    　　　C. 动态演化　　　　　D. 可预测性

- 在软件开发中，为了提高软件的可靠性和稳定性，开发团队通常会采用模块化设计，将软件划分为多个独立的模块。然而，当这些模块组合在一起时，可能会出现一些在单独测试时未发现的问题。这体现了复杂系统论的___（3）___主要思想。

    （3）A. 局部互动可预测　　　　　　B. 整体大于部分之和
    　　　C. 系统自我学习能力是核心　　D. 异质性导致系统不稳定

- 在生态系统中，不同物种之间通过食物链和食物网相互关联，形成一个复杂的生态系统。当某个物种数量发生变化时，可能会对整个生态系统产生影响。这体现了复杂系统论的___（4）___特性。

    （4）A. 稳定性　　　　　　B. 线性关系
    　　　C. 非线性思维　　　　D. 可预测性

- 在供应链管理中，为了提高供应链的灵活性和适应性，企业需要制定多种应对策略以应对市场需求和供应条件的变化。这体现了复杂系统论的___（5）___策略。

    （5）A. 稳定性　　　　　　B. 线性思维
    　　　C. 适应性　　　　　　D. 预测性

答案及解析

（1）**答案：B　解析**　城市交通管理需要综合考虑多种因素，体现了复杂系统论中"整体大于部分之和"的思想，即整体系统的行为不能简单由单个组成部分的行为相加得到。复杂系统论认为局部互动不可预测，即单个因素的变化难以准确预测整体系统的行为；复杂系统论认为系统具备自我学习和适应能力，这是复杂系统的一个重要特征，对于城市交通管理来说，系统的自我学习能力对于优化交通流量、提高通行效率至关重要；异质性是保证复杂系统稳定运行的关键特性之一，对于城市交通管理来说，不同路段、不同时间段的交通流量、车辆类型等因素的异质性，需要被充分考虑以制定有效的交通管理策略。

（2）**答案**：C　**解析**　企业面对市场需求的快速变化而调整生产策略，体现了复杂系统具有动态演化的特性，即系统能够根据环境变化进行自我调整和优化。虽然企业管理中追求稳定性是重要的，但在此场景中，企业面对市场需求的快速变化而调整生产策略，更多体现了系统的动态性而非稳定性。复杂系统中的各个组成部分之间往往呈现出非线性的关系，即一个因素的变化可能导致系统行为的显著变化，这与线性关系相悖。复杂系统的行为往往难以预测。

（3）**答案**：B　**解析**　模块化设计后的软件在组合时出现的问题，体现了复杂系统论中"整体大于部分之和"的思想，即整体系统的行为不能简单由单个模块的行为相加得到。软件开发中模块化设计后出现的问题，正是局部互动不可预测性的体现，即单独测试时未发现的问题在组合后可能出现；虽然系统自我学习能力对于提高软件的可靠性和稳定性有一定作用，但在此场景中，问题的出现并非由于系统缺乏自我学习能力，而是由于模块间的相互作用导致的；异质性是复杂系统稳定运行的关键特性之一，但在此场景中，问题的出现并非由于异质性导致系统不稳定，而是由于模块间的相互作用和整体系统的复杂性导致的。

（4）**答案**：C　**解析**　生态系统中不同物种之间的相互作用和相互影响，体现了复杂系统论中的非线性思维，即需要考虑系统中存在的各种反馈机制和相互作用。虽然生态系统在一定条件下保持相对稳定，但在此场景中，强调的是物种数量变化对生态系统的影响，即系统的动态性和非线性特性；生态系统中不同物种之间的相互作用往往呈现出非线性的关系，即一个物种数量的变化可能导致整个生态系统的显著变化；生态系统的行为往往难以准确预测，因为系统中存在多种因素相互作用，且这些因素的变化可能导致系统行为的显著变化。

（5）**答案**：C　**解析**　企业制定多种应对策略以应对市场需求和供应条件的变化，体现了复杂系统论中的适应性策略，即根据系统在不同阶段的特点和需求及时调整方案和方法。虽然供应链管理追求稳定性，但在此场景中，企业制定多种应对策略是为了提高供应链的灵活性和适应性，而非单纯追求稳定性；复杂系统中的各个组成部分之间往往呈现出非线性的关系，需要采用非线性思维来分析和解决问题，而非线性思维策略并非特指某种具体的策略；虽然预测对于供应链管理有一定作用，但在此场景中，企业制定多种应对策略更多是基于系统的灵活性和适应性考虑，而非单纯依赖预测。

第4章 信息系统规划

4.1 概述

- 某电商企业计划在未来三年内大幅提升其在线销售平台的用户体验和数据处理能力。为了实现这一目标,该企业首先需要进行的是___(1)___。
  - (1) A. 招聘更多的技术人员　　　　B. 开展信息系统规划
  　　　C. 升级现有的硬件设备　　　　D. 推出新的促销活动
- 一家大型制造企业正在考虑建设一个全新的 ERP 系统,以提高生产效率和供应链管理能力。在规划过程中,该企业最应关注的是___(2)___。
  - (2) A. ERP 系统的品牌选择　　　　B. 信息系统规划的战略性
  　　　C. ERP 系统的安装和调试　　　D. 员工的系统操作培训
- 某市政府计划建设智慧城市,以提升城市管理效率和居民生活质量。在智慧城市的信息系统规划中,以下___(3)___原则最为关键。
  - (3) A. 先进性　　　　　　　　　　B. 遵从性
  　　　C. 柔性　　　　　　　　　　　D. 战略性
- 一家初创企业计划开发一款面向年轻人的社交 App,以提高用户黏性和活跃度。在信息系统规划阶段,该企业最应关注的是___(4)___。
  - (4) A. App 的界面设计　　　　　　B. 信息系统规划的整体性
  　　　C. App 的推广策略　　　　　　D. 用户的反馈收集
- 某金融机构计划在未来五年内实现数字化转型,以提高服务质量和运营效率。在信息系统规划中,以下___(5)___措施最有助于实现这一目标。
  - (5) A. 引入最新的金融科技产品　　 B. 制订详细的信息系统规划
  　　　C. 增加 IT 部门的预算　　　　　D. 招聘更多的金融科技人才

答案及解析

（1）**答案：B** 解析 信息系统规划能够帮助企业明确信息系统的发展愿景、目标、系统框架等，从而确保数字能力建设的有效性和一致性。虽然招聘技术人员对于提升技术实力是必要的，但它并不直接解决信息系统建设的整体布局和策略问题；升级硬件设备只是信息系统建设的一部分，缺乏整体规划和指导可能导致资源浪费和效果不佳；推出新的促销活动虽然可能在短期内提升销售额，但与信息系统规划的长远性和全局性目标不符。

（2）**答案：B** 解析 信息系统规划的战略性能够确保 ERP 系统的建设与企业整体战略相匹配，从而发挥最大的效益。品牌选择虽然重要，但不应成为规划过程中的主要关注点，因为不同品牌的 ERP 系统可能都能满足企业的基本需求，关键在于如何根据企业战略进行选择和整合；安装和调试是 ERP 系统实施过程中的环节，而非规划阶段的主要任务；员工的系统操作培训虽然对于系统成功上线至关重要，但同样不属于规划阶段的主要关注点。

（3）**答案：D** 解析 战略性原则能够确保智慧城市的信息系统规划与城市整体发展战略相一致，从而推动城市的可持续发展。先进性虽然重要，但智慧城市的建设更需要考虑的是如何与城市的整体发展战略相匹配，确保规划的有效性和可持续性；遵从性主要关注法律法规和标准规范的遵守情况，虽然必要，但并非智慧城市规划中的最关键原则；柔性确保了规划对外部环境变化的适应性，但在智慧城市规划中，战略性原则更为关键，因为它决定了规划的方向和目标。

（4）**答案：B** 解析 信息系统规划的整体性能够确保 App 的开发与企业的整体战略相匹配，同时考虑业务赋能、系统框架、建设实施和集成融合等方面的整体性要求。界面设计虽然重要，但它是信息系统实现阶段的任务之一，而非规划阶段的主要关注点；推广策略是 App 上线后的营销手段之一，不属于规划阶段的任务；用户的反馈收集对于 App 的迭代和优化至关重要，但同样不属于规划阶段的主要关注点。

（5）**答案：B** 解析 制定详细的信息系统规划能够明确数字化转型的目标、路径和措施，从而确保转型的顺利进行和成功实现。引入最新的金融科技产品虽然可能带来技术上的优势，但缺乏整体规划和指导可能导致资源浪费和效果不佳；增加 IT 部门的预算虽然可能提升技术实力，但同样需要整体规划的指导来确保资金的有效利用；招聘更多的金融科技人才虽然能够增强团队的技术实力，但同样需要整体规划的支撑来确保人才的合理配置和有效利用。

4.2 信息系统规划主要内容

● 某电商企业计划提升其在线销售平台，以提高用户体验。在制定信息系统发展战略时，该企业最应关注的是___（1）___。

(1) A. 平台的界面设计　　　　　　　B. 发展战略与目标的一致性
　　C. 服务器的品牌选择　　　　　　D. 短期促销活动的安排

- 一家医院计划建设智慧医疗系统，以提高医疗服务效率和质量。在信息系统规划中，以下___（2）___原则最为关键。

　　（2）A．技术的先进性　　　　　　　B．系统的易用性
　　　　　C．战略规划的整体性　　　　　D．医护人员的培训

- 某市政府计划建设智慧城市，以提升城市管理水平和居民生活质量。在信息系统规划中，以下___（3）___措施最有助于实现这一目标。

　　（3）A．引入最新的物联网技术　　　B．制订详细的信息系统规划
　　　　　C．增加 IT 部门的预算　　　　D．开展大规模的市民宣传活动

- 一家初创企业计划开发一款面向年轻人的社交 App，以提高用户黏性和活跃度。在信息系统规划阶段，以下___（4）___内容最为重要。

　　（4）A．App 的界面设计　　　　　　B．信息系统的发展路径
　　　　　C．用户的反馈收集　　　　　　D．推广策略的制订

- 某金融机构计划在未来五年内实现数字化转型，以提高服务质量和运营效率。在信息系统规划中，以下___（5）___原则最符合其需求。

　　（5）A．技术的灵活性　　　　　　　B．系统的可扩展性
　　　　　C．数据的实时性　　　　　　　D．人员的培训

- 一家制造企业计划通过信息系统优化其生产流程，以提高生产效率和降低成本。在信息系统规划中，以下___（6）___措施最有助于实现这一目标。

　　（6）A．引入自动化生产设备　　　　B．制订详细的生产计划
　　　　　C．优化信息系统架构　　　　　D．提升员工操作技能

- 某高校计划建设智慧校园，以提升教学和管理效率。在信息系统规划中，以下___（7）___内容最应优先考虑。

　　（7）A．校园网络的建设　　　　　　B．信息系统的发展战略
　　　　　C．教学软件的采购　　　　　　D．校园安全系统的部署

- 一家物流公司计划通过信息系统优化其物流网络，以提高配送效率和客户满意度。在信息系统规划中，以下___（8）___原则最符合其需求。

　　（8）A．数据的实时性　B．系统的可靠性　C．技术的创新性　D．人员的培训

- 某市政府计划通过信息系统提升其公共服务能力，以更好地满足市民需求。在信息系统规划中，以下___（9）___措施最有助于实现这一目标。

　　（9）A．建立市民服务热线　　　　　B．制订详细的信息系统规划
　　　　　C．增加公共服务设施　　　　　D．开展市民满意度调查

- 一家零售企业计划通过信息系统优化其供应链管理，以降低库存成本和提高供货效率。在信息系统规划中，以下___（10）___内容最应关注。

　　（10）A．供应商的选择　　　　　　　B．信息系统的发展阶段
　　　　　　C．库存管理软件的采购　　　　D．物流配送路线的优化

答案及解析

（1）**答案：B** 解析 发展战略与目标的一致性能够确保信息系统建设与企业整体战略相匹配，从而实现长期效益。虽然平台的界面设计对于用户体验很重要，但它更多地属于实施阶段的考虑，而非战略规划阶段的主要关注点；服务器的品牌选择属于技术选型的一部分，应在战略规划的指导下进行，但并非战略规划的主要任务；短期促销活动的安排属于市场营销策略，与信息系统战略规划的长期性和全局性不符。

（2）**答案：C** 解析 战略规划的整体性能够确保智慧医疗系统的建设符合医院整体战略，实现业务赋能和系统框架的整体优化。技术的先进性虽然重要，但需要在战略规划的整体框架下考虑，以确保技术与业务需求的匹配；系统的易用性属于用户体验范畴，应在系统设计和实施阶段重点关注；医护人员的培训虽然对于系统成功上线至关重要，但属于实施阶段的任务，而非战略规划阶段的主要关注点。

（3）**答案：B** 解析 制订详细的信息系统规划能够明确智慧城市建设的目标、路径和措施，从而确保项目的顺利实施和成功实现。引入最新的物联网技术虽然能够提升智慧城市的技术水平，但需要在详细规划的指导下进行，以确保技术的有效应用；增加IT部门的预算虽然能够提升技术支持能力，但同样需要在规划的指导下进行资金的有效利用；开展大规模的市民宣传活动虽然能够提升市民对智慧城市建设的认知和支持度，但并非实现建设目标的关键措施。

（4）**答案：B** 解析 信息系统的发展路径能够明确App开发的阶段性目标和实施策略，从而确保项目的顺利进行和目标的达成。界面设计虽然重要，但需要在信息系统规划阶段确定的发展路径指导下进行，以确保与整体战略的一致性。用户的反馈收集属于产品迭代和优化阶段的任务，而非规划阶段的主要关注点。推广策略的制订虽然对于App的推广至关重要，但需要在规划阶段确定的目标和策略指导下进行。

（5）**答案：B** 解析 系统的可扩展性能够确保金融机构在数字化转型过程中，随着业务的增长和变化灵活地进行扩展和升级。技术的灵活性虽然重要，但金融机构的数字化转型更需要考虑系统的可扩展性，以适应未来业务的发展；数据的实时性虽然对于金融机构的业务运营很重要，但需要在系统规划和设计阶段进行充分考虑，而非作为规划阶段的主要原则；人员的培训虽然对于数字化转型的成功至关重要，但属于实施阶段的任务，而非规划阶段的主要关注点。

（6）**答案：C** 解析 优化信息系统架构能够确保生产流程中的数据流通和信息共享更加高效，从而提高生产效率和降低成本。引入自动化生产设备虽然能够提高生产效率，但需要在信息系统规划的支持下进行，以确保设备与信息系统的无缝对接；制订详细的生产计划属于生产管理范畴，而非信息系统规划的主要任务；提升员工操作技能虽然对于提高生产效率很重要，但属于员工培训范畴，而非信息系统规划的主要关注点。

（7）**答案：B** 解析 信息系统的发展战略能够明确智慧校园建设的目标、路径和措施，从而确保项目的顺利实施和成功实现。校园网络的建设虽然重要，但需要在信息系统发展战略的指导下进行，以确保网络架构与整体战略的一致性；教学软件的采购虽然对于提升教学效率很重要，但需要在规划阶段确定的教学需求和技术路线指导下进行；校园安全系统的部署虽然对于校园安全至关重要，但需要在规划阶段确定的安全需求和技术标准指导下进行。

（8）**答案：A　解析**　数据的实时性对于物流公司来说至关重要，能够确保物流信息的及时更新和准确传递，从而提高配送效率和客户满意度；系统的可靠性虽然重要，但数据的实时性对于物流公司的业务需求更为关键；技术的创新性虽然能够提升系统的技术水平，但需要在确保数据实时性的基础上进行考虑；人员的培训虽然对于提升员工技能和系统操作能力很重要，但属于实施阶段的任务，而非规划阶段的主要关注点。

（9）**答案：B　解析**　制订详细的信息系统规划能够明确公共服务能力提升的目标、路径和措施，从而确保项目的顺利实施和成功实现。建立市民服务热线虽然能够提升市民的沟通渠道，但需要在信息系统规划的支持下进行，以确保服务热线的有效运行和数据管理；增加公共服务设施虽然能够提升公共服务能力，但需要在规划阶段确定的服务需求和设施布局指导下进行；开展市民满意度调查虽然能够了解市民对公共服务的评价和需求，但需要在规划阶段确定的服务标准和评价指标指导下进行。

（10）**答案：B　解析**　信息系统的发展阶段能够明确供应链管理优化的阶段性目标和实施策略，从而确保项目的顺利进行和目标的达成。供应商的选择虽然重要，但需要在信息系统规划确定的供应链管理策略指导下进行；库存管理软件的采购虽然对于优化库存管理很重要，但需要在规划阶段确定的库存管理需求和技术路线指导下进行；物流配送路线的优化虽然能够提高供货效率，但需要在规划阶段确定的配送需求和路线规划指导下进行。

4.3　信息系统规划工作要点

- 某公司计划提升其信息系统的效率，首先需要进行的是___（1）___。
  - （1）A．外部需求挖掘　　　　　　　　B．内部需求挖掘
  　　　C．场景化模型分析　　　　　　　　D．整体规划
- 在信息系统规划过程中，___（2）___不属于内部需求挖掘。
  - （2）A．收集用户需求　　　　　　　　B．评估现有系统
  　　　C．客户期望调研　　　　　　　　D．感知数字环境
- 某电商企业希望通过信息系统提高快速响应客户需求的能力，这主要体现了信息系统成熟度的___（3）___等级。
  - （3）A．一级　　　　　　　　　　　　B．二级
  　　　C．四级　　　　　　　　　　　　D．五级
- 在信息系统规划中，___（4）___不是场景化模型分析的主要目的。
  - （4）A．提高系统适应性　　　　　　　B．降低规划成本
  　　　C．确保规划与组织发展的衔接　　D．促进规划共识和沟通

- 以下___(5)___不是信息系统规划持续改进需要关注的内容。
  （5）A．持续跟踪组织战略　　　　　B．感知技术发展创新
  　　　C．提升员工福利待遇　　　　　D．注重用户体验和参与
- 某医院计划引入新的医疗信息系统，在进行整体规划时，应重点关注___(6)___。
  （6）A．系统的美观程度　　　　　　B．系统与组织战略目标的一致性
  　　　C．系统的品牌知名度　　　　　D．系统的开发周期
- 在信息系统规划中，以下___(7)___不是需求整合需要展开的维度。
  （7）A．业务领域维　　　　　　　　B．能力建设维
  　　　C．人员管理维　　　　　　　　D．技术发展维
- 某企业在进行信息系统规划时，采用"自顶向下"的模式，这主要适用于解决___(8)___。
  （8）A．业务效率问题　　　　　　　B．协同与敏捷问题
  　　　C．数据管理问题　　　　　　　D．技术创新问题
- 在信息系统专项规划中，以下___(9)___不是需要重点关注的内容。
  （9）A．明确信息系统的管理和使用主体　B．强调单项领域的规划系统性
  　　　C．以阶段进行划分实施路径　　　D．技术路线和技术属性进一步明确
- 以下___(10)___不是信息系统规划一致性检查需要包括的内容。
  （10）A．规划成果与组织战略的一致性　B．规划内容之间的协调一致性
  　　　C．规划人员的专业水平　　　　　D．规划内容与组织干系人理解的一致性

答案及解析

（1）**答案：B** 解析　内部需求挖掘是信息系统规划工作的第一个实质性工作，包括理解组织战略、熟悉业务流程等，是提升信息系统效率的基础。外部需求挖掘主要关注外部环境对组织能力建设的影响；场景化模型分析是在内外部需求挖掘后进行的深入分析；整体规划是在需求挖掘和分析基础上进行的。

（2）**答案：C** 解析　客户期望调研属于外部需求挖掘的内容，主要关注客户对组织产品或服务的需求和期望。收集用户需求、评估现有系统、感知数字环境均属于内部需求挖掘的范畴。

（3）**答案：C** 解析　成熟度四级侧重组织敏捷能力建设，强调如何快速响应客户的各种服务需求。该电商企业的目标符合成熟度四级的描述。一级主要关注确立业务领域的主要工作和数字化转型策划；二级侧重管理精细化和流程化；五级侧重组织生态一体化建设。

（4）**答案：B** 解析　场景化模型分析的主要目的是准确把握系统的需求，提高系统的适应性、可用性和可靠性，并确保规划与组织发展的衔接，同时促进规划共识和沟通。降低规划成本不是其主要目的。

（5）**答案：C** 解析　信息系统规划持续改进需要关注组织的战略、技术的发展创新、数据管理和信息安全、用户体验和参与等方面。提升员工福利待遇不属于这一范畴。

(6) **答案：B 解析** 整体规划的目标是确保信息系统与组织的战略目标和业务需求相互协调和支持。系统的美观程度、系统的品牌知名度、系统的开发周期均不是整体规划应重点关注的内容。

(7) **答案：C 解析** 需求整合需要多维展开，如业务领域维、能力建设维、技术发展维等。人员管理维不属于需求整合需要展开的维度。

(8) **答案：B 解析** "自顶向下"的模式相对更适合解决协同与敏捷问题。业务效率问题更适合采用"自底向上"的模式；数据管理问题、技术创新问题均不是"自顶向下"模式主要解决的问题。

(9) **答案：C 解析** 专项规划的实施路径往往不以阶段进行划分，而是以时间为主轴。明确信息系统的管理和使用主体、强调单项领域的规划系统性、技术路线和技术属性进一步明确均是专项规划需要重点关注的内容。

(10) **答案：C 解析** 信息系统规划一致性检查需要包括规划成果与组织战略的一致性、规划内容之间的协调一致性、规划内容的科学性和可行性、规划内容与组织干系人理解的一致性等方面。规划人员的专业水平不属于一致性检查需要包括的内容。

4.4 信息系统规划常用方法

- 某公司计划通过一种方法将其组织战略转化为信息系统战略，这种方法是___(1)___。

  (1) A．SST B．BSP

  　　C．CSF D．VCA

- 在 SST（战略目标集转移法）中，组织战略集不包括___(2)___。

  (2) A．组织的使命 B．组织的目标

  　　C．信息系统约束 D．组织的战略

- BSP（企业信息系统规划法）中，定义管理功能的核心步骤不包括___(3)___。

  (3) A．识别资源 B．根据资源的生命周期识别功能

  　　C．汇总分析 D．制定信息系统总体方案

- CSF（关键成功因素法）的提出者是___(4)___。

  (4) A．William King B．IBM 公司

  　　C．William Zani D．Michael Porter

- 在 CSF（关键成功因素法）中，以下___(5)___不是关键成功因素的来源。

  (5) A．个别产业的结构 B．竞争策略

  　　C．组织文化 D．暂时因素

- VCA（价值链分析法）的提出者认为，组织的竞争优势来自于___(6)___。

  (6) A．价值活动的有效组合 B．总收入最大化

  　　C．总成本最低 D．利润最大化

- 在 Zachman 框架中，使用人员关注的是___（7）___。
  - （7）A．范围模型 　　　　　　　　B．企业模型
  - 　　　C．功能模型 　　　　　　　　D．技术模型
- 以下___（8）___不是 Zachman 框架实施步骤的一部分。
  - （8）A．确定组织的愿景和原则 　　　B．现状描述分析
  - 　　　C．制定年度财务报告 　　　　 D．制订实施计划
- 某企业希望通过一种方法来识别其价值链中的关键价值增加环节，这种方法是___（9）___。
  - （9）A．SST 　　　　　　　　　　　B．BSP
  - 　　　C．CSF 　　　　　　　　　　 D．VCA
- 在 BSP 中，定义数据类的基本方法不包括___（10）___。
  - （10）A．实体法 　　　　　　　　　 B．功能法
  - 　　　 C．流程法 　　　　　　　　　D．以上均包括

答案及解析

（1）**答案：A** 解析　SST（战略目标集转移法）是将组织战略集转换成与其相关联一致的信息系统战略集的方法。BSP（企业信息系统规划法）侧重于全面调查和分析企业信息需求；CSF（关键成功因素法）是确定关键成功因素和信息需求的方法；VCA（价值链分析法）是分析组织价值活动的方法。

（2）**答案：C** 解析　组织战略集包括组织的使命、目标、战略和其他一些与信息系统有关的组织属性，不包括信息系统约束。信息系统约束属于信息系统战略集的内容。

（3）**答案：D** 解析　定义管理功能的核心步骤包括识别资源、根据资源的生命周期识别功能和汇总分析。制定信息系统总体方案是 BSP（企业信息系统规划法）的最终成果之一，而非定义管理功能的核心步骤。

（4）**答案：C** 解析　CSF（关键成功因素法）由哈佛大学教授 William Zani 提出。William King 提出了 SST（战略目标集转移法）；IBM 公司提出了 BSP（企业信息系统规划法）；Michael Porter 提出了 VCA（价值链分析法）。

（5）**答案：C** 解析　关键成功因素有 4 个主要来源：个别产业的结构、竞争策略、环境因素和暂时因素。组织文化不是关键成功因素的来源。

（6）**答案：A** 解析　VCA（价值链分析法）的提出者迈克尔·波特认为，组织的效率或者竞争优势来自于价值活动的有效组合，来自于价值链的优化。总收入最大化、总成本最低和利润最大化虽然是组织追求的目标，但不是竞争优势的直接来源。

（7）**答案：C** 解析　在 Zachman 框架中，使用人员（系统的最终用户）关注的是功能模型，考虑系统能否支持自身职能工作的要求。范围模型、企业模型和技术模型分别由规划人员、系统所有者和构造人员关注。

（8）**答案**：C　**解析**　Zachman框架实施的步骤包括确定组织的愿景和原则、现状描述分析、目标架构定义、差距与改进点分析、制订实施计划和持续改进优化。制定年度财务报告不是Zachman框架实施步骤的一部分。

（9）**答案**：D　**解析**　VCA（价值链分析法）可以帮助企业识别其价值链中的关键价值增加环节。SST（战略目标集转移法）、BSP（企业信息系统规划法）和CSF（关键成功因素法）方法主要用于信息系统规划，不涉及价值链分析。

（10）**答案**：C　**解析**　在BSP（企业信息系统规划法）中，定义数据类的基本方法包括实体法和功能法。流程法不是定义数据类的基本方法。

第5章 应用系统规划

5.1 基础知识

- 在日常生活中，我们常使用各种电器遥控器来控制家电，这种设计体现了___(1)___系统思维方法。

  (1) A. 抽象　　　　　B. 关注点分离　　C. 模块化　　　　D. 功能独立

- 在开发一个在线购物系统时，设计师将用户注册、登录、浏览商品、下单等功能分别设计为不同的模块，这体现了___(2)___设计原则。

  (2) A. 内聚性　　　　B. 耦合性　　　　C. 模块化　　　　D. 抽象

- 在设计一个银行转账系统时，设计师选择将转账逻辑封装在一个独立的模块中，这主要是为了提高系统的___(3)___特性。

  (3) A. 可靠性　　　　B. 内聚性　　　　C. 可维护性　　　D. 安全性

- 在构建一个企业资源计划（ERP）系统时，设计师采用了一种已知的解决方案框架来加速开发过程，这种做法类似于___(4)___设计的应用。

  (4) A. 创建型模式　　　　　　　　　B. 结构型模式
  　　C. 行为型模式　　　　　　　　　D. 框架模型

- 在开发一个在线学习平台时，设计师决定采用浏览器/服务器（B/S）架构，这主要是为了便于实现___(5)___。

  (5) A. 远程访问　　　　　　　　　　B. 数据加密
  　　C. 本地数据存储　　　　　　　　D. 高效数据处理

- 在规划一个电子商务网站时，设计师决定将数据库访问逻辑与业务逻辑分离，这种做法主要是为了降低系统的___(6)___。

  (6) A. 内聚性　　　　B. 耦合性　　　　C. 抽象性　　　　D. 可靠性

- 在设计一个库存管理系统时，设计师决定采用三层客户机/服务器（C/S）架构，这主要是为了便于___(7)___。

  (7) A. 客户端界面管理　　　　　　B. 业务逻辑管理
  　　C. 数据存储管理　　　　　　　D. 系统维护管理

- 在开发一个在线教育平台时，设计师决定采用组件分布架构来提高系统的可扩展性和灵活性，这种做法类似于___(8)___系统架构思想。

  (8) A. 分层体系　　　　　　　　　B. 以数据为中心
  　　C. 客户机/服务器　　　　　　　D. 模块化与关注点分离的结合

- 在设计一个在线音乐播放平台时，设计师决定采用一种模式来描述和实现用户登录功能，这种模式可能是___(9)___。

  (9) A. 创建型模式　　　　　　　　B. 单例模式（属于创建型模式的一种）
  　　C. 结构型模式　　　　　　　　D. 行为型模式

- 在开发一个智能家居控制系统时，设计师决定采用抽象的方法来定义智能家居设备的共同特征和行为，这种做法主要是为了便于___(10)___。

  (10) A. 界面交互设计　　　　　　　B. 业务逻辑设计
  　　　C. 数据处理设计　　　　　　　D. 系统架构设计

答案及解析

（1）**答案：B** **解析** 遥控器将控制家电的功能从家电本身分离出来，形成独立的部分，这体现了关注点分离的思想。抽象是对事物本质特征的提取，不符合题意；模块化是将系统划分为独立的部分，但这里并未明确划分模块；功能独立是模块化、关注点分离等概念的产物，不是直接体现的方法。

（2）**答案：C** **解析** 将不同功能设计为不同模块，是模块化的典型表现。内聚性是指模块内部功能的紧密程度，不是设计原则；耦合性是指模块间的相互依赖程度，同样不是设计原则；抽象是对事物本质特征的提取过程，不符合题意。

（3）**答案：B** **解析** 将转账逻辑封装在一个模块中，提高了该模块的内聚性，即模块内部功能的紧密程度。可靠性是指系统稳定运行的能力；可维护性虽然与模块化有关，但此处更强调的是内聚性；安全性是指系统保护数据不被非法访问或篡改的能力。

（4）**答案：D** **解析** 采用已知的解决方案框架来加速开发，类似于框架模型的应用，它提高了抽象的级别，便于复用。创建型模式、结构型模式、行为型模式都是具体的设计模式类型，与框架模型不同。

（5）**答案：A** **解析** B/S（服务器/浏览器）架构的优势在于无须专门的客户端程序，只需浏览器即可访问服务器，便于实现远程访问。数据加密与架构类型无直接关系；本地数据存储不是B/S架构的主要优势；高效数据处理更多地依赖于服务器性能和数据处理逻辑的设计。

(6)**答案：B 解析** 将数据库访问逻辑与业务逻辑分离，可以降低模块间的耦合性，使得系统更加灵活和易于维护。内聚性是指模块内部功能的紧密程度，与题意不符；抽象性是对事物本质特征的提取过程；可靠性是指系统稳定运行的能力。

(7)**答案：D 解析** 三层客户机/服务器（C/S）架构将业务处理部分集中到应用服务器上，便于当业务规则改变时只需更新应用服务器上的程序，降低了系统维护的复杂度。客户端界面管理虽然重要，但不是三层架构的主要优势；业务逻辑管理虽然与三层架构有关，但此处更强调的是维护的便利性；数据存储管理更多地依赖于数据库的设计和管理。

(8)**答案：D 解析** 组件分布架构突破了传统架构的限制，提高了系统的可扩展性和灵活性，这类似于模块化与关注点分离思想的结合。分层体系是将系统划分为不同的层次；以数据为中心是围绕数据进行系统架构的设计；客户机/服务器是传统的系统架构类型。

(9)**答案：B 解析** 用户登录功能通常只需要一个实例来处理所有用户的登录请求，这符合单例模式的特点。创建型模式是一个大类，包括单例模式等多种具体模式；结构型模式主要关注对象或组件的组合方式；行为型模式主要关注对象间的交互行为。

(10)**答案：D 解析** 抽象是从众多事物中抽取出共同的、本质性的特征的过程，便于在系统架构设计中定义设备的共同特征和行为。界面交互设计主要关注用户与系统的交互方式；业务逻辑设计关注系统内部的处理流程；数据处理设计关注数据的存储、检索和处理方式。虽然抽象在一定程度上会影响这些设计方面，但在此处更强调的是对系统架构设计的影响。

5.2 主要内容

- 在应用系统规划设计中，___(1)___强调了从用户需求到系统实现的顺序性和依赖性。
  - (1) A．瀑布模型　　　　B．V模型　　　　C．迭代模型　　　　D．敏捷方法
- 在进行应用系统体系结构设计时，如果数据流图中主要描述的是数据从输入到输出的变换过程，应采用___(2)___。
  - (2) A．面向数据流的定义方法　　　　B．面向数据结构的定义方法
  - 　　 C．层次图　　　　　　　　　　　D．结构图
- 在敏捷方法中，以下___(3)___不是敏捷宣言的4种核心价值。
  - (3) A．个体和互动高于流程和工具　　B．工作的软件高于详尽的文档
  - 　　 C．客户合作高于合同谈判　　　　D．遵循计划高于响应变化
- 在进行接口定义时，以下___(4)___不属于接口定义的内容。
  - (4) A．功能描述　　　　　　　　　　B．接口的输入/输出定义
  - 　　 C．系统架构设计　　　　　　　　D．错误处理
- 在用户界面定义中，以下___(5)___不是指导用户界面定义的基本原则。
  - (5) A．置用户于控制之下　　　　　　B．增加用户的记忆负担
  - 　　 C．保持界面一致　　　　　　　　D．提供及时的反馈

47

- 在应用系统规划设计中，如果希望逐步增加功能并减少建设失败的风险，应采用___(6)___生命周期模型。

  (6) A. 瀑布模型　　　　　B. V模型　　　　　C. 迭代模型　　　　　D. 敏捷方法

- 在数据流图中，如果数据主要按照不同的事务进行处理，应采用___(7)___。

  (7) A. 变换型数据流　　　　　　　　　B. 事务型数据流
  　　C. 循环型数据流　　　　　　　　　D. 选择型数据流

- 在进行数据库定义时，以下___(8)___不是定义过程的步骤。

  (8) A. 需求分析　　　　　　　　　　　B. 定义概念模型
  　　C. 编码实现　　　　　　　　　　　D. 验证

- 在进行构件定义时，以下___(9)___不是典型任务。

  (9) A. 标识出所有与问题域对应的类
  　　B. 确定所有与基础设施域对应的类
  　　C. 设计用户界面
  　　D. 说明持久数据源并确定管理数据源所需要的类

- 在选择应用系统生命周期模型时，以下___(10)___不是需要考虑的因素。

  (10) A. 用户需求　　　　　　　　　　　B. 系统复杂性
  　　 C. 开发团队经验　　　　　　　　　D. 项目预算分配比例

答案及解析

(1) **答案：A** **解析** 瀑布模型的特点包括阶段间具有顺序性和依赖性，从用户需求识别到系统实现，每个阶段都有明确的任务和输出。V模型是瀑布模型的变种，主要描述测试活动与分析和设计活动的关联；迭代模型强调逐步增加功能，通过多次迭代完善系统；敏捷方法注重个体互动、工作软件和响应变化，与顺序性和依赖性不直接相关。

(2) **答案：A** **解析** 面向数据流的定义方法是常用的结构化规划设计方法，适用于描述数据从输入到输出的变换过程。面向数据结构的定义方法主要根据数据结构规划设计程序处理过程；层次图和结构图都是描绘体系结构的图形工具，不直接用于定义数据流的处理过程。

(3) **答案：D** **解析** 敏捷宣言的4种核心价值中，不包括遵循计划高于响应变化，而是强调响应变化高于遵循计划。个体和互动高于流程和工具、工作的软件高于详尽的文档、客户合作高于合同谈判均正确反映了敏捷宣言的核心价值。

(4) **答案：C** **解析** 接口定义的内容应包括功能描述、接口的输入/输出定义、错误处理等，但不包括系统架构设计。系统架构设计是体系结构定义的一部分，与接口定义有交集但不等同。

(5) **答案：B** **解析** 指导用户界面定义的基本原则包括置用户于控制之下、减少用户的记忆负担和保持界面一致。提供及时的反馈虽然未在题干中明确列出，但它是良好的用户界面设计的重要原则之一，增加用户的记忆负担显然与指导原则相悖。

（6）**答案：C 解析** 迭代模型分为演化建设和增量建设两种，都强调逐步增加功能并减少建设失败的风险。瀑布模型是顺序性的，不适合逐步增加功能；V 模型主要描述测试活动；敏捷方法虽然也注重响应变化，但迭代模型在逐步增加功能方面更为明确。

（7）**答案：B 解析** 事务型数据流是指数据主要按照不同的事务进行处理，每个事务都有明确的接收路径和处理路径。变换型数据流主要描述数据从输入到输出的变换过程；循环型数据流和选择型数据流都是面向数据结构的定义方法中的概念，与数据流图的类型不直接相关。

（8）**答案：C 解析** 数据库的定义过程大致可分为需求分析、定义概念模型、定义逻辑模型、定义物理数据库和验证 5 个步骤。编码实现是系统实现阶段的任务，不属于数据库定义过程。

（9）**答案：C 解析** 进行构件定义的典型任务包括标识出所有与问题域和基础设施域对应的类、细化类、说明持久数据源等，但不包括设计用户界面。用户界面设计是接口定义的一部分。

（10）**答案：D 解析** 在选择应用系统生命周期模型时，需要考虑用户需求、系统复杂性、开发团队经验等因素。项目预算分配比例虽然重要，但它更多地影响项目管理和资源配置，而不是直接决定生命周期模型的选择。

5.3 主要过程

- 在系统开发的初步调研阶段，主要目的是___(1)___。
    - （1）A. 确定系统的具体实现方案　　　　B. 掌握用户的概况和初步要求
    - 　　 C. 编写系统的详细设计文档　　　　D. 对系统进行全面的技术测试
- 可行性研究报告中，如果结论为"项目可行，条件成熟，可以立即建设"，这意味着___(2)___。
    - （2）A. 项目无须进一步修改，可直接进入实施阶段
    - 　　 B. 项目存在严重问题，需要立即终止
    - 　　 C. 项目需要修改目标或追加资源
    - 　　 D. 项目需要等待外部条件成熟后才能实施
- 在详细调研阶段，调研组通常___(3)___。
    - （3）A. 仅由系统分析师组成
    - 　　 B. 仅由用户组织的业务人员组成
    - 　　 C. 由使用组织的业务人员和领导人员与规划设计团队共同组成
    - 　　 D. 由外部专家独立组成
- 系统分析阶段的基本任务是___(4)___。
    - （4）A. 确定系统的物理配置方案
    - 　　 B. 编写系统的测试计划
    - 　　 C. 充分了解用户的要求并用系统说明书表达出来
    - 　　 D. 设计系统的数据库结构
- 在需求分析中，非功能性需求主要关注___(5)___。

（5）A．系统的具体功能模块 　　　　B．系统的响应时间、安全性和可靠性
　　　　C．业务流程的详细步骤 　　　　　D．数据流图中的数据处理过程

- 系统说明书一旦审议通过，将成为___(6)___。
  （6）A．系统实施的具体操作指南 　　B．用户与技术人员之间的技术合同
  　　　C．系统测试的唯一标准 　　　　D．系统维护的长期计划

- 在系统设计阶段，以下___(7)___不是系统设计的主要目标。
  （7）A．提高系统的可靠性 　　　　　B．降低系统的可变更性
  　　　C．提高系统的效率 　　　　　　D．增强系统的通用性

- 人机界面设计在系统设计中占据重要地位，以下___(8)___不是人机界面设计应考虑的因素。
  （8）A．用户的使用习惯 　　　　　　B．系统的响应时间
  　　　C．系统的内部数据结构 　　　　D．界面的友好程度

- 在系统设计过程中，以下___(9)___强调了系统应能够适应未来变化的需求。
  （9）A．系统性原则 　　　　　　　　B．灵活性原则
  　　　C．可靠性原则 　　　　　　　　D．经济性原则

- 编写系统设计说明书的主要目的是___(10)___。
  （10）A．为系统实施提供详细的操作步骤
  　　　B．描述系统的逻辑结构和功能需求
  　　　C．为系统设计和实施提供全面的指导方案
  　　　D．记录系统测试过程中发现的问题和解决方案

答案及解析

（1）**答案：B** **解析** 初步调研的目的是掌握用户的概况，对用户提出的各种问题和初始要求进行识别，明确新系统的初步目标，为可行性研究提供基础。A 选项是系统设计阶段的任务；C 选项是详细设计阶段的任务；D 选项是系统测试阶段的任务。

（2）**答案：A** **解析** 可行性研究报告的结论为"项目可行，条件成熟，可以立即建设"时，意味着项目无须进一步修改，可直接进入实施阶段。B 选项与结论相反；C 选项表示项目需要某些调整；D 选项表示项目需要等待条件。

（3）**答案：C** **解析** 详细调研阶段，调研组通常由使用组织的业务人员和领导人员与规划设计团队共同组成，以确保调研的全面性和准确性。A、B、D 选项均只包含了部分人员，不够全面。

（4）**答案：C** **解析** 系统分析阶段的基本任务是充分了解用户的要求，并把双方的理解用系统说明书表达出来。A 选项是系统设计阶段的任务；B 选项是系统测试阶段的任务；D 选项是数据库设计阶段的任务。

（5）**答案：B** **解析** 非功能性需求也称为技术性需求，主要关注响应时间、安全性、可靠

性、易用性等技术指标和系统的质量特性。A 选项是功能性需求的内容；C 选项是业务流程分析的内容；D 选项是数据流图分析的内容。

（6）**答案：B 解析** 系统说明书一旦审议通过，将成为用户与技术人员之间的技术合同，也是后续开发工作的依据。A 选项是系统实施文档的内容；C 选项虽然系统说明书是测试的依据之一，但不是唯一标准；D 选项是系统维护文档的内容。

（7）**答案：B 解析** 系统设计的主要目标之一是提高系统的可变更性，以便适应未来的变化和扩展，B 选项与系统设计的主要目标相反。A、C、D 选项均是系统设计的主要目标。

（8）**答案：C 解析** 人机界面设计应考虑用户的使用习惯、系统的响应时间、界面的友好程度等因素，以提高用户体验。C 选项系统的内部数据结构是人机界面设计不直接考虑的因素，它更多地关注系统内部的处理逻辑和数据存储。

（9）**答案：B 解析** 灵活性原则强调系统应能够适应未来变化的需求，以便在需要时能够轻松地进行修改和扩展。系统性原则强调系统的整体性和协调性；可靠性原则强调了系统的稳定性和可靠性；经济性原则强调系统设计的成本效益。

（10）**答案：C 解析** 编写系统设计说明书的主要目的是为系统设计和实施提供全面的指导方案，详细描述系统的物理结构、处理流程、数据库设计等方面的内容。A 选项是系统实施文档的目的；B 选项是系统说明书的一部分内容，但不全面；D 选项是系统测试文档的目的。

5.4 常用方法

- 某公司计划对其内部的应用系统进行优化管理，以确保这些系统与公司的业务目标保持一致。该公司最适合采用的方法是___（1）___。

  （1）A．面向服务的架构（SOA）　　　　B．应用系统组合法（APA）
  　　　C．TOGAF 框架的内容框架　　　　D．服务编排技术

- 小王是某公司的 IT 经理，他需要确保公司的企业架构不被专有解决方案"锁定"，并希望节省时间和金钱。他应该考虑采用___（2）___。

  （2）A．APA　　　　　　　　　　　　B．TOGAF
  　　　C．SOA　　　　　　　　　　　　D．云计算架构

- 小李是一家电商公司的架构师，他需要使用一个方法来确定公司架构开发的全生命周期，并明确各个阶段的主要活动。他应该参考___（3）___。

  （3）A．APA 的评估步骤　　　　　　　B．TOGAF 的架构开发方法（ADM）
  　　　C．SOA 的设计原则　　　　　　　D．服务注册与发现技术

- 某公司在实施企业架构项目时，希望确保所有用户（从关键利益相关方到团队成员）都使用相同的语言，以便更好地沟通和协作。该公司应该选择___（4）___来支持这一目标。

  （4）A．APA　　　　　　　　　　　　B．TOGAF
  　　　C．SOA　　　　　　　　　　　　D．云计算架构

- 一家大型金融机构计划对其内部的信息系统进行整合和优化，以提高业务效率和降低运营成本。在选择合适的架构方法时，以下___(5)___最符合其需求。

    （5）A．APA 的应用系统清单步骤 B．TOGAF 的架构开发方法（ADM）
    C．SOA 的服务封装技术 D．云计算架构的弹性扩展特性

- 小张是一家物流公司的 IT 部门负责人，他希望构建一个灵活且可扩展的系统来支持公司的业务流程管理。他应该考虑采用___(6)___架构方法。

    （6）A．APA B．TOGAF
    C．SOA D．云计算架构的自动化部署特性

- 某政府机构计划对其内部系统进行跨平台集成，以便在不同操作系统和硬件平台上实现数据的共享和交换。以下___(7)___最适合其需求。

    （7）A．APA 的应用系统评估步骤 B．TOGAF 的架构开发方法（ADM）
    C．面向服务的架构（SOA） D．云计算架构的虚拟化技术

- 一家在线零售商计划对其电子商务系统进行扩展和重用，以提高系统的灵活性和响应速度。以下___(8)___最适合其需求。

    （8）A．APA 的实施优化计划步骤 B．TOGAF 的架构愿景阶段
    C．面向服务的架构（SOA） D．云计算架构的高可用性特性

- 一家汽车制造商计划将其内部系统进行整合，以实现生产、销售和售后服务的全面集成。在选择合适的架构方法时，以下___(9)___最符合其需求。

    （9）A．APA 的分析应用系统组合步骤
    B．TOGAF 的架构开发方法（ADM）
    C．SOA 的互操作性原则
    D．云计算架构的按需付费特性

- 一家医疗机构计划构建一个灵活且可扩展的系统来支持其远程医疗服务。在选择合适的架构方法时，以下___(10)___最适合其需求。

    （10）A．APA 的监测和评估步骤
    B．TOGAF 的架构开发方法（ADM）结合 SOA
    C．仅使用 SOA
    D．云计算架构的无限扩展特性

答案及解析

（1）**答案：B** **解析** 应用系统组合法（APA）专门用于评估和管理组织的应用系统，确保它们与业务目标一致。面向服务的架构（SOA）虽然也强调系统的灵活性和集成性，但它更多的是一种架构设计的方法论；TOGAF 框架的内容框架是 TOGAF 框架的一个组成部分，不直接用于应用系统管理；服务编排技术是 SOA 中的一个技术内容，同样不直接用于应用系统管理。

（2）**答案：B** 解析 TOGAF 框架的一个目标是避免被专有解决方案"锁定"，并且可以帮助企业节省时间和金钱。APA 主要关注应用系统的管理，并不直接解决专有解决方案"锁定"的问题；SOA 是一种架构设计的方法论，也不直接解决该问题；云计算架构虽然有助于节省成本，但并不专门解决专有解决方案"锁定"的问题。

（3）**答案：B** 解析 TOGAF 的架构开发方法（ADM）详细定义了架构开发的全生命周期以及各个阶段的主要活动。APA 的评估步骤主要用于评估和管理应用系统，不直接涉及架构开发的全生命周期；SOA 的设计原则主要用于指导架构的设计，不涉及具体的开发阶段；服务注册与发现技术是 SOA 中的一个技术内容，同样不涉及架构开发的全生命周期。

（4）**答案：B** 解析 TOGAF 框架的一个目标是确保所有用户都使用相同的语言，以便更好地沟通和协作。APA 主要关注应用系统的管理，并不直接解决沟通问题；SOA 虽然也强调系统的集成和互操作性，但并不直接解决语言统一的问题；云计算架构同样不直接解决该问题。

（5）**答案：B** 解析 TOGAF 的架构开发方法（ADM）可以帮助金融机构进行全面的架构规划和优化，包括信息系统架构的整合和优化。APA 的应用系统清单步骤只是 APA 评估和管理应用系统的一个步骤，并不直接涉及架构的优化；SOA 的服务封装技术虽然有助于服务的重用和集成，但并不直接解决信息系统的整合和优化问题；云计算架构的弹性扩展特性虽然有助于降低运营成本，但并不直接解决信息系统的整合问题。

（6）**答案：C** 解析 SOA 适用于构建灵活且可扩展的系统，特别适用于支持复杂的业务流程管理。APA 主要关注应用系统的管理，并不直接涉及业务流程管理；TOGAF 虽然是一个全面的企业架构框架，但并不直接解决业务流程管理的问题；云计算架构的自动化部署特性虽然有助于系统的快速部署和扩展，但并不直接解决业务流程管理的问题。

（7）**答案：C** 解析 面向服务的架构（SOA）适用于跨平台集成，可以实现不同操作系统和硬件平台上的数据共享和交换。APA 的应用系统评估步骤只是 APA 评估和管理应用系统的一个步骤，并不直接涉及跨平台集成；TOGAF 的架构开发方法（ADM）虽然可以帮助进行架构规划和开发，但并不直接解决跨平台集成的问题；云计算架构的虚拟化技术虽然有助于资源的灵活分配和管理，但并不直接解决跨平台集成的问题。

（8）**答案：C** 解析 面向服务的架构（SOA）适用于系统的扩展和重用，可以提高系统的灵活性和响应速度。APA 的实施优化计划步骤只是 APA 评估和管理应用系统的一个步骤，并不直接涉及系统的扩展和重用；TOGAF 的架构愿景阶段只是架构开发的一个阶段，并不直接解决系统的扩展和重用问题；云计算架构的高可用性特性虽然有助于系统的稳定运行，但并不直接解决系统的扩展和重用问题。

（9）**答案：B** 解析 TOGAF 的架构开发方法（ADM）可以帮助汽车制造商进行全面的架构规划和开发，包括内部系统的整合和集成。APA 的分析应用系统组合步骤只是 APA 评估和管理应用系统的一个步骤，并不直接涉及系统的整合和集成；SOA 的互操作性原则虽然有助于系统的集成和互操作，但并不直接解决内部系统的全面集成问题；云计算架构的按需付费特性虽然有助于降低运营成本，但并不直接解决内部系统的整合问题。

（10）答案：B 解析 TOGAF 的架构开发方法（ADM）结合 SOA 可以帮助医疗机构构建一个灵活且可扩展的系统来支持远程医疗服务。APA 的监测和评估步骤只是 APA 评估和管理应用系统的一个步骤，并不直接涉及系统的构建；虽然 SOA 也适用于构建灵活且可扩展的系统，但结合 TOGAF 的架构开发方法（ADM）可以提供更全面的架构规划和开发支持。云计算架构的无限扩展特性虽然有助于系统的扩展，但并不直接解决系统的灵活性和可扩展性问题。

5.5 软件工厂

- 在日常生活中，我们使用的智能手机 App（如微信、支付宝）的快速迭代和高质量交付，往往得益于___（1）___软件开发模式。

    （1）A．传统瀑布模型　　　　　　　　B．软件工厂模式
    　　 C．极限编程　　　　　　　　　　D．螺旋模型

- 一家大型银行在开发其在线银行系统时，为了确保系统的安全性和可靠性，最可能采用___（2）___软件开发组织的做法。

    （2）A．依赖个人英雄主义　　　　　　B．引入软件工厂的安全开发实践
    　　 C．随意分配开发任务　　　　　　D．不进行任何安全测试

- 某电商公司在开发其电商平台时，为了提高开发效率并降低开发成本，决定采用一种能够将开发过程划分为不同环节和任务，并通过流水线方式连接起来的开发模式。这种开发模式是___（3）___。

    （3）A．敏捷开发　　　　　　　　　　B．软件工厂流水线作业
    　　 C．瀑布模型　　　　　　　　　　D．增量模型

- 一家初创公司在开发其首款移动应用时，为了快速响应市场变化并持续交付高质量的产品，应该选择___（4）___软件开发方法。

    （4）A．传统瀑布模型　　　　　　　　B．软件工厂敏捷交付
    　　 C．极限编程（不考虑团队规模）　D．瀑布模型与敏捷方法的混合

- 在软件开发过程中，为了确保团队成员之间的有效沟通和协作，软件工厂通常会采用___（5）___。（不考虑具体品牌）

    （5）A．即时通信工具和在线文档协作工具　B．纸质文档和信件
    　　 C．电子邮件和飞信传书　　　　　　　D．电报和传真

- 一家游戏开发公司在开发其新款游戏时，为了确保游戏的质量并减少 Bug 的数量，最可能采用___（6）___质量控制措施。

    （6）A．仅在游戏发布前进行一次全面测试
    　　 B．定期进行代码审查、单元测试和集成测试
    　　 C．依赖用户的反馈来修复 Bug
    　　 D．不进行任何测试直接发布游戏

- 某软件公司为了提高其软件开发过程的工业化和规模化程度，决定引入一种能够将软件开发过程转化为工业化生产过程的开发模式。这种开发模式是___(7)___。

　　(7) A. 敏捷开发　　　　　　　　　　B. 软件工厂模式
　　　　 C. 瀑布模型　　　　　　　　　　D. 原型模型

- 在软件开发项目中，为了确保项目按时交付并满足客户的需求和期望，软件工厂通常会采取___(8)___。

　　(8) A. 随意分配开发任务　　　　　　B. 制订详细的项目计划和优先级
　　　　 C. 不进行任何资源部署　　　　　D. 仅在项目结束时进行一次评估

- 在嵌入式软件开发中，为了确保软件的质量和可靠性，最可能采用___(9)___的开发方法。

　　(9) A. 依赖个人经验进行开发
　　　　 B. 使用版本控制系统管理源代码和配置文件
　　　　 C. 不进行任何测试直接烧录到硬件中
　　　　 D. 仅使用纸质文档记录开发过程

- 一家大型软件公司在开发其企业级应用时，为了持续改进其软件开发和交付过程，最可能采取的措施是___(10)___。

　　(10) A. 仅在项目结束后进行一次总结　　B. 定期进行项目评估和改进
　　　　　C. 不进行任何评估和改进　　　　　D. 依赖外部咨询公司的建议进行改进

答案及解析

　　(1) **答案：B** 解析　软件工厂模式通过流水线作业、敏捷交付等方式，能够实现软件的快速迭代和高质量交付。传统瀑布模型则更注重顺序性和文档化，迭代速度较慢；极限编程虽然也强调快速迭代，但更侧重于编程实践和技巧；螺旋模型则结合了瀑布模型和敏捷方法的特点，但更侧重于风险评估。因此，对于智能手机 App 的快速迭代和高质量交付，软件工厂模式更为合适。

　　(2) **答案：B** 解析　软件工厂强调安全可靠的开发过程，包括安全需求分析、安全设计原则、安全编码规范等。对于大型银行来说，在线银行系统的安全性和可靠性至关重要，因此最可能采用软件工厂的安全开发实践来确保系统的安全。依赖个人英雄主义、随意分配开发任务或不进行任何安全测试都可能导致系统存在安全隐患。

　　(3) **答案：B** 解析　软件工厂流水线作业是指将软件开发过程划分为不同的环节和任务，并通过流水线的方式将这些环节和任务连接起来，以实现高效、规范和持续的软件开发。这与题目描述完全吻合。敏捷开发虽然也强调快速迭代和协作，但不特指流水线作业；瀑布模型和增量模型则更注重顺序性和增量性，与流水线作业不同。

　　(4) **答案：B** 解析　软件工厂敏捷交付强调通过迭代、协作和自组织的方式，快速响应变化并持续交付软件产品。对于初创公司来说，快速响应市场变化并持续交付高质量的产品至关重要。传统瀑布模型则更注重顺序性和文档化，迭代速度较慢；极限编程虽然也强调快速迭代，但可能不适合所有团队规模；瀑布模型与敏捷方法的混合则可能带来不必要的复杂性。因此，软件工厂敏捷交付是更合适的选择。

（5）**答案：A** **解析** 软件工厂强调团队协作和沟通，通常会采用即时通信工具和在线文档协作工具来促进团队成员之间的有效沟通和协作。其他选项虽然也可以用于沟通和协作，但相比之下效率较低且不够灵活。因此，A 选项是更合适的选择。

（6）**答案：B** **解析** 软件工厂强调质量控制，包括代码审查、单元测试和集成测试等。对于游戏开发公司来说，这些质量控制措施能够确保游戏的质量并减少 Bug 的数量。仅在游戏发布前进行一次全面测试可能无法及时发现和修复所有问题；依赖用户的反馈来修复 Bug 则可能导致用户体验不佳；不进行任何测试直接发布游戏则更是不可取的做法。

（7）**答案：B** **解析** 软件工厂模式通过将软件开发过程转化为工业化生产过程，利用规模化、标准化、自动化和协作等手段来提高软件开发的效率、质量和可控性。这与题目描述完全吻合。敏捷开发虽然也强调快速迭代和协作，但不特指工业化生产过程；瀑布模型和原型模型则更注重顺序性和原型设计，与工业化生产过程不同。

（8）**答案：B** **解析** 软件工厂强调资源部署和项目管理，以确保项目按时交付并满足客户的需求和期望，制订详细的项目计划和优先级是资源部署和项目管理的重要措施之一。随意分配开发任务、不进行任何资源部署或仅在项目结束时进行一次评估都可能导致项目延期或无法满足客户需求。

（9）**答案：B** **解析** 在嵌入式软件开发中，为了确保软件的质量和可靠性，通常会使用版本控制系统来管理源代码和配置文件，这有助于跟踪代码的变化、协同开发以及解决冲突等问题。依赖个人经验进行开发、不进行任何测试直接烧录到硬件中或仅使用纸质文档记录开发过程都可能导致软件存在质量问题和可靠性问题。

（10）**答案：B** **解析** 软件工厂强调持续改进，包括不断识别和改进软件开发和交付过程中的问题和风险，定期进行项目评估和改进是持续改进的重要措施之一。仅在项目结束后进行一次总结、不进行任何评估和改进或依赖外部咨询公司的建议进行改进都可能导致无法及时发现和解决问题，从而影响软件开发和交付过程的质量和效率。

第6章 云资源规划

6.1 云资源规划概述

- 某电商公司在"双 11"期间需要处理大量订单,为此计划租用云资源来应对高峰。这属于云资源规划的___(1)___关键要素。

  (1) A. 业务需求分析　　　　　　　B. 资源评估和规划
  　　C. 预算管理　　　　　　　　　D. 性能优化

- 一家初创企业为了降低成本,决定使用云服务来替代自建服务器。在规划过程中,他们首先需要___(2)___。

  (2) A. 评估当前资源使用情况　　　B. 设定预算监控策略
  　　C. 理解业务需求和目标　　　　D. 选择云服务提供商

- 某银行计划将其在线支付系统迁移到云端,以提高系统的可扩展性和可靠性。在规划过程中,他们应特别关注的要素为___(3)___。

  (3) A. 弹性和可扩展性　　　　　　B. 预算管理
  　　C. 资源评估和规划　　　　　　D. 安全和合规性

- 一家在线教育平台希望通过云资源规划来降低成本,同时保持服务的高可用性。他们应该重点考虑___(4)___流程。

  (4) A. 需求收集　　　　　　　　　B. 预算管理
  　　C. 持续优化　　　　　　　　　D. 设计与实施

- 某企业计划将其数据备份到云端,以确保数据的安全性和可恢复性。在规划过程中,他们应特别关注___(5)___要素。

  (5) A. 弹性和可扩展性　　　　　　B. 安全和合规性
  　　C. 预算管理　　　　　　　　　D. 性能优化

- 一家医疗机构计划使用云服务来存储和管理其医疗记录。在规划过程中，他们应首先进行的工作是___(6)___。

  (6) A．设定预算监控策略　　　　　　B．理解业务需求和目标
  　　C．选择云服务提供商　　　　　　D．评估当前资源使用情况

- 某零售企业计划通过云资源规划来提高其在线购物平台的处理能力。在规划过程中，他们应重点关注___(7)___流程以确保平台的稳定性。

  (7) A．需求收集　　　　　　　　　　B．预算管理
  　　C．设计与实施　　　　　　　　　D．持续优化

- 一家金融科技公司计划通过云资源规划来支持其快速增长的业务。在规划过程中，他们应特别关注___(8)___要素以确保业务的可扩展性。

  (8) A．弹性和可扩展性　　　　　　　B．安全管理
  　　C．预算管理　　　　　　　　　　D．资源评估和规划

- 某企业在云资源规划过程中发现其现有资源不足以支持未来的业务需求。他们应该首先采取___(9)___措施。

  (9) A．增加预算　　　　　　　　　　B．评估当前资源使用情况
  　　C．选择更高配置的云服务　　　　D．重新进行业务需求分析

- 一家互联网公司计划将其网站迁移到云端以提高性能。在规划过程中，他们应___(10)___以确保迁移后的数据完整性和安全性。

  (10) A．选择高可靠性的云服务提供商　　B．设定严格的预算监控策略
  　　 C．评估当前资源使用情况　　　　　D．持续优化云资源性能

答案及解析

（1）**答案：A**　**解析**　电商公司在"双11"前对云资源的需求是基于业务高峰期的需求，因此这属于业务需求分析。B 选项虽然也相关，但更侧重于对已有资源的评估和未来的规划策略；C 选项是预算方面的考虑；D 选项是资源使用后的优化过程。

（2）**答案：C**　**解析**　在云资源规划的开始阶段，企业首先需要明确自己的业务需求和目标，以此为基础来选择合适的云服务。A 选项虽然重要，但通常是在理解需求之后进行的；B 选项是预算管理的一部分，应在需求明确后进行；D 选项是选择阶段，但需在需求明确和资源评估后进行。

（3）**答案：A**　**解析**　银行迁移在线支付系统到云端的主要目的是提高可扩展性和可靠性，因此弹性和可扩展性是规划过程中应特别关注的要素。B 选项虽然重要，但不是迁移系统的首要关注点；C 选项是规划的基础工作，但不如 A 选项直接相关；D 选项是任何云资源规划都需要考虑的，但在此场景下不是最关键的。

（4）**答案：C**　**解析**　持续优化是确保云资源在降低成本的同时保持高可用性的关键流程。

通过监控和评估资源的使用情况，平台可以根据实际需求进行资源调整和优化，从而降低成本并保持服务质量。A 选项是规划的开始阶段；B 选项虽然与成本相关，但不如 C 选项直接；D 选项是实施阶段，不是重点考虑降低成本和高可用性的流程。

(5) **答案：B** 解析 数据备份到云端的主要目的是确保数据的安全性和可恢复性，因此安全和合规性是规划过程中应特别关注的要素。A 选项虽然重要，但与数据备份的直接需求关系不大；C 选项是预算方面的考虑；D 选项是资源使用后的优化过程，与数据备份的直接需求也不相关。

(6) **答案：B** 解析 医疗机构在规划使用云服务存储和管理医疗记录时，应首先明确其业务需求和目标，以确保所选的云服务能够满足其特定需求。A 选项是预算管理的一部分，应在需求明确后进行；C 选项是选择阶段，但需在需求明确和资源评估后进行；D 选项虽然重要，但通常是在理解需求之后进行的。

(7) **答案：C** 解析 设计与实施是确保在线购物平台稳定性的关键流程。通过合理的云架构和系统配置，以及适当的云服务提供商选择，可以确保平台在处理大量交易时保持稳定。A 选项是规划的开始阶段；B 选项是预算方面的考虑；D 选项虽然重要，但更侧重于资源使用后的优化。

(8) **答案：A** 解析 金融科技公司由于其业务的快速增长特性，对云资源的可扩展性有较高要求。因此，在规划过程中应特别关注弹性和可扩展性这一要素。B 选项是安全方面的考虑，虽然重要但不是可扩展性的直接要素；C 选项是预算方面的考虑；D 选项虽然与规划相关，但不如 A 选项直接针对可扩展性。

(9) **答案：D** 解析 当企业在云资源规划过程中发现资源不足时，应首先重新进行业务需求分析，以确保所规划的云资源能够真正满足业务需求。B 选项虽然重要，但在此场景下不是首要措施；C 选项是可能的解决方案之一，但应在需求分析后进行；A 选项是预算方面的考虑，应在需求分析后根据实际需求来确定。

(10) **答案：A** 解析 互联网公司迁移网站到云端时，确保数据完整性和安全性是至关重要的。因此，在规划过程中应选择高可靠性的云服务提供商，以确保迁移过程中的数据安全和迁移后的数据完整性。B 选项是预算方面的考虑；C 选项虽然重要，但与数据完整性和安全性的直接需求关系不大；D 选项是资源使用后的优化过程，不是迁移过程中的首要关注点。

6.2 云计算架构

- 小张是一名系统管理员，他需要为公司搭建一个虚拟化的计算资源环境来部署应用程序。他应该选择___(1)___云计算服务模式。

    (1) A．SaaS   B．PaaS   C．IaaS   D．FaaS

- 一家初创企业为了降低成本，决定使用云服务来替代自建服务器。他们主要关注的是云服务的___(2)___特征。

    (2) A．安全性   B．成本效益   C．可靠性   D．可扩展性

- 李经理所在的公司需要处理大量的客户数据，并希望确保数据的安全性和隐私。他们应该选择___（3）___云计算架构。

  （3）A．公有云　　　　B．私有云　　　　C．混合云　　　　D．IaaS

- 一家电商平台在"双11"期间需要处理大量的订单和交易数据。为了确保平台的稳定运行，他们应该选择___（4）___云计算内部特征进行资源扩展。

  （4）A．虚拟化　　　　B．弹性扩展　　　C．自动化管理　　D．多租户支持

- 小王是一名开发人员，他希望使用一种云计算服务模式来快速构建和部署自己的应用程序。他应该选择___（5）___服务模式。

  （5）A．IaaS　　　　　B．PaaS　　　　　C．SaaS　　　　　D．FaaS

- 一家大型企业在全球范围内有多个分支机构，他们希望将各个分支机构的数据统一存储在一个安全、可靠且易于访问的云平台上。他们应该选择___（6）___云计算服务模式。

  （6）A．私有云　　　　B．公有云　　　　C．混合云　　　　D．IaaS与PaaS结合

- 一家创业公司正在开发一款基于人工智能的聊天机器人软件，他们希望使用一种能够快速迭代和部署的开发环境。他们应该选择___（7）___云计算服务模式。

  （7）A．SaaS　　　　　B．PaaS　　　　　C．IaaS　　　　　D．FaaS

- 一家金融机构需要处理大量的交易数据，并要求数据具有高可用性和高可靠性。他们应该选择___（8）___云计算服务模式来确保数据的稳定性。

  （8）A．SaaS　　　　　B．IaaS　　　　　C．混合云　　　　D．私有云

- 一家在线教育平台希望使用云服务来存储学生的学习资料和视频课程，并要求这些资源能够随时随地被学生访问。他们应该关注云计算架构的___（9）___外部特征。

  （9）A．可靠性　　　　B．安全性　　　　C．网络连接性　　D．成本效益

- 一家初创企业正在开发一款基于微服务架构的应用程序，并希望使用一种能够自动管理函数部署和扩展的服务。他们应该选择___（10）___云计算服务模式。

  （10）A．IaaS　　　　　B．PaaS　　　　　C．SaaS　　　　　D．FaaS

答案及解析

（1）**答案：C** **解析** IaaS（基础设施即服务）提供虚拟化的计算资源，如服务器、存储设备和网络设备等，适合系统管理员用来部署和管理应用程序；SaaS（软件即服务）主要面向普通用户，提供已部署好的软件服务；PaaS（平台即服务）主要面向开发人员，提供构建和部署应用程序的平台；FaaS（功能即服务）提供的是独立、可复用的函数服务，适用于微服务架构等场景。

（2）**答案：B** **解析** 初创企业为了降低成本而使用云服务，主要关注的是云服务的成本效益。安全性虽然重要，但不是他们此时的首要关注点；可靠性是云服务的一个基本特征，但不是决定他们选择云服务的关键因素；可扩展性虽然对未来发展有帮助，但在成本压力下，成本效益更为关键。

（3）**答案：B**　**解析**　私有云是为一个客户单独使用而构建的，提供对数据、安全性和服务质量的最有效控制。李经理的公司需要确保数据的安全性和隐私，因此私有云是最佳选择。公有云虽然成本较低，但数据安全性相对较低；混合云虽然结合了公有云和私有云的优势，但在此场景下不如私有云直接有效；IaaS 是云计算服务模式的一种，与云计算架构不同。

（4）**答案：B**　**解析**　电商平台在"双 11"期间需要处理大量数据，因此选择具有弹性扩展能力的云计算架构是关键。弹性扩展允许平台根据需求自动调整资源，确保稳定运行。虚拟化是云计算的基础技术之一，但不是直接解决资源扩展问题的特征；自动化管理可以提高运维效率，但与资源扩展的直接关系不大；多租户支持是云计算服务提供商为了满足多个客户同时使用资源而设计的特性，与资源扩展无直接关系。

（5）**答案：B**　**解析**　PaaS 提供了一种构建和部署应用程序的中间件平台，适合开发人员使用。小王作为开发人员，可以选择 PaaS 来快速构建和部署应用程序。IaaS 主要面向系统管理员，提供虚拟化的计算资源；SaaS 主要面向普通用户，提供已部署好的软件服务；FaaS 提供的是独立、可复用的函数服务，适用于微服务架构等特定场景。

（6）**答案：C**　**解析**　混合云架构可以根据需求将工作负载和数据部署在不同的云环境中，提供灵活性、安全性和成本效益的平衡。这家大型企业希望将全球分支机构的数据统一存储在一个安全、可靠且易于访问的云平台上，混合云可以满足他们的需求。私有云虽然安全性高，但可能缺乏灵活性；公有云虽然易于访问，但数据安全性相对较低；IaaS 与 PaaS 结合是云计算服务模式的组合，不是云计算架构的类型。

（7）**答案：B**　**解析**　PaaS 提供了构建和部署应用程序的中间件平台，简化了开发、测试、部署和管理应用程序的过程，适合快速迭代和部署的开发环境。因此，这家创业公司应该选择 PaaS。SaaS 主要面向普通用户，提供已部署好的软件服务；IaaS 提供虚拟化的计算资源，但不如 PaaS 在开发环境方面直接有效；FaaS 提供的是独立、可复用的函数服务，虽然也适用于某些开发场景，但不如 PaaS 全面。

（8）**答案：D**　**解析**　私有云是为一个客户单独使用而构建的，提供对数据、安全性和服务质量的最有效控制。金融机构需要处理大量交易数据，并要求数据具有高可用性和高可靠性，因此私有云是最佳选择。SaaS 主要面向普通用户，提供已部署好的软件服务，不适合处理大量交易数据；IaaS 提供虚拟化的计算资源，但不如私有云在数据安全性和控制权方面直接有效；混合云虽然结合了公有云和私有云的优势，但在此场景下不如私有云直接有效。

（9）**答案：C**　**解析**　在线教育平台需要确保学生的学习资料和视频课程能够随时随地被访问，因此应该关注云计算架构的网络连接性。网络连接性确保用户能够通过网络访问云服务，满足在线教育平台的需求。可靠性虽然重要，但不如网络连接性直接相关；安全性是云服务的基本特征之一，但在此场景下不是首要关注点；成本效益虽然也是考虑因素之一，但不如网络连接性直接影响用户体验。

（10）**答案：D**　**解析**　FaaS 将应用程序的不同功能拆分成独立的、可复用的函数，并以服务的形式提供给用户。每个函数都是独立的，可以单独部署、运行和扩展，非常适合微服务架构的应用程序。因此，这家初创企业应该选择 FaaS。IaaS 提供虚拟化的计算资源，但不适合自动管理函数部署和扩展；PaaS 虽然提供了构建和部署应用程序的平台，但不如 FaaS 在微服务架构方面直接有效；SaaS 主要面向普通用户，提供已部署好的软件服务，不适合微服务架构的应用程序开发。

6.3 计算资源规划

- 一家电商公司在准备大促活动时，发现其网站在高并发访问下经常出现响应缓慢的情况。为了解决这个问题，公司决定进行计算资源规划。以下__(1)__是计算资源规划中的一个关键步骤。

    (1) A．数据分析与挖掘　　　　　　B．容量规划
    　　C．网络架构设计　　　　　　　D．用户体验优化

- 一家在线教育平台为了应对学生在线学习的高峰期，希望实现计算资源的弹性扩展。以下__(2)__技术最适合用于实现这一目标。

    (2) A．虚拟化　　　　　　　　　　B．负载均衡
    　　C．弹性伸缩　　　　　　　　　D．容器化

- 某游戏公司在开发一款大型多人在线角色扮演游戏时，希望确保游戏在不同时间段都能保持流畅运行。以下__(3)__策略最有助于实现这一目标。

    (3) A．定期进行系统维护　　　　　B．使用高性能 GPU
    　　C．实施负载均衡　　　　　　　D．进行容量规划和预测

- 一家金融科技公司计划将其部分业务迁移到云端，以降低运维成本和提升业务灵活性。在选择云服务提供商时，以下__(4)__因素不是主要的考虑点。

    (4) A．云服务的安全性　　　　　　B．云服务的成本效益
    　　C．云服务的品牌知名度　　　　D．云服务的可扩展性

- 一家初创企业计划利用云计算资源来开发其在线协作平台。为了确保平台的稳定性和性能，以下__(5)__技术最适合用于资源管理和调度。

    (5) A．虚拟机　　　　　　　　　　B．容器化
    　　C．裸金属服务器　　　　　　　D．GPU 加速

答案及解析

(1) **答案：B** 解析　容量规划是计算资源规划中的关键步骤之一，旨在确定所需的计算资源量，以确保在高并发访问等情况下，系统能够稳定运行。数据分析与挖掘虽然重要，但并非计算资源规划的直接步骤，它更多用于业务分析和决策支持。网络架构设计是系统架构设计的一部分，虽然与计算资源规划相关，但不是其核心步骤。用户体验优化是提升用户满意度的关键，但同样不是计算资源规划的直接步骤。

（2）**答案：C 解析** 弹性伸缩技术能够根据业务需求自动调整计算资源的数量，非常适合在线教育平台等需要应对高峰期流量的场景。虚拟化虽然提高了资源利用率，但本身并不具备弹性扩展的能力。负载均衡主要用于将流量均匀分配到多个服务器上，以实现负载均衡，但并不直接解决资源弹性扩展的问题。容器化提高了应用的部署和管理效率，但同样不直接解决资源弹性扩展的问题。

（3）**答案：D 解析** 通过容量规划和预测，游戏公司可以准确评估所需资源量，并根据玩家数量和时间分布进行合理分配，从而确保游戏在不同时间段都能保持流畅运行。定期进行系统维护虽然重要，但并不能直接解决游戏流畅运行的问题；使用高性能 GPU 可以提升游戏画面的渲染效果，但并不能保证游戏在不同时间段都能流畅运行；实施负载均衡有助于将玩家流量均匀分配到多个服务器上，但在没有足够资源支持的情况下，仍然可能出现流畅度问题。

（4）**答案：C 解析** 虽然品牌知名度在一定程度上反映了云服务提供商的实力和口碑，但在选择云服务提供商时，更重要的是考虑其安全性、成本效益和可扩展性等实际因素。云服务的安全性是金融科技公司必须考虑的重要因素，因为金融业务涉及大量敏感数据；云服务的成本效益是降低运维成本的关键，也是企业选择云服务的重要考虑点；云服务的可扩展性对于提升业务灵活性至关重要，特别是在金融科技等快速发展领域。

（5）**答案：B 解析** 容器化技术通过轻量级、可移植的容器来封装应用及其依赖项，使得资源管理和调度更加高效和灵活，它非常适合初创企业等需要快速迭代和灵活部署的场景。虚拟机虽然提供了隔离性和资源管理的灵活性，但相对于容器化来说，其启动速度和资源利用率较低；裸金属服务器提供了高性能和物理硬件的直接访问权，但缺乏云计算的弹性和可扩展性；GPU 加速主要用于提升图形处理和计算密集型应用的性能，并不直接用于资源管理和调度。

6.4 存储资源规划

- 一家设计公司经常需要处理大量高清图片和视频素材，为了确保这些素材能够快速存储和访问，他们应该考虑采用＿＿（1）＿＿的存储技术。

    （1）A．直接附加存储（DAS）

    　　B．网络附加存储（NAS）

    　　C．存储区域网络（SAN）

    　　D．对象存储

- 小明是一名摄影师，他希望将自己的大量摄影作品安全地备份到云端，以便随时访问和分享。他应该选择＿＿（2）＿＿存储方式。

    （2）A．云存储

    　　B．分布式文件系统

    　　C．虚拟化存储

    　　D．存储区域网络（SAN）

- 一家大型企业计划将其所有业务数据迁移到云端，以确保数据的安全性和可靠性。在选择云服务提供商时，他们最应该关注___（3）___技术的安全性。

  （3）A．直接附加存储（DAS）

  B．对象存储

  C．云存储

  D．存储区域网络（SAN）在云端的应用

- 一家科研机构正在进行大规模的科学计算和数据存储项目，他们需要一种能够支持海量数据存储和高性能访问的存储技术。以下___（4）___技术最适合他们的需求。

  （4）A．网络附加存储（NAS）

  B．对象存储

  C．直接附加存储（DAS）

  D．虚拟化存储

- 一家中小企业计划将其内部文件服务器迁移到云端，以便员工可以随时随地访问和共享文件。在选择存储解决方案时，他们应该考虑___（5）___技术。

  （5）A．存储区域网络（SAN）

  B．网络附加存储（NAS）在云端的应用

  C．对象存储

  D．直接附加存储（DAS）在云端的应用

答案及解析

（1）**答案：C** **解析** 设计公司处理大量高清图片和视频素材需要高性能的存储访问，存储区域网络（SAN）通过专用网络提供块级别的存储访问，适合对存储性能、可用性和扩展性要求较高的场景。DAS 虽然提供本地存储和高性能访问，但不适合大规模或需要高扩展性的环境；网络附加存储（NAS）提供文件级别的访问，适用于文件共享、备份等场景，但在处理大量高清素材时可能性能不足；对象存储适用于大规模数据存储和云存储场景，但在需要高性能访问的情况下可能不是最佳选择。

（2）**答案：A** **解析** 小明需要将大量摄影作品备份到云端，云存储提供高度可扩展、弹性的存储解决方案，适合数据备份、归档、共享和协作等需求。分布式文件系统虽然提供高可用性、容错性和可扩展性，但主要用于大规模存储和分布式计算环境，不是云端备份的首选。虚拟化存储主要用于在物理存储设备上创建逻辑存储池，并分配给虚拟机或应用程序，不适合直接用于个人云端备份。存储区域网络（SAN）是专用网络存储技术，主要用于企业级应用的高性能存储访问，不适合个人云端备份场景。

（3）**答案：C** **解析** 大型企业计划将业务数据迁移到云端，云存储提供高度安全的数据存储解决方案，云服务提供商通常会采取多种安全措施来保护数据的安全性和可靠性。直接附加存

（DAS）是本地存储技术，不适用于云端存储场景；对象存储虽然提供高可扩展性和可靠性，但在安全性方面需要依赖云服务提供商的具体实现；存储区域网络（SAN）在云端的应用虽然可能提供高性能存储访问，但同样需要依赖云服务提供商的安全措施。

（4）**答案：B　解析**　科研机构进行大规模科学计算和数据存储项目需要高可扩展性、可靠性和强大的元数据管理功能，对象存储正好满足这些需求。网络附加存储（NAS）虽然易于管理和共享，但在处理海量数据存储和高性能访问时可能性能不足。直接附加存储（DAS）适用于小型环境或需要高带宽和低延迟的应用，不适合大规模数据存储场景。虚拟化存储主要用于灵活的存储管理和资源利用，但在处理海量数据存储和高性能访问时可能不是最佳选择。

（5）**答案：B　解析**　中小企业计划将内部文件服务器迁移到云端以便员工访问和共享文件，网络附加存储（NAS）在云端的应用提供易于管理和共享的存储解决方案，适合这种场景。存储区域网络（SAN）主要用于企业级应用的高性能存储访问，不适合中小企业文件共享场景。对象存储虽然提供高可扩展性和可靠性，但在文件共享和访问控制方面可能不如网络附加存储（NAS）直观和易用。直接附加存储（DAS）是本地存储技术，不适用于云端存储场景。

6.5　云数据中心规划

- 一家电商公司计划构建一个能够处理高并发访问、支持弹性扩展的数据中心，以满足其业务快速增长的需求。他们应该考虑　（1）　类型。

　　（1）A．自用型数据中心　　　　　　　B．商业化数据中心
　　　　C．A级数据中心　　　　　　　　D．边缘数据中心

- 小明是一名网络管理员，他需要评估一个数据中心的能源效率。他应该使用　（2）　指标。

　　（2）A．PUE　　　　　　　　　　　　B．CPU使用率
　　　　C．网络带宽　　　　　　　　　　D．存储容量

- 一家金融机构计划将其核心业务系统迁移到云端，以确保数据的安全性和合规性。在选择云服务提供商时，他们最应该关注　（3）　。

　　（3）A．网络架构的安全性　　　　　　B．数据备份和恢复能力
　　　　C．虚拟化技术的安全性　　　　　D．云服务提供商的安全认证和合规性

- 一家大型互联网公司计划构建一个能够支持全球业务的数据中心网络。他们应该考虑　（4）　的发展趋势。

　　（4）A．边缘数据中心的发展　　　　　B．数据中心的小型化
　　　　C．数据中心的集中化　　　　　　D．数据中心的单一化

- 小张是一名数据中心管理员，他需要评估一个数据中心的可扩展性。以下　（5）　不是评估数据中心可扩展性的关键因素。

　　（5）A．硬件资源的可扩展性　　　　　B．软件平台的可扩展性
　　　　C．数据中心的地理位置　　　　　D．网络架构的可扩展性

- 一家初创公司正在考虑构建自己的数据中心，以支持其快速增长的业务。在规划阶段，他们应该优先考虑___（6）___设计原则。

  （6）A．安全性　　　　B．性能优化　　　C．节能和环保　　　D．可扩展性

- 一家大型游戏公司计划构建一个能够支持数百万玩家同时在线的游戏服务器集群。在选择存储技术时，他们应该优先考虑___（7）___技术。

  （7）A．直接附加存储（DAS）　　　　　　B．网络附加存储（NAS）

  　　　C．存储区域网络（SAN）　　　　　　D．对象存储

- 一家在线教育平台计划将其视频课程资源迁移到云端，以便学生可以随时随地访问。在选择云服务提供商时，他们最应该关注___（8）___的性能。

  （8）A．网络带宽　　　　　　　　　　　B．存储容量

  　　　C．CPU 计算能力　　　　　　　　　D．虚拟化技术

- 一家医疗机构计划构建一个能够存储和处理大量医疗影像数据的数据中心。在选择存储架构时，他们应该优先考虑___（9）___技术。

  （9）A．分布式文件系统　　　　　　　　B．直接附加存储（DAS）

  　　　C．存储区域网络（SAN）　　　　　　D．对象存储

- 一家银行计划将其核心业务系统迁移到云端，以提高业务灵活性和降低成本。在选择云服务提供商时，他们最应该关注___（10）___。

  （10）A．数据备份和恢复服务　　　　　　B．虚拟化技术服务

  　　　C．云服务的安全性和合规性　　　　D．网络性能优化服务

答案及解析

（1）**答案：B** **解析**　电商公司需要处理高并发访问并支持弹性扩展，商业化数据中心通常具有更高的灵活性和可扩展性，能够满足这种需求。自用型数据中心主要用于企业内部使用，可能不具备足够的灵活性和可扩展性来满足快速增长的业务需求；A 级数据中心虽然具有高可靠性和高可用性，但不一定能满足电商公司对于弹性扩展的需求；边缘数据中心主要用于计算能力下沉，提高实时性，但不一定适合处理高并发访问和大规模数据存储。

（2）**答案：A** **解析**　PUE 是评价数据中心能源效率的指标，能够反映数据中心总用电量与 IT 设备用电量之比，是评估数据中心绿色化程度的关键指标。CPU 使用率主要用于评估服务器或设备的计算能力使用情况，与能源效率无直接关系；网络带宽用于评估数据传输能力，同样与能源效率无直接关系；存储容量用于评估数据存储能力，也不直接反映数据中心的能源效率。

（3）**答案：D** **解析**　金融机构迁移核心业务系统到云端需要确保数据的安全性和合规性，云服务提供商的安全认证和合规性是关键因素，能够证明其具备相应的安全能力和合规要求。网络架构的安全性虽然重要，但通常是由云服务提供商负责设计和维护的，不是金融机构直接关注的重点；数据备份和恢复能力是数据安全的重要组成部分，但同样需要依赖于云服务提供商的服务质量

和技术能力；虚拟化技术的安全性是云服务提供商需要关注的技术细节之一，但不是金融机构在选择云服务提供商时应该直接关注的重点。

（4）**答案：A** **解析** 大型互联网公司需要支持全球业务，边缘数据中心能够实现计算能力下沉，提高实时性和降低延迟，是构建全球数据中心网络的重要趋势。数据中心的小型化虽然能够提高灵活性和降低成本，但不一定适合支持全球业务的大型互联网公司；数据中心的集中化可能导致延迟增加和带宽瓶颈，不利于全球业务的实时性需求；数据中心的单一化无法满足大型互联网公司对于高可用性和可扩展性的需求。

（5）**答案：C** **解析** 数据中心的地理位置通常与数据中心的可用性、延迟和成本等因素有关，但与可扩展性无直接关系。硬件资源的可扩展性是评估数据中心可扩展性的关键因素之一，包括服务器、存储设备等硬件资源的扩展能力；软件平台的可扩展性同样重要，包括虚拟化技术、操作系统、数据库等软件平台的扩展能力；网络架构的可扩展性也是评估数据中心可扩展性的重要因素，包括网络带宽、网络延迟、网络拓扑等方面的扩展能力。

（6）**答案：D** **解析** 对于初创公司来说，业务快速增长意味着对数据中心资源的需求也会迅速增加。因此，在规划阶段，他们应该优先考虑可扩展性，确保数据中心能够随着业务的增长而灵活扩展。安全性虽然重要，但在初创阶段，可能不是最紧迫的考虑因素，因为业务增长和用户需求可能更加关键；性能优化在数据中心规划中也很重要，但通常是在确保可扩展性和安全性等基础上进行的；节能和环保是长期考虑的因素，但在初创阶段，可能不是首要考虑的问题，因为业务增长和用户需求可能更加紧迫。

（7）**答案：C** **解析** 大型游戏公司需要支持数百万玩家同时在线，对存储性能、可靠性和可扩展性有极高的要求。存储区域网络（SAN）通过专用网络提供高性能的块级别存储访问，适合这种高负载、高并发的应用场景；直接附加存储（DAS）虽然提供高性能本地存储，但可扩展性较差，不适合大规模、高并发的应用场景；网络附加存储（NAS）提供文件级别的存储访问，适合文件共享和备份等场景，但在处理大规模、高并发的块级别存储需求时可能性能不足；对象存储适合大规模数据存储和云存储场景，但在处理高并发、低延迟的块级别存储需求时可能不是最佳选择。

（8）**答案：A** **解析** 在线教育平台需要确保学生能够随时随地访问视频课程资源，网络带宽是影响访问速度和用户体验的关键因素。因此，在选择云服务提供商时，他们应该优先关注网络带宽的性能。存储容量虽然重要，但通常不是决定性因素，因为云服务提供商通常会提供足够的存储容量来满足客户需求；CPU 计算能力对于在线教育平台的视频课程资源访问来说不是最关键的因素，因为视频播放主要依赖于网络带宽和存储性能；虚拟化技术是云服务提供商提供服务的基础技术之一，但通常不是在线教育平台在选择云服务提供商时应该直接关注的重点。

（9）**答案：C** **解析** 医疗机构需要存储和处理大量医疗影像数据，这些数据通常对存储性能、可靠性和可扩展性有极高的要求。存储区域网络（SAN）通过专用网络提供高性能的块级别存储访问，适合这种大规模、高负载的应用场景。分布式文件系统虽然提供高可用性和可扩展性，但通常用于分布式计算环境或大规模数据存储场景，不一定适合医疗影像数据的存储和处理需求；直接附加存储（DAS）虽然提供高性能本地存储，但可扩展性较差，不适合存储和处理大量医疗影像数据的需求；对象存储适合大规模数据存储和云存储场景，但在处理高性能、低延迟的医疗影像数据存储和处理需求时可能不是最佳选择。

（10）**答案：C 解析** 银行作为金融机构，对数据安全性和合规性有极高的要求，在选择云服务提供商时，他们应该最关注云服务的安全性和合规性，确保核心业务系统在云端运行的安全性和合规性。数据备份和恢复服务虽然重要，但通常是云服务提供商提供的标准服务之一，不是银行在选择云服务提供商时应该直接关注的重点；虚拟化技术服务是云服务提供商提供的基础技术之一，但银行更关注的是云服务的安全性和合规性，而不是虚拟化技术的具体实现；网络性能优化服务对于提高业务灵活性和降低成本有一定帮助，但同样不是银行在选择云服务提供商时应该直接关注的重点。银行更关注的是云服务的安全性和合规性，以确保核心业务系统的稳定运行和数据安全。

第7章 网络环境规划

7.1 网络架构和主要技术

- 在家庭网络中,我们通常使用的 IPv4 地址类型是___(1)___。
  - (1) A. A 类地址　　　　　　　　　　B. B 类地址
  　　 C. C 类地址　　　　　　　　　　D. D 类地址
- 在 TCP/IP 协议栈中,负责端到端数据传输的是___(2)___。
  - (2) A. 应用层　　　　　　　　　　　B. 传输层
  　　 C. 互联网络层　　　　　　　　　D. 物理和数据链路层
- 使用笔记本电脑连接到公司的 Wi-Fi 网络,属于___(3)___接入技术。
  - (3) A. SDH　　　　B. PON　　　　C. Wi-Fi　　　　D. HFC
- IPv6 地址的长度是 IPv4 地址长度的___(4)___。
  - (4) A. 2 倍　　　　B. 4 倍　　　　C. 8 倍　　　　D. 16 倍
- 在信息网络系统一般体系框架模型中,___(5)___负责网络和应用层面的管理逻辑和业务逻辑。
  - (5) A. 网络传输平台　　　　　　　　B. 网络和应用服务平台
  　　 C. 安全服务平台　　　　　　　　D. 网络管理和维护平台
- 在 OSI 模型中,___(6)___负责数据的编码、压缩和格式转换。
  - (6) A. 应用层　　　B. 表示层　　　C. 会话层　　　D. 传输层
- 当你在网上购物时,使用的 HTTP 协议属于 OSI 模型的___(7)___。
  - (7) A. 应用层　　　B. 表示层　　　C. 传输层　　　D. 网络层
- 以下___(8)___是由设备物理端口直接相连而获取的。
  - (8) A. 直连路由　　　　　　　　　　B. 静态路由
  　　 C. 动态路由　　　　　　　　　　D. 边界网关协议

- 在TCP/IP协议栈中，___(9)___协议用于保证数据包无差错、按顺序、无丢失和无冗余地传输。

  （9）A．UDP　　　　B．TCP　　　　C．IPv4　　　　D．IPv6

- 以下___(10)___具有冗余度大、稳定性好的特点，但线路利用率不高。

  （10）A．总线网络拓扑　　　　　　　B．星形网络拓扑

  　　　C．网状网络拓扑　　　　　　　D．树状网络拓扑

答案及解析

（1）**答案：C**　解析　家庭网络通常设备数量较少，使用C类私网地址即可。A类地址适用于大型网络建设；B类地址适用于中型网络建设；D类地址专门用于组播地址。

（2）**答案：B**　解析　传输层负责应用层协议发送和接收具体数据的机制和过程，包括逻辑连接的建立、维护和拆除等，还包括可靠性传输和拥塞控制机制等。

（3）**答案：C**　解析　Wi-Fi是一种无线接入技术，允许设备通过无线方式连接到网络。SDH是基于光纤的同步数字序列；PON是无源光网络；HFC是基于同轴电缆的混合光纤同轴电缆，这些都是有线接入技术。

（4）**答案：B**　解析　IPv6地址由128位二进制数组成，是IPv4地址长度（32位）的4倍。

（5）**答案：B**　解析　网络和应用服务平台负责网络管理服务和业务应用层面的管理逻辑、业务逻辑和信息数据处理。

（6）**答案：B**　解析　表示层管理数据表示方式，使应用层可以根据其服务解释数据的含义，通常包括数据编码的约定、本地句法的转换等。

（7）**答案：A**　解析　HTTP协议直接为终端用户服务，提供各类应用过程的接口和用户接口，属于应用层。

（8）**答案：A**　解析　直连路由是由设备物理端口直接相连而获取的路由，设备自动获取。静态路由由管理员配置；动态路由需要路由器之间可以互认的路由协议支持；边界网关协议属于动态路由的信息协议。

（9）**答案：B**　解析　TCP是面向连接的协议，在收发数据前，必须和对方建立可靠的连接，保证数据包无差错、按顺序、无丢失和无冗余地传输。UDP是非连接协议，不保证这些特性；IPv4是网络层协议，主要负责将数据包从源主机传输到目的主机，提供不可靠、无连接的通信服务，不保证数据包无差错、按顺序、无丢失和无冗余地传输。IPv6同样是网络层协议，是IPv4的升级版，主要用于解决IPv4地址耗尽问题，提供了更大的地址空间和一些新特性，但它也不负责保证数据包无差错、按顺序、无丢失和无冗余地传输。

（10）**答案：B**　解析　网状网络拓扑结构冗余度较大，稳定性较好，但线路利用率不高，经济性较差。总线网络拓扑稳定性较差；星形网络拓扑经济性较好但安全性较差；树状网络拓扑主要用于用户接入网。

7.2 广域网规划

- 某大型连锁超市希望将其遍布全国的门店网络连接起来,以便实现统一管理和数据共享。这种需求最适合通过___(1)___来实现。

　　(1) A. 局域网　　　　B. 城域网　　　　C. 广域网　　　　D. 个人区域网

- 小张在家中通过 Wi-Fi 连接到互联网,这种连接方式属于广域网的___(2)___。

　　(2) A. 核心层　　　　B. 汇聚层　　　　C. 接入层　　　　D. 传输层

- 某企业希望在其不同城市的分公司之间建立安全、高速的网络连接,最适合采用___(3)___技术。

　　(3) A. TCP/IP　　　　　　　　　　B. MPLS VPN
　　　　C. VLAN　　　　　　　　　　D. VXLAN

- 在广域网规划中,确定网络拓扑结构是至关重要的一步。以下___(4)___不属于网络拓扑结构设计的范畴。

　　(4) A. 物理网络设计　　　　　　　B. 逻辑网络设计
　　　　C. 设备选型与配置　　　　　　D. 网络冗余与故障恢复策略

- 某学校希望将其校园网络扩展到远程校区,并保持高速、安全的连接。以下___(5)___技术最适合实现这一需求。

　　(5) A. FTP　　　　B. SSH　　　　C. VPN　　　　D. HTTP

- 在广域网中,核心层的主要作用是___(6)___。

　　(6) A. 提供高速的数据转发和互联网出口　B. 负责接入各类用户设备
　　　　C. 进行网络流量的汇聚和转发　　　　D. 实现不同 VLAN 之间的通信

- 某企业计划在其总部和各个分支机构之间建立 VPN 连接,以下___(7)___不是实现 VPN 的关键技术。

　　(7) A. 隧道技术　　　　　　　　　B. 认证协议
　　　　C. 密钥交换技术　　　　　　　D. 路由协议

- 在广域网规划中,IP 地址规划是非常重要的一环。以下___(8)___不属于 IP 地址规划的内容。

　　(8) A. IPv4 地址规划　　　　　　　B. IPv6 地址规划
　　　　C. MAC 地址规划　　　　　　　D. VLAN 规划中的 IP 子网划分

- 某城市计划建设一个覆盖全市的宽带网络,以便为市民提供高速互联网接入服务。这种网络最适合称为___(9)___。

　　(9) A. 局域网　　　　　　　　　　B. 城域网
　　　　C. 广域网　　　　　　　　　　D. 个人区域网

- 在广域网建设中,项目预算通常不包括___(10)___。

　　(10) A. 设备费用　　　　　　　　　B. 线路租用费用
　　　　 C. 网络规划与设计费用　　　　D. 用户培训费用

答案及解析

（1）**答案：C** 解析 广域网（WAN）是跨地区、省市、国家的更大规模网络的统称，适合连接分布在不同地理位置的多个网络节点，如超市的全国门店。局域网（LAN）通常局限于一个较小的地理范围内；城域网（MAN）虽然范围比局域网大，但仍不足以覆盖全国；个人区域网（PAN）主要用于个人设备之间的短距离通信。

（2）**答案：C** 解析 接入层是广域网中面向各类用户（如家庭、商业等）提供各种有线、无线接入方式的层级。小张通过 Wi-Fi 连接到互联网，属于接入层的服务。核心层主要负责提供高速的数据转发和互联网出口；汇聚层负责区域性汇接和接入设备的连接；传输层是 OSI 模型中的一个层次，与广域网的物理架构无关。

（3）**答案：B** 解析 MPLS VPN（多协议标记交换虚拟专用网络）是一种在公共网络上建立专用虚拟网络的技术，适合企业用于连接不同地理位置的分公司。TCP/IP 是广域网的基础协议，但不直接提供 VPN 功能；VLAN（虚拟局域网）主要用于局域网内部的网络划分；VXLAN（大二层虚拟扩展局域网）虽然也用于网络虚拟化，但主要用于数据中心内部的大二层网络构建。

（4）**答案：C** 解析 网络拓扑结构设计包括物理网络设计和逻辑网络设计，以及网络冗余与故障恢复策略等。设备选型与配置虽然在网络建设中很重要，但不属于网络拓扑结构设计的直接范畴。设备选型更多地涉及技术方向和项目预算等方面。

（5）**答案：C** 解析 VPN 技术可以通过公共网络建立专用的虚拟网络，适合学校用于连接远程校区。FTP（文件传输协议）主要用于文件传输；SSH（安全外壳协议）用于远程登录和数据传输的安全性；HTTP（超文本传输协议）是互联网上数据通信的基础协议，但不提供专用的网络连接。

（6）**答案：A** 解析 核心层是广域网中的高速数据通道和互联网出口，负责提供高速的数据转发能力。接入各类用户设备是接入层的作用；进行网络流量的汇聚和转发是汇聚层的作用；VLAN 之间的通信通常通过三层交换机或路由器实现，但并非核心层的主要功能。

（7）**答案：D** 解析 实现 VPN 的关键技术包括隧道技术、认证协议和密钥交换技术等。路由协议虽然在网络通信中很重要，但不是实现 VPN 的特定关键技术。路由协议主要负责网络中的数据包转发路径选择。

（8）**答案：C** 解析 IP 地址规划主要包括 IPv4 和 IPv6 地址的规划，以及 VLAN 规划中的 IP 子网划分等。MAC 地址是链路层地址，与 IP 地址规划无直接关系。MAC 地址通常用于数据链路层的数据帧传输。

（9）**答案：B** 解析 城域网（MAN）是覆盖一个城市或较大地理区域的网络，适合为市民提供高速互联网接入服务。局域网（LAN）范围较小；广域网（WAN）范围较大，通常跨地区、省市或国家；个人区域网（PAN）主要用于个人设备之间的短距离通信。

（10）**答案：D 解析** 广域网建设的项目预算通常包括设备费用、线路租用费用、配套设施费用、建设成本、运维成本等。网络规划与设计费用虽然重要，但通常被视为项目前期投入的一部分，并包含在总预算中。用户培训费用通常不属于广域网建设的直接费用，而是后期运营和维护阶段可能产生的费用。

7.3 局域网规划

- 在一个大型企业中，为了提高网络效率和降低转发时延，局域网通常采用的结构是___(1)___。
  - （1）A．单层结构　　　　　　　　B．二层结构（核心层-汇聚层）
  　　　C．三层结构（核心层-汇聚层-接入层）　　D．星形结构
- 小明在家中搭建了一个小型局域网，用于连接他的电脑、打印机和智能音箱。这种网络结构最可能采用的是___(2)___。
  - （2）A．三层结构　　B．二层结构　　C．星形结构　　D．环形结构
- 在局域网中，为了提高网络的安全性和灵活性，经常采用的技术是___(3)___。
  - （3）A．VPN　　　　B．FTP　　　　C．VLAN　　　　D．SSH
- 以下___(4)___不是 VLAN 的划分方法。
  - （4）A．按照端口划分
  　　　B．按照 MAC 地址划分
  　　　C．按照 IP 地址划分（非基于网络层协议的整体划分）
  　　　D．按策略划分
- 在局域网规划中，以下___(5)___不是需要重点关注的内容。
  - （5）A．VLAN 划分　　　　　　　B．网络拓扑结构设计
  　　　C．网络安全设计　　　　　　D．广域网连接设计
- 某公司计划在其办公大楼内搭建一个局域网，以便员工能够高效地进行数据交换和资源共享。以下___(6)___技术最适合实现这一需求。
  - （6）A．VPN　　　　B．VLAN　　　C．FTP　　　　D．HTTP
- 在局域网中，为了防止网络环路导致的广播风暴，通常采用的协议是___(7)___。
  - （7）A．FTP　　　　B．SSH　　　　C．STP　　　　D．DHCP
- 以下___(8)___不是局域网规划中的逻辑资源规划内容。
  - （8）A．IP 地址规划　　　　　　　B．MAC 地址规划
  　　　C．VLAN 编号规划　　　　　 D．路由协议规划
- 某学校计划在其图书馆内搭建一个局域网，以便学生能够方便地访问电子资源和进行在线学习。以下___(9)___不是搭建该局域网时需要考虑的因素。
  - （9）A．网络拓扑结构设计　　　　B．IP 地址规划
  　　　C．网络安全设计　　　　　　D．广域网带宽设计

● 在局域网中，为了实现不同 VLAN 之间的通信，通常采用的设备是＿＿（10）＿＿。
　　（10）A．交换机　　　　B．路由器　　　　C．集线器　　　　D．防火墙

答案及解析

（1）**答案：C** 解析　大型企业由于网络节点众多，为了提高网络效率和降低转发时延，通常会采用典型的三层结构，即核心层、汇聚层和接入层。这种结构能够更好地管理网络流量，优化数据传输路径。单层结构不适合大型企业；二层结构（核心层-汇聚层）虽然可以简化网络管理，但在大型企业中可能无法满足高效的数据传输需求；星形结构适用于小规模网络。

（2）**答案：C** 解析　小明在家中搭建的小型局域网节点较少，因此最可能采用的是简单的星形结构，这种结构易于搭建和管理。三层结构和二层结构通常用于大型企业或中型网络；环形结构虽然在一些特定场景下使用，但不如星形结构常见。

（3）**答案：C** 解析　VLAN（虚拟局域网）是局域网中常用的技术，它可以将局域网设备从逻辑上划分成一个个虚拟网段，从而提高网络的安全性和灵活性。VPN 主要用于广域网中的远程连接；FTP 用于文件传输；SSH 用于安全远程登录。

（4）**答案：C** 解析　VLAN 的划分方法有多种，但按照 IP 地址划分（非基于网络层协议的整体划分）不是 VLAN 的常规划分方法。通常，VLAN 是按照端口、MAC 地址、网络层协议、IP 组播、策略或用户定义等方式划分的。

（5）**答案：D** 解析　局域网规划主要关注局域网内部的内容，包括 VLAN 划分、网络拓扑结构设计、网络安全设计等。广域网连接设计是广域网规划的内容，不属于局域网规划的范畴。

（6）**答案：B** 解析　VLAN 技术可以将局域网设备从逻辑上划分成一个个虚拟网段，从而实现局域网内虚拟工作组的数据交换和资源共享。VPN 主要用于远程连接；FTP 虽然可以用于文件传输，但不如 VLAN 灵活；HTTP 主要用于互联网上的数据传输。

（7）**答案：C** 解析　STP（生成树协议）是局域网中常用的协议，用于防止网络环路导致的广播风暴。FTP 用于文件传输；SSH 用于安全远程登录；DHCP 用于动态分配 IP 地址。

（8）**答案：B** 解析　局域网规划中的逻辑资源规划通常包括 IP 地址规划、VLAN 编号规划等。而 MAC 地址是物理地址，不属于逻辑资源规划的范畴。路由协议规划虽然与网络有关，但在局域网规划中，通常更关注 VLAN 间的路由设计，而不是整体的路由协议规划。需要注意的是，在某些情况下，路由协议的选择也是局域网规划的一部分。

（9）**答案：B** 解析　搭建学校图书馆局域网时，需要考虑网络拓扑结构设计、IP 地址规划、网络安全设计等因素。广域网带宽设计是广域网规划的内容，与局域网搭建无直接关系。

（10）**答案：B** 解析　在局域网中，为了实现不同 VLAN 之间的通信，通常需要采用路由器。路由器能够识别不同 VLAN 的 IP 地址，并进行相应的路由转发。交换机虽然可以连接不同 VLAN 的端口，但通常不能实现 VLAN 间的直接通信（除非配置了 VLAN 间路由）；集线器是物理层的设备，无法识别 VLAN；防火墙主要用于网络安全防护，而不是实现 VLAN 间的通信。

7.4 无线网规划

- 在使用手机进行视频通话时，主要依赖的是___(1)___移动通信技术。
  - (1) A. 3G　　　　　B. 4G　　　　　C. 5G　　　　　D. Wi-Fi
- 智能家居中常用的短距离无线传输技术是___(2)___。
  - (2) A. ZigBee　　　B. NB-IoT　　　C. 5G　　　　　D. Wi-Fi
- 某物流公司计划在其仓库内部署一个无线物联网系统，用于实时追踪货物位置。以下___(3)___技术最适合这一需求。
  - (3) A. 4G　　　　　B. 5G　　　　　C. ZigBee　　　D. NB-IoT
- 在自动驾驶汽车中，为了保证通信的低时延和高可靠性，通常采用的是___(4)___移动通信技术。
  - (4) A. 4G　　　　　B. 5G uRLLC　　C. Wi-Fi　　　 D. ZigBee
- 某高校计划在其图书馆内搭建一个无线局域网，以方便学生使用笔记本电脑和移动设备访问电子资源。以下___(5)___无线接入点管理方式最适合这一需求。
  - (5) A. 瘦 AP 集中管理　　　　　　B. 胖 AP 独立管理
    C. 无须 AP 管理　　　　　　　 D. 混合使用瘦 AP 和胖 AP
- 在无线局域网规划中，以下___(6)___不是需要重点关注的内容。
  - (6) A. 无线频率规划　　　　　　　B. 网络拓扑结构设计
    C. 网络安全设计　　　　　　　 D. 光纤传输速度设计
- 某城市计划在其市区内大规模部署物联网设备，以监测空气质量、交通流量等数据。以下___(7)___无线通信技术最适合这一需求。
  - (7) A. Wi-Fi　　　　　　　　　　B. ZigBee
    C. 5G　　　　　　　　　　　　D. NB-IoT
- 在无线局域网建设中，以下___(8)___不是需要特别注意的事项。
  - (8) A. AP 的物理部署位置　　　　 B. IP 地址分配
    C. 网络安全策略　　　　　　　 D. 光纤接口类型
- 在 5G 移动通信技术中，以下___(9)___应用场景主要面向工业控制、远程医疗、自动驾驶等对时延和可靠性具有极高要求的垂直行业应用需求。
  - (9) A. eMBB　　　　　　　　　　 B. uRLLC
    C. mMTC　　　　　　　　　　 D. FTP
- 某企业计划在其办公大楼内部署一个无线局域网，并希望实现统一管理和维护。以下___(10)___无线接入点管理方式最适合这一需求。
  - (10) A. 瘦 AP 集中管理　　　　　 B. 胖 AP 独立管理
    C. 混合使用瘦 AP 和胖 AP　　　D. 使用无线路由器进行管理

答案及解析

（1）**答案：B　解析**　题目中提到的是手机进行视频通话，考虑到视频通话需要较高的数据传输速率和稳定性，而 4G 移动通信技术已经能够提供高速率、高容量的通信服务，足以支持高清视频通话。虽然 5G 技术更为先进，但考虑到题目中并未特指 5G 手机或 5G 网络，且 5G 在全面普及前，4G 仍是主流移动通信技术，因此选择 4G 作为正确答案；3G 技术已经逐渐被淘汰，无法满足高清视频通话的需求；Wi-Fi 虽然也能提供高速率通信，但通常用于局域网内，而非移动通信。

（2）**答案：A　解析**　智能家居中常用的短距离无线传输技术需要具有低功耗、低速率的特点，以适应低速近距离人机交互和数据采集等场景。ZigBee 正是这样一种技术，它广泛应用于智能家居、工业自动化等领域。NB-IoT 属于广域无线传输技术，主要用于物联网通信；5G 是移动通信技术，主要用于移动通信网络；Wi-Fi 虽然也常用于智能家居中，但其功耗和速率相对较高，不属于低功耗、低速率的短距离无线传输技术。

（3）**答案：D　解析**　物流公司需要在仓库内部署无线物联网系统，以实时追踪货物位置。考虑到仓库内部环境复杂，且需要覆盖整个仓库区域，同时要求低功耗、低成本，因此 NB-IoT（窄带物联网）技术最适合这一需求。NB-IoT 具有覆盖广、连接多、成本低、耗电少等特点，非常适合用于物联网通信。4G 和 5G 虽然也能提供物联网通信服务，但成本较高，不适合大规模部署在仓库内部；ZigBee 虽然低功耗，但覆盖范围有限，且需要复杂的网络管理。

（4）**答案：B　解析**　自动驾驶汽车需要实时获取路况信息、车辆状态等数据，并做出快速响应，因此要求通信具有低时延和高可靠性的特点。5G uRLLC（超高可靠低时延通信）正是为了满足这一需求而设计的。它主要面向工业控制、远程医疗、自动驾驶等对时延和可靠性具有极高要求的垂直行业应用需求。4G 虽然也能提供移动通信服务，但时延和可靠性方面无法与 5G uRLLC 相比；Wi-Fi 和 ZigBee 均属于短距离无线传输技术，不适用于自动驾驶汽车的远程通信需求。

（5）**答案：A　解析**　高校图书馆内需要部署大量无线接入点（AP）以满足学生使用笔记本电脑和移动设备访问电子资源的需求。考虑到管理和维护的便捷性，瘦 AP 集中管理方式最适合这一需求。瘦 AP 需要通过专门的无线控制器（AC）进行集中式管理，这样可以简化网络管理，降低维护成本。胖 AP 独立管理方式需要逐个对 AP 进行管理和维护，工作量大且效率低；无须 AP 管理显然不符合实际需求；混合使用瘦 AP 和胖 AP 会增加管理的复杂性。

（6）**答案：D　解析**　无线局域网规划主要关注无线频率规划、网络拓扑结构设计、网络安全设计等内容。而光纤传输速度设计是有线网络规划的内容，与无线局域网规划无直接关系。无线频率规划是无线局域网规划的核心内容之一，用于避免不同无线设备之间的干扰；网络拓扑结构设计决定了网络的连接方式和传输路径；网络安全设计是保障无线网络安全的重要措施。

（7）**答案：D　解析**　城市市区内大规模部署物联网设备需要一种能够覆盖广、连接多、成本低、耗电少的无线通信技术。NB-IoT（窄带物联网）技术正是为了满足这一需求而设计的。它使用授权频谱技术，具有覆盖广、连接多、速率快、成本低、耗电少等特点，非常适合用于物联网通信。Wi-Fi 和 ZigBee 均属于短距离无线传输技术，不适用于大规模物联网设备的部署；5G 虽然也能提供物联网通信服务，但成本较高，不适合大规模部署在市区内。

（8）**答案：D 解析** 无线局域网建设中需要特别注意 AP 的物理部署位置（会影响传输速率和稳定性）、IP 地址分配（确保无线客户端能够正确接入网络）、网络安全策略（保障无线网络的安全性）等事项。而光纤接口类型是有线网络建设中需要关注的内容，与无线局域网建设无直接关系。AP 的物理部署位置决定了无线信号的覆盖范围和稳定性；IP 地址分配是无线网络接入的基础；网络安全策略是保障无线网络安全的重要手段。

（9）**答案：B 解析** 5G 移动通信技术定义了三大类应用场景，其中 uRLLC（超高可靠低时延通信）主要面向工业控制、远程医疗、自动驾驶等对时延和可靠性具有极高要求的垂直行业应用需求。eMBB（增强移动宽带）主要面向移动互联网流量爆炸式增长，为移动互联网用户提供更加极致的应用体验；mMTC（海量机器类通信）主要面向智慧城市、智能家居、环境监测等以传感和数据采集为目标的应用需求；FTP（文件传输协议）是一种用于在网络上传输文件的协议，与 5G 移动通信技术的应用场景无关。

（10）**答案：A 解析** 企业办公大楼内部署无线局域网需要实现统一管理和维护，以提高网络管理的效率和便捷性。瘦 AP 集中管理方式最适合这一需求。瘦 AP 需要通过专门的无线控制器（AC）进行集中式管理，这样可以简化网络管理，降低维护成本。胖 AP 独立管理方式需要逐个对 AP 进行管理和维护，工作量大且效率低；混合使用瘦 AP 和胖 AP 会增加管理的复杂性；使用无线路由器进行管理虽然也能实现无线网络的接入，但无法实现统一管理和维护的功能。

7.5 网络整体规划的重点事项

- 小明家的网络突然无法连接，他怀疑可能是网络设备出现了故障。在 ISO 定义的网络管理五大功能中，负责诊断和解决此类问题的是＿＿（1）＿＿。
  （1）A．故障管理　　　　B．配置管理　　　　C．性能管理　　　　D．计费管理
- 某公司计划对其网络进行安全审计，以确保网络设备和用户行为得到合规监控。这一需求对应的是 ISO 网络管理五大功能中的＿＿（2）＿＿。
  （2）A．故障管理　　　　B．安全管理　　　　C．性能管理　　　　D．计费管理
- 小红在公司的电脑上访问外部网站时，被防火墙阻止了。这是因为防火墙实现了＿＿（3）＿＿功能。
  （3）A．网络入侵防护　B．访问控制　　　　C．性能监控　　　　D．安全审计
- 小李发现公司的网络系统中存在多个安全域，这些安全域是通过＿＿（4）＿＿技术划分的。
  （4）A．防火墙　　　　　B．VLAN　　　　　C．IDS/IPS　　　　 D．SOC
- 某数据中心为了降低空调使用成本，在机房规划时特别注重了密封、绝热和配风设计。这是为了优化机房的＿＿（5）＿＿方面。
  （5）A．性能管理　　　　B．节能降耗　　　　C．故障管理　　　　D．安全审计

- 小张的公司为了监控机房的运行状态，部署了一套机房监控系统。该系统能够收集并分析机房的各种参数数据，及时预警潜在问题。这属于机房监控的___(6)___作用。

  (6) A．自动预警　　　B．性能优化　　　C．故障恢复　　　D．资源分配

- 某公司的机房为了提高安全性，部署了一套门禁监控系统。这属于机房监控的___(7)___子系统。

  (7) A．机房动力环境系统监测　　　　　B．机房网络设备监控
  　　C．机房监控门禁监控　　　　　　　D．机房环境消防监控

- 某数据中心在规划时，特别注重了机柜的布局排列，以分隔冷热气流，提高空调使用效率。这是为了优化机房的___(8)___方面。

  (8) A．性能管理　　　B．节能降耗　　　C．故障管理　　　D．安全管理

- 某公司在其网络中部署了一套 IDS/IPS 系统，用于监控和防御网络攻击。该系统能够发现并记录___(9)___类型的网络活动。

  (9) A．合法用户访问　　　　　　　　　B．端口扫描
  　　C．系统配置变更　　　　　　　　　D．网络性能数据

- 某公司的网络管理员小张为了确保网络安全，计划定期对网络进行安全评估和漏洞管理。这属于安全管理的___(10)___重点内容。

  (10) A．安全组织和责任　　　　　　　　B．风险管理工作机制
  　　 C．应急处理工作机制　　　　　　　D．容灾备份工作机制

答案及解析

(1) **答案：A** **解析** 故障管理负责监控、诊断和修复网络设备中的故障。配置管理主要负责设备的配置和初始化；性能管理监控和优化网络性能；计费管理用于跟踪和记录网络资源的使用情况。

(2) **答案：B** **解析** 安全管理负责保护网络资源免受未经授权的访问和攻击，包括安全审计。故障管理主要负责故障的诊断和恢复；性能管理关注网络的性能和效率；计费管理涉及网络资源的计费和分配。

(3) **答案：B** **解析** 防火墙通过实施访问控制策略来阻止未经授权的访问。网络入侵防护主要针对已知的网络攻击进行监控和防御；性能监控关注网络的性能和效率；安全审计用于记录和分析网络安全事件。

(4) **答案：B** **解析** VLAN（虚拟局域网）技术用于按照不同功能、级别和安全要求划分网络系统中的安全域。防火墙主要用于实现内外网边界的访问控制；IDS/IPS 用于网络入侵检测和防护；SOC 用于网络安全审计和事件响应。

(5) **答案：B** **解析** 通过合理的机房规划和设计，如密封、绝热和配风，可以降低能源成本，实现节能降耗。性能管理关注网络的性能和效率；故障管理负责故障的诊断和恢复；安全审计

用于记录和分析网络安全事件。

（6）**答案：A** **解析** 机房监控系统通过收集和分析数据，能够自动预警潜在问题，确保机房稳定运行。性能优化虽然也是监控系统的一个目标，但不是直接作用；故障恢复是故障管理的一部分，不是监控系统的直接作用；资源分配与监控系统无直接关联。

（7）**答案：C** **解析** 门禁监控系统是机房监控的一个重要子系统，用于监控和管理机房的进出人员和设备。机房动力环境系统监测主要关注机房的动力和环境参数；机房网络设备监控用于监控网络设备的运行状态；机房环境消防监控用于监控机房的消防设备和环境参数。

（8）**答案：B** **解析** 通过合理的机柜布局排列，可以分隔冷热气流，提高空调使用效率，从而实现节能降耗。性能管理关注网络的性能和效率；故障管理负责故障的诊断和恢复；安全管理用于保护网络资源免受攻击和未经授权的访问。

（9）**答案：B** **解析** IDS/IPS系统主要用于监控和防御网络攻击，如端口扫描、IP碎片攻击等。合法用户访问是正常的网络活动，不属于IDS/IPS的监控范围；系统配置变更通常由配置管理系统负责监控；网络性能数据由性能管理系统负责监控。

（10）**答案：B** **解析** 定期对网络进行安全评估和漏洞管理是风险管理工作机制的一部分，旨在识别和降低网络安全风险。安全组织和责任关注安全组织架构和人员责任；应急处理工作机制用于应对安全风险事件；容灾备份工作机制关注灾难恢复计划和演练。

第8章
数据资源规划

8.1 概述

- 小王在整理公司财务报表时,需要将各类原始数据转化为有意义的财务信息以供管理层决策。这个过程体现了___(1)___之间的关系。
  - (1) A. 数据与信息　　　　　　　　　B. 信息与知识
    　　C. 知识与智慧　　　　　　　　　D. 数据与资源
- 某电商平台通过分析用户的购买历史、浏览记录等数据,为用户推荐可能感兴趣的商品。这种利用数据资源的方式体现了数据资源的___(2)___特征。
  - (2) A. 无形性与可复制性　　　　　　B. 非竞争性与弱排他性
    　　C. 时效性　　　　　　　　　　　D. 依附性
- 一家医院为了提升医疗服务质量,对其医疗信息系统进行了全面升级,包括数据采集、整理、分析等环节,以确保数据的可用性和准确性。这个过程属于数据资源发展的___(3)___阶段。
  - (3) A. 数据资源化　　　　　　　　　B. 数据资产化
    　　C. 数据资本化　　　　　　　　　D. 数据信息化
- 某市政府为了推动智慧城市建设,对全市各部门的数据进行了统一整合和标准化处理,以实现数据的共享和交换。这一举措主要解决了___(4)___。
  - (4) A. "数据孤岛"问题　　　　　　　B. 数据安全问题
    　　C. 数据质量问题　　　　　　　　D. 数据存储问题
- 一家金融科技公司通过其大数据平台,将用户行为数据转化为风险评估模型,为客户提供个性化的金融服务。这一过程中,数据资源发挥了___(5)___作用。
  - (5) A. 提质增效　　　　　　　　　　B. 创造新产品
    　　C. 标准化与共享　　　　　　　　D. 市场化发展

答案及解析

（1）**答案：A**　**解析**　小王将原始数据转化为有意义的财务信息，这个过程正是对数据进行加工处理，使其建立相互联系，形成回答特定问题（如管理层决策）的文本，这体现了数据与信息的关系。信息与知识的关系是指信息作为知识的原材料；知识与智慧的关系是指知识是智慧的基础；数据与资源的关系更偏向于将数据视为一种可开发的资源，与题目描述不符。

（2）**答案：A**　**解析**　电商平台通过分析用户数据来推荐商品，这些数据资源是无形的，且可以被多次复制和使用，体现了数据资源的无形性与可复制性。非竞争性与弱排他性通常指数据资源可以被多个主体同时使用而不影响彼此；时效性虽然也是数据资源的一个特征，但在此场景中不突出；依附性是指数据资源通常依附于特定的载体或系统，与题目描述不完全吻合。

（3）**答案：A**　**解析**　医院对医疗信息系统进行全面升级，包括数据采集、整理、分析等环节，以确保数据的可用性和准确性，这正是将数据从无序、混乱的状态开发为有序、有使用价值的数据资源的过程，属于数据资源化阶段。数据资产化是基于应用场景及商业目的对数据进行加工形成数据产品；数据资本化是实现数据要素的社会化配置；数据信息化虽然与数据处理相关，但更多地指将数据转化为信息的过程，不特指数据资源的发展阶段。

（4）**答案：A**　**解析**　市政府对全市各部门的数据进行统一整合和标准化处理，以实现数据的共享和交换，这正是为了解决各部门之间数据不互通、形成"数据孤岛"的问题。数据安全问题虽然也是智慧城市建设中需要关注的问题，但与题目描述不符；数据质量问题虽然重要，但此举措更多的是针对数据共享而非数据质量本身；数据存储问题不是该举措主要解决的问题。

（5）**答案：A**　**解析**　金融科技公司将用户行为数据转化为风险评估模型，为客户提供个性化的金融服务，这一过程体现了数据资源在提升服务质量、提高效率方面的作用，即提质增效。创造新产品虽然也是数据资源应用的一个方面，但在此场景中更侧重于服务方式的个性化而非新产品的创造；标准化与共享更多地指数据资源在不同主体间的共享和标准化处理；市场化发展虽然与数据资源的价值实现相关，但在此场景中不突出。

8.2　数据资源规划的方法

- 某电商公司计划优化其数据资源规划，以更好地支持业务决策。考虑到公司业务场景经常变化且前期数据积累较多，最适合采用的数据资源规划方法是＿＿（1）＿＿。

　　（1）A．基于稳定信息过程的方法　　　　B．基于稳定信息结构的方法
　　　　C．基于指标能力的方法　　　　　　D．基于业务流程的方法

- 在数据资源规划的准备阶段，以下＿＿（2）＿＿工作不是必须完成的。

　　（2）A．组建数据资源规划小组　　　　B．确定总体设计的技术路线
　　　　C．立即开始数据收集　　　　　　D．人员培训

- 一家银行希望通过数据资源规划来提升其信贷审批流程的效率。在规划过程中，银行需要建立能够直接支撑信贷审批决策需求的数据模型。这最适合采用的数据资源规划方法是___（3）___。

  （3）A. 基于稳定信息过程的方法　　B. 基于稳定信息结构的方法

  　　　C. 基于指标能力的方法　　　　D. 基于数据分析的方法

- 在基于稳定信息结构的数据资源规划方法中，___（4）___是循环进行的。

  （4）A. 确定目标与系统边界　　　　B. 获取初始数据集

  　　　C. 建立核心数据集　　　　　　D. 完善目标数据集至建立信息模型

- 某市政府希望通过数据资源规划来优化其公共服务。考虑到政府业务场景相对固定且前期数据积累较少，最适合采用的数据资源规划方法是___（5）___。

  （5）A. 基于稳定信息过程的方法　　B. 基于稳定信息结构的方法

  　　　C. 基于指标能力的方法　　　　D. 基于数据仓库的方法

- 在数据资源规划的过程中，建立业务逻辑模型的主要目的是___（6）___。

  （6）A. 反映将来信息系统的功能　　B. 反映数据资源建设的需求

  　　　C. 优化业务流程　　　　　　　D. 提升数据质量

- 在设计主题数据库时，以下___（7）___不是必须考虑的因素。

  （7）A. 统一数据标准　　　　　　　B. 筛选数据

  　　　C. 数据的安全性、保密性　　　D. 数据库的物理存储结构

- 基于指标能力的数据资源规划方法中，___（8）___是形成核心数据集的关键。

  （8）A. 决策评估收集　　　　　　　B. 支撑指标分析

  　　　C. 核心数据集的一致性检验　　D. 完善目标数据集

- 某企业希望通过数据资源规划来优化其供应链管理。在规划过程中，以下___（9）___不是必需的。

  （9）A. 分析供应链管理中的业务流程

  　　　B. 建立供应链管理的数据模型

  　　　C. 设计供应链管理的信息系统界面

  　　　D. 制定数据资源规划方案

- 在基于稳定信息结构的数据资源规划方法中，建立核心数据集的过程主要包括___（10）___。

  （10）A. 数据项审查

  　　　B. 主题审查、功能审查、任务审查

  　　　C. 核心数据集审查（与目标及功能的对比）

  　　　D. 以上都是关键步骤，但选出一个最关键的话，是数据项审查

答案及解析

（1）**答案：B**　**解析**　基于稳定信息结构的方法适用于业务场景经常变化，前期数据积累较

多的情况。该方法通过建立核心数据集来满足不同使用者的需求,且核心数据集的稳定性使得输出信息结构的更改不会产生更多的"波及效应"。基于稳定信息过程的方法适用于业务场景相对固定、前期数据积累较少的情况;基于指标能力的方法适用于业务场景涉及决策,前期数据积累较少的情况;基于业务流程的方法不是本题中提到的三种方法之一。

(2)**答案:C 解析** 在数据资源规划的准备阶段,必须完成的工作包括组建数据资源规划小组、确定总体设计的技术路线和人员培训。数据收集工作通常是在业务活动研究和建立业务逻辑模型之后进行的,不是准备阶段的必须工作。

(3)**答案:C 解析** 基于指标能力的方法能够直接支撑决策需求,设计思路清晰,且数据稳定性好。该方法通过决策评估收集、支撑指标分析、指标体系构建等步骤,最终建立能够支撑目标应用需要的数据集。基于稳定信息过程的方法和基于稳定信息结构的方法虽然也能进行数据资源规划,但不如基于指标能力的方法直接针对决策需求。基于数据分析的方法不是本题中提到的三种方法之一。

(4)**答案:D 解析** 在基于稳定信息结构的数据资源规划方法中,从获取初始数据集到建立信息模型是一个循环过程。其中,任一步骤都可返回前面的任一步骤,以确保数据资源规划的准确性和完整性。A、B、C选项虽然都是规划过程中的重要步骤,但都不是循环进行的。

(5)**答案:A 解析** 基于稳定信息过程的方法适用于业务场景相对固定、前期数据积累较少的情况。该方法理论成熟、易理解、实现难度不大,适合政府等公共服务领域的数据资源规划。基于稳定信息结构的方法适用于业务场景经常变化,前期数据积累较多的情况;基于指标能力的方法适用于业务场景涉及决策,前期数据积累较少的情况,但更多关注于决策支持;基于数据仓库的方法不是本题中提到的三种方法之一。

(6)**答案:B 解析** 建立业务逻辑模型的主要目的是反映数据资源建设的需求,以便进行统一的、一致的数据资源规划和设计。虽然它也能反映将来信息系统的功能,但这不是其主要目的。优化业务流程是业务活动研究的目的之一;提升数据质量是数据资源规划的一个目标,但不是建立业务逻辑模型的主要目的。

(7)**答案:D 解析** 在设计主题数据库时,必须考虑的因素包括统一数据标准、筛选数据以及数据的安全性、保密性等。而数据库的物理存储结构虽然重要,但在设计主题数据库时通常不是首要考虑的因素。主题数据库的设计更侧重于数据的逻辑结构和组织方式。

(8)**答案:C 解析** 在基于指标能力的数据资源规划方法中,核心数据集的一致性检验是形成核心数据集的关键步骤。该步骤通过对比和分析,确保核心数据集的一致性和准确性。决策评估收集、支撑指标分析是规划过程中的前期步骤,为形成核心数据集提供基础;完善目标数据集是在核心数据集形成后进行的完善工作。

(9)**答案:C 解析** 在数据资源规划的过程中,分析业务流程、建立数据模型和制定规划方案都是必需的步骤。而设计信息系统的界面通常是在信息系统开发阶段进行的,不是数据资源规划阶段的必需工作。

(10)**答案:D 解析** 在建立核心数据集的过程中,数据项审查是基础步骤,它决定了哪些数据项将被纳入核心数据集。随后进行的主题审查、功能审查、任务审查和核心数据集审查都是在此基础上进行的，以确保核心数据集的准确性和完整性。因此，虽然所有步骤都重要，但数据项审查是最关键的。

8.3 数据架构

- 某电商公司希望构建一个能够存储和处理海量用户行为数据、商品信息及交易记录的系统，该系统应优先考虑___(1)___。

  (1) A. 集中式数据架构　　　　　　B. 分布式数据架构

  　　C. 数据湖架构　　　　　　　　D. 云原生数据架构

- 小张是一名数据分析师，他所在的公司决定采用一种新的数据架构来支持日益增长的数据分析需求。这种架构需要能够处理大量非结构化数据，如图片、视频和日志等。___(2)___最适合小张公司的需求。

  (2) A. 集中式数据架构　　　　　　B. 分布式数据架构

  　　C. 数据湖架构　　　　　　　　D. 实时数据架构

- 一家银行计划升级其数据系统，以确保在遭遇网络分区故障时仍能保持数据的一致性和系统的可用性。根据CAP原则，该银行应优先考虑___(3)___。

  (3) A. CA模型　　　　　　　　　　B. CP模型

  　　C. AP模型　　　　　　　　　　D. CAP模型

- 某大型连锁超市希望通过数据分析来优化库存管理，减少库存积压和缺货现象。为了实现这一目标，超市决定采用一种能够实时处理销售数据的数据架构。___(4)___最适合。

  (4) A. 集中式数据架构　　　　　　B. 实时数据架构

  　　C. 数据湖架构　　　　　　　　D. 云原生数据架构

- 一家社交媒体公司希望构建一个能够存储用户生成的大量文本、图片和视频数据，并支持快速查询和分析的系统。___(5)___最适合该公司的需求。

  (5) A. 分布式数据架构　　　　　　B. 数据湖架构

  　　C. 集中式数据架构　　　　　　D. 实时数据架构

- 一家电商网站在处理用户订单时，需要确保即使在某个数据库节点发生故障时，用户仍能顺利下单并查看订单状态。根据CAP原则，该电商网站应优先考虑___(6)___。

  (6) A. 强一致性　　　　　　　　　B. 弱一致性

  　　C. 最终一致性　　　　　　　　D. 无须考虑一致性

- 一家金融科技公司计划构建一个能够实时分析用户交易行为、识别欺诈行为的系统，___(7)___最适合该公司的需求。

  (7) A. 集中式数据架构　　　　　　B. 分布式数据架构

  　　C. 实时数据架构　　　　　　　D. 数据湖架构

- 一家物流公司希望通过数据分析来优化配送路线、减少运输时间和成本。为了实现这一目标，公司决定采用一种能够高效处理地理位置数据的数据架构，＿＿(8)＿＿最适合。

　　(8) A．数据湖架构
　　　　B．实时数据架构
　　　　C．分布式数据架构（侧重于地理位置数据处理）
　　　　D．集中式数据架构

- 一家在线教育平台希望构建一个能够实时跟踪学生学习进度、提供个性化学习建议的系统，＿＿(9)＿＿最适合该公司的需求。

　　(9) A．集中式数据架构　　　　　　　B．实时数据架构
　　　　C．数据湖架构　　　　　　　　　D．云原生数据架构（侧重于实时数据处理）

- 一家大型医疗机构计划构建一个能够存储和分析患者病历、医学影像等大量数据的系统，以支持临床决策和医学研究，＿＿(10)＿＿最适合该机构的需求。

　　(10) A．集中式数据架构　　　　　　B．分布式数据架构
　　　　 C．数据湖架构　　　　　　　　D．实时数据架构

答案及解析

（1）**答案：B** 　**解析**　电商公司数据量巨大，需要高可扩展性和高效的数据处理能力。集中式数据架构适用于数据量较小、处理需求不高的场景，因此 A 选项不适用。虽然数据湖架构和云原生数据架构也能满足需求，但考虑到题干中强调的是海量数据的存储和处理，分布式数据架构更为直接且常用，它通过将数据分布式存储在多个节点之间来提高数据的可靠性、可扩展性和高效性。

（2）**答案：C** 　**解析**　数据湖架构能够存储和处理大量结构化、半结构化和非结构化数据，非常适合小张公司处理图片、视频和日志等非结构化数据的需求。集中式数据架构和分布式数据架构虽然也能存储数据，但在处理非结构化数据的多样性和规模上不如数据湖架构灵活和高效。实时数据架构主要侧重于数据的实时处理，而非数据的存储多样性。

（3）**答案：B** 　**解析**　在 CAP 原则中，一致性（C）、可用性（A）和分区容错性（P）不能同时满足。考虑到银行对数据一致性的高要求，以及在遭遇网络分区故障时仍能保持系统的可用性，CP 模型是最佳选择。CA 模型舍弃了分区容错性，不适用于分布式系统；AP 模型舍弃了数据一致性，不满足银行对数据准确性的要求；CAP 模型实际上是不存在的，不符合 CAP 原则。

（4）**答案：B** 　**解析**　实时数据架构能够实时处理和分析销售数据，帮助超市及时做出库存管理决策，减少库存积压和缺货现象。集中式数据架构虽然可以处理数据，但缺乏实时性；数据湖架构更侧重于数据的存储和多样性处理，而非实时性；云原生数据架构虽然提供了高可扩展性和灵活性，但题干中强调的是实时数据处理能力。

（5）**答案：B** 　**解析**　数据湖架构能够存储和处理大量结构化、半结构化和非结构化数据，

如文本、图片和视频等，并支持快速查询和分析。分布式数据架构虽然也能存储大量数据，但在数据多样性和快速查询分析能力上不如数据湖架构。集中式数据架构适用于数据量较小、处理需求不高的场景，不适用于社交媒体公司的大规模数据存储和分析需求。实时数据架构主要侧重于数据的实时处理，而非数据的存储和多样性处理能力。

（6）**答案：C 解析** 在CAP原则中，为了确保系统的可用性和分区容错性（特别是在分布式系统中），通常需要牺牲强一致性。最终一致性允许系统在短时间内存在数据不一致的情况，但最终会达到一致状态。这对于电商网站来说是可以接受的，因为用户下单和查看订单状态的操作通常不需要立即反映所有最新的数据变更。强一致性会牺牲系统的可用性或分区容错性；弱一致性虽然提供了更高的可用性，但数据不一致的时间可能更长；无须考虑一致性显然是不合理的，因为数据一致性对于电商网站来说至关重要。

（7）**答案：C 解析** 实时数据架构能够实时处理和分析用户交易数据，帮助金融科技公司及时识别欺诈行为。集中式数据架构缺乏实时处理能力；分布式数据架构虽然提供了高可扩展性和数据处理能力，但题干中强调的是实时性；数据湖架构更侧重于数据的存储和多样性处理能力，而非实时性。

（8）**答案：A 解析** C选项也值得考虑，但根据题干强调的"高效处理地理位置数据"，A选项更为贴切。数据湖架构能够存储和处理大量多样化数据，包括地理位置数据。虽然分布式数据架构也能处理地理位置数据，并提供高可扩展性和数据处理能力，但题干中并未特别强调分布式存储或处理的需求。实时数据架构主要侧重于数据的实时处理，而非数据的存储和多样性处理能力；集中式数据架构则缺乏处理大规模和多样化数据的能力。因此，综合考虑题干要求和各选项特点，A选项更为适合。

（9）**答案：B 解析** 实时数据架构能够实时处理和分析学生的学习进度数据，为在线教育平台提供及时的个性化学习建议。集中式数据架构缺乏实时处理能力；数据湖架构更侧重于数据的存储和多样性处理能力，而非实时性；虽然云原生数据架构也支持实时数据处理，但题干中更强调的是"实时跟踪学生学习进度"的需求，因此B选项更为适合。

（10）**答案：C 解析** 数据湖架构能够存储和处理大量多样化数据，包括患者病历、医学影像等，非常适合医疗机构的需求。集中式数据架构缺乏处理大规模和多样化数据的能力；分布式数据架构虽然提供了高可扩展性和数据处理能力，但题干中并未特别强调分布式存储或处理的需求；实时数据架构主要侧重于数据的实时处理，而医疗机构对于病历和医学影像数据的存储、查询和分析需求更为迫切，而非实时性。

8.4 数据标准化

- 在数据标准化过程中，为数据提供规范、普遍适用的描述方法和检索方式的是___（1）___。

    （1）A. 数据标准体系　　　　　　　　B. 元数据标准化
    　　　C. 数据元标准化　　　　　　　　D. 数据分类与编码标准化

- 在超市商品管理系统中，为了准确描述每种商品的信息，如名称、价格、库存量等，需要对这些信息进行标准化处理，这属于___(2)___。

　　(2) A．数据标准体系建立　　　　　　B．元数据标准化
　　　　C．数据元标准化　　　　　　　　D．数据分类与编码标准化

- 在医疗信息系统中，为了确保不同医院之间的患者信息能够准确共享和交换，需要对患者信息进行统一编码，这属于___(3)___。

　　(3) A．数据标准体系建立　　　　　　B．元数据标准化
　　　　C．数据元标准化　　　　　　　　D．数据分类与编码标准化

- 在图书馆管理系统中，为了快速定位到某本图书，需要对该图书的标题、作者、出版社等信息进行标准化描述，这属于___(4)___。

　　(4) A．数据标准体系建立　　　　　　B．元数据标准化
　　　　C．数据元标准化　　　　　　　　D．数据分类与编码标准化

- 在电子商务平台上，为了确保商品信息的准确性和一致性，需要对商品名称、规格、价格等关键信息进行标准化处理，这属于___(5)___。

　　(5) A．数据标准体系建立　　　　　　B．数据分类与编码标准化
　　　　C．数据元标准化　　　　　　　　D．数据安全标准化

- 某公司在建立数据仓库时，为了规范数据的采集、存储和应用过程，制定了一系列数据相关标准，这些标准的总称属于___(6)___。

　　(6) A．数据标准体系　　　　　　　　B．元数据标准化
　　　　C．数据元标准化　　　　　　　　D．数据安全标准

- 在交通管理系统中，为了准确记录和处理车辆违章信息，需要对违章时间、地点、违章行为等信息进行标准化处理，这属于___(7)___。

　　(7) A．数据分类与编码标准化　　　　B．数据元标准化
　　　　C．元数据标准化　　　　　　　　D．数据安全标准化

- 在人力资源管理系统中，为了确保员工信息的准确性和一致性，需要对员工的姓名、性别、年龄等信息进行标准化描述，这属于___(8)___。

　　(8) A．数据分类与编码标准化　　　　B．数据元标准化
　　　　C．元数据标准化　　　　　　　　D．数据质量标准化

- 在环境监测系统中，为了准确记录和分析空气质量数据，需要对PM2.5、PM10等指标进行标准化处理，这属于___(9)___。

　　(9) A．数据标准体系建立　　　　　　B．数据分类与编码标准化
　　　　C．数据元标准化　　　　　　　　D．元数据标准化

- 某市政府在推进智慧城市建设中，为了统一管理和共享各部门的数据资源，需要制定一系列数据相关标准，这些标准的制定过程属于___(10)___。

　　(10) A．数据分类与编码标准化　　　　B．元数据标准化
　　　　 C．数据标准体系建立　　　　　　D．元数据标准化

答案及解析

（1）**答案：B**　**解析**　元数据标准化能够为数据提供规范、普遍适用的描述方法和检索方式。数据标准体系是数据标准的整体框架；数据元标准化是对数据基本元素的规范；数据分类与编码标准化是对数据进行统一分类和编码。

（2）**答案：C**　**解析**　在超市商品管理系统中，对商品信息的描述属于数据元标准化范畴，即对商品的基本元素（如名称、价格、库存量）进行规范。元数据标准化更多是对这些信息的外部特征进行描述；数据标准体系是整体框架；数据分类与编码标准化是对商品进行分类和编码。

（3）**答案：D**　**解析**　在医疗信息系统中，对患者信息进行统一编码属于数据分类与编码标准化范畴。数据分类与编码标准化旨在避免对同一信息采用多种不同的分类与编码方法，造成数据共享和交换困难。数据标准体系是整体框架；元数据标准化是对信息的外部特征进行描述；数据元标准化是对数据基本元素的规范。

（4）**答案：B**　**解析**　在图书馆管理系统中，对图书的标题、作者、出版社等信息进行标准化描述属于元数据标准化范畴。元数据标准化是对数据外部特征进行统一规范描述，便于使用者发现数据资源。数据标准体系是整体框架；数据元标准化是对数据基本元素的规范；数据分类与编码标准化是对数据进行统一分类和编码。

（5）**答案：C**　**解析**　在电子商务平台上，对商品名称、规格、价格等关键信息进行标准化处理属于数据元标准化范畴。数据元标准化是对数据内部基本元素的名称、定义、表示等进行规范。数据标准体系是整体框架；数据分类与编码标准化是对数据进行统一分类和编码；数据安全标准化与本题无关。

（6）**答案：A**　**解析**　某公司在建立数据仓库时制定的一系列数据相关标准属于数据标准体系范畴。数据标准体系是指一定业务领域范围内的数据标准按其内在联系形成的有机整体。元数据标准化是对数据外部特征的描述；数据元标准化是对数据基本元素的规范；数据安全标准与本题无关。

（7）**答案：B**　**解析**　在交通管理系统中，对违章时间、地点、违章行为等信息进行标准化处理属于数据元标准化范畴。数据元标准化是对数据内部基本元素的名称、定义、表示等进行规范。数据分类与编码标准化是对数据进行统一分类和编码；元数据标准化是对数据外部特征的描述；数据安全标准化与本题无关。

（8）**答案：B**　**解析**　在人力资源管理系统中，对员工的姓名、性别、年龄等信息进行标准化描述属于数据元标准化范畴。数据元标准化是对数据内部基本元素的名称、定义、表示等进行规范。数据分类与编码标准化是对数据进行统一分类和编码；元数据标准化是对数据外部特征的描述；数据质量标准化与本题表述不完全吻合，更多关注的是数据质量的提升和管理。

（9）**答案：C**　**解析**　在环境监测系统中，对PM2.5、PM10等指标进行标准化处理属于数据元标准化范畴。数据元标准化是对数据内部基本元素的名称、定义、表示等进行规范。数据标准体系是整体框架；数据分类与编码标准化是对数据进行统一分类和编码；元数据标准化是对数据外部特征的描述。

（10）**答案：C 解析** 某市政府在推进智慧城市建设中制定的一系列数据相关标准属于数据标准体系建立范畴。数据标准体系是指一定业务领域范围内的数据标准按其内在联系形成的有机整体。数据分类与编码标准化是对数据进行统一分类和编码；数据元标准化是对数据基本元素的规范；元数据标准化是对数据外部特征的描述。

8.5 数据管理

- 在企业管理中，为了确保数据被恰当地管理并作为资产进行利用，需要进行的活动是___(1)___。
  - （1）A. 数据清洗　　　　　　　　　　B. 数据备份
  　　　　C. 数据治理　　　　　　　　　　D. 数据挖掘
- 某银行为了提升数据质量，减少因数据错误导致的成本和风险，需要采取的核心措施是___(2)___。
  - （2）A. 加强数据备份　　　　　　　　B. 实施数据治理
  　　　　C. 提高数据挖掘能力　　　　　　D. 强化数据质量管理
- 在数据治理活动中，为了清楚地了解需要治理什么、怎么治理以及谁来执行治理，需要进行的首要工作是___(3)___。
  - （3）A. 制定数据治理战略　　　　　　B. 规划组织的数据治理
  　　　　C. 实施数据治理　　　　　　　　D. 嵌入数据治理
- 某电商企业为了提升用户体验，决定对其商品信息进行数据质量提升，首先需要进行的工作是___(4)___。
  - （4）A. 识别关键数据和业务规则　　　B. 执行初始数据质量评估
  　　　　C. 定义数据质量战略　　　　　　D. 开发和部署数据质量操作
- 为了确保企业数据的安全，防止不当访问和泄露，企业需要制定和实施___(5)___。
  - （5）A. 数据备份计划　　　　　　　　B. 数据挖掘策略
  　　　　C. 数据安全制度　　　　　　　　D. 数据治理战略
- 在数据质量维度中，用于衡量数据是否准确、没有错误或异常值的特性是___(6)___。
  - （6）A. 一致性　　　　　　　　　　　　B. 完整性
  　　　　C. 合理性　　　　　　　　　　　　D. 唯一性
- 某医疗机构为了确保患者隐私数据的保密性，需要采取的关键措施是___(7)___。
  - （7）A. 加强数据加密　　　　　　　　B. 提升数据挖掘能力
  　　　　C. 制定数据安全制度　　　　　　D. 优化数据存储结构
- 在数据治理过程中，为了明确治理工作的范围和方法，需要制定的文件是___(8)___。
  - （8）A. 数据治理章程　　　　　　　　B. 数据管理计划
  　　　　C. 数据质量报告　　　　　　　　D. 数据安全细则

- 某物流公司为了提高其运输数据的准确性，决定对运输数据进行质量评估，首先需要做的是____（9）____。

  （9）A．定义高质量数据的标准　　　　B．收集运输数据样本
  　　 C．分析数据质量维度　　　　　　D．制定数据质量改进计划

- 在数据安全活动中，为了支持对隐私保护和保密制度、法规的遵从，企业需要____（10）____。

  （10）A．加强数据备份　　　　　　　　B．实施访问控制
  　　　C．提升数据挖掘能力　　　　　　D．优化数据处理流程

答案及解析

（1）**答案：C** **解析** 数据治理是在管理数据资产的过程中行使权力和管控，包括计划、监控和实施，目标是使组织能够将数据作为资产进行管理。数据清洗是数据质量管理的一部分；数据备份是数据保护的一种手段；数据挖掘是从大量数据中提取有用信息的过程。

（2）**答案：D** **解析** 数据质量管理是数据管理的核心，低质量的数据意味着成本和风险。数据质量管理是一项持续性工作，必须贯穿整个数据生命周期。加强数据备份是数据保护的手段；实施数据治理是确保数据被恰当管理的过程；提高数据挖掘能力是从数据中提取信息的能力。

（3）**答案：B** **解析** 规划组织的数据治理是数据治理活动的首要工作，它必须支持业务战略和目标，并清楚地了解需要治理什么、怎么治理以及谁来执行治理。制定数据治理战略是在规划之后进行的；实施数据治理是战略制定后的行动；嵌入数据治理是将治理活动嵌入数据管理流程中。

（4）**答案：A** **解析** 在数据质量提升过程中，首先需要识别关键数据和业务规则，这是数据质量活动的重要一步。执行初始数据质量评估是在识别关键数据之后进行的；定义数据质量战略是在评估之后进行的规划工作；开发和部署数据质量操作是实施阶段的工作。

（5）**答案：C** **解析** 数据安全包括安全策略和过程的规划、建立与执行，为数据和信息资产提供正确的身份验证、授权、访问和审计。制定和实施数据安全制度是确保数据安全的关键措施。数据备份计划是数据保护的一部分；数据挖掘策略是从数据中提取信息的方法；数据治理战略是确保数据被恰当管理的框架。

（6）**答案：C** **解析** 合理性是数据质量维度之一，用于衡量数据是否准确、没有错误或异常值。一致性是指数据在不同来源或不同时间点上的相符程度；完整性是指数据是否完整无缺，没有遗漏；唯一性是指数据在数据集中是否唯一，没有重复。

（7）**答案：C** **解析** 为了确保患者隐私数据的保密性，医疗机构需要制定数据安全制度，明确数据的访问权限和使用规范。加强数据加密是数据安全措施之一，但不是关键措施的全部；提升数据挖掘能力是从数据中提取信息的能力，与保密性无直接关系；优化数据存储结构可以提高数据访问效率，但不一定能保证数据的保密性。

（8）**答案：A** **解析** 数据治理章程是数据治理战略的重要交付物之一，它明确了治理工作

的范围和方法。数据管理计划是数据管理活动的规划；数据质量报告是评估数据质量的文件；数据安全细则是数据安全制度的细化规定。

（9）**答案：A** **解析** 在进行数据质量评估之前，首先需要定义高质量数据的标准，这是评估的基础。收集运输数据样本是在定义标准之后进行的；分析数据质量维度是在评估过程中进行的；制定数据质量改进计划是在评估之后根据评估结果制定的。

（10）**答案：B** **解析** 数据安全活动的目标之一是支持对隐私保护和保密制度、法规的遵从。为了实现这一目标，企业需要实施访问控制，确保只有合法用户才能以正确的方式访问数据。加强数据备份是数据保护的手段；提升数据挖掘能力是从数据中提取信息的能力；优化数据处理流程可以提高数据处理效率。

第9章 信息安全规划

9.1 信息安全概述

- 小明在使用网上银行进行交易时，担心自己的账户信息会被泄露给未经授权的第三方，这体现了信息安全中的___(1)___基本属性。

  (1) A．保密性　　　　B．完整性　　　　C．可用性　　　　D．可控性

- 某公司为了防止员工在未经授权的情况下访问敏感数据，采取了严格的访问控制措施。这种做法主要是为了防范___(2)___。

  (2) A．信息泄露　　　B．完整性破坏　　C．拒绝服务　　　D．非授权访问

- 在信息安全规划中，强调规划内容应具有可指导性，并有具体的、可落地的方法和措施来指导具体工作的开展。这体现了信息安全规划的___(3)___原则。

  (3) A．系统性　　　　B．适用性　　　　C．可行性　　　　D．易用性

- 小李在使用公共 Wi-Fi 时，担心自己的个人信息会被窃取。为了防范这种风险，他应该采取___(4)___安全措施。

  (4) A．使用防火墙　　　　　　　　　B．加密通信
  　　C．定期备份数据　　　　　　　　D．安装杀毒软件

- 某公司在制定信息安全战略时，需要考虑与现有的 IT 战略保持一致，以防止二者发生冲突。这种做法体现了信息安全规划的___(5)___。

  (5) A．追求有效益的信息安全　　　　B．信息安全战略的校准
  　　C．基于业务的风险理解　　　　　D．识别出合规性要求

- 小张在网购时，发现自己的账户被他人恶意登录并购买了商品。这体现了信息安全中的___(6)___安全威胁。

  (6) A．信息泄露　　　　　　　　　　B．完整性破坏
  　　C．拒绝服务　　　　　　　　　　D．非授权访问

- 某银行为了确保客户信息的安全，采取了多种安全措施。其中，通过设置密码策略来限制密码的复杂性和更换频率，主要是为了防范___(7)___。

  (7) A. 信息泄露　　　　　　　　B. 完整性破坏
  　　C. 未经授权的访问　　　　　D. 业务流分析

- 在信息安全规划中，强调规划应与整体的企业文化、信息化、安全形势等多种环境融合和衔接。这体现了信息安全规划的___(8)___原则。

  (8) A. 系统性　　　B. 适用性　　　C. 时效性　　　D. 确定性

- 某公司在信息安全风险评估中，发现其客户数据库的价值非常高，且面临的威胁也较多。为了有效保护这些资产，公司应该采取___(9)___策略。

  (9) A. 忽视风险　　B. 接受风险　　C. 降低风险　　D. 转移风险

- 某政府机构在制定信息安全规划时，需要确保其规划内容符合国家的法律法规和行业标准。这体现了信息安全规划的___(10)___注意事项。

  (10) A. 追求有效益的信息安全　　　　B. 信息安全战略的校准
  　　　C. 识别出合规性要求　　　　　　D. 基于业务的风险理解

答案及解析

（1）**答案：A** **解析** 保密性是指保证信息仅为授权者所用而不泄露给未经授权者。小明担心账户信息泄露，正是保密性所关注的问题。完整性关注的是信息在传输过程中不被非法改变；可用性关注的是信息随时为授权者提供服务；可控性关注的是管理者对信息的控制管理。

（2）**答案：D** **解析** 非授权访问是指某一资源被某个非授权的人以非授权的方式使用。公司采取严格的访问控制措施，正是为了防止员工未经授权访问敏感数据，即防范非授权访问。信息泄露是指信息被泄露给某个非授权的实体；完整性破坏是指数据被非法改变；拒绝服务是指合法访问被无条件阻止。

（3）**答案：C** **解析** 可行性是指规划的内容应具有可指导性，并有具体的、可落地的方法和措施来指导具体工作的开展。系统性强调的是规划的整体、全面、体系化；适用性强调的是与多种环境融合和衔接；易用性强调的是信息系统应当简单易用，方便使用者访问和操作，提高工作效率。

（4）**答案：B** **解析** 加密通信可以确保信息在传输过程中不被窃取或篡改。小李在使用公共Wi-Fi时，担心个人信息被窃取，因此应该采取加密通信的安全措施。防火墙主要用于防止未经授权的访问；定期备份数据是为了防止数据丢失；杀毒软件主要用于检测和清除恶意软件。

（5）**答案：B** **解析** 信息安全战略的校准要求制定信息安全战略时，要考虑现有的IT战略，虽然不需要校准，但要防止二者冲突。某公司在制定信息安全战略时，考虑与现有的IT战略保持一致，正是体现了这一注意事项。追求有效益的信息安全关注的是信息安全带来的经济效益和风险评估；基于业务的风险理解关注的是从业务角度去理解风险；识别出合规性要求关注的是符合法律、合同等合规要求。

（6）**答案：D　解析**　非授权访问是指某一资源被某个非授权的人以非授权的方式使用。小张的账户被他人恶意登录并购买了商品，正是非授权访问的体现。信息泄露是指信息被泄露给某个非授权的实体；完整性破坏是指数据被非法改变；拒绝服务是指合法访问被无条件阻止。虽然信息泄露也可能导致账户被他人使用，但在此情境中更直接的是非授权访问。

（7）**答案：C　解析**　通过设置密码策略来限制密码的复杂性和更换频率，主要是为了增加非法用户猜测或破解密码的难度，从而防范未经授权的访问。信息泄露是指信息被泄露给某个非授权的实体；完整性破坏是指数据被非法改变；业务流分析是通过长期监听和分析系统通信来发现有价值的信息和规律。

（8）**答案：B　解析**　适用性是指规划时应考虑与整体的企业文化、信息化、安全形势等多种环境融合和衔接。系统性强调的是规划的整体、全面、体系化；时效性强调的是规划的时间跨度；确定性强调的是工作明确、无歧义。

（9）**答案：C　解析**　在信息安全风险评估中，资产价值越大，面临的威胁越多，越需要采取有效的风险管理策略来保护这些资产。降低风险是一种积极的风险管理策略，通过采取措施来减少风险发生的可能性和影响程度。忽视风险是不负责任的做法；接受风险是在权衡利弊后做出的决策，但通常不是最优选择；转移风险是通过购买保险或签订合同等方式将风险转移给第三方，但在此情境中并不适用。

（10）**答案：C　解析**　识别出合规性要求是指信息安全规划应该符合法律、合同、知识产权保护、隐私保护等合规要求。某政府机构在制定信息安全规划时，需要确保其规划内容符合国家的法律法规和行业标准，正是体现了这一注意事项。追求有效益的信息安全关注的是信息安全带来的经济效益和风险评估；信息安全战略的校准关注的是信息安全战略与 IT 战略的协调；基于业务的风险理解关注的是从业务角度去理解风险。

9.2　信息安全架构

- 小张是一家公司的 IT 经理，他正在为公司设计一个信息安全架构。在设计过程中，他需要确定安全架构要保护的资产以及实现这些安全性所需的流程和功能。这些需求对应于 SABSA 六层模型中的___（1）___视图和___（1）___安全架构。

　　（1）A．业务　情境　　　　　　　　B．架构　概念
　　　　C．设计　逻辑　　　　　　　　D．实施　组件

- 李女士是一家金融机构的风险管理负责人，她需要评估公司信息系统的安全保障水平。在参考国家标准 GB/T 20274.1 时，她发现安全保障生命周期中有一个阶段专注于信息系统的实施和部署。这个阶段是___（2）___。

　　（2）A．规划组织　　　　　　　　　B．开发采购
　　　　C．实施交付　　　　　　　　　D．运行维护

- 小王是一家电商公司的安全工程师，他正在评估公司的信息安全架构成熟度。他发现公司在安全实践方面已经建立了量化目标，并能对这些目标的实现进行度量和预测。根据安全能力成熟度等级划分，小王的公司目前处于____(3)____等级。

   (3) A．基本执行级　　　　　　　　B．计划跟踪级
   　　 C．充分定义级　　　　　　　　D．量化控制级

- 某政府机构在构建信息安全架构时，决定采用SABSA模型。在逻辑安全架构设计阶段，他们需要确定____(4)____。

   (4) A．安全架构的人员和组织　　　　B．实现安全性所需的流程和功能
   　　 C．安全架构的物理部署和组件选择　D．安全架构的整体概念和策略

- 一家大型制造企业在实施信息安全项目时，希望确保项目的每个阶段都有明确的目标、计划和执行方案。为了实现这一目标，他们应该参考SABSA模型中的____(5)____部分。

   (5) A．SABSA六层模型　　　　　　　B．SABSA生命周期
   　　 C．5W1H原则　　　　　　　　　D．安全能力成熟度等级

答案及解析

（1）**答案：C**　**解析**　在设计信息安全架构时，确定要保护的资产以及实现安全性所需的流程和功能，这些都属于设计阶段考虑的内容。根据SABSA六层模型，设计阶段对应于设计视图和逻辑安全架构。业务视图和情境安全架构更多地关注业务需求和安全情境的分析；架构视图和概念安全架构侧重于整体安全架构的概念性设计；实施视图和组件安全架构则关注安全架构的具体实施和组件部署。

（2）**答案：C**　**解析**　根据国家标准GB/T 20274.1，安全保障生命周期包括规划组织、开发采购、实施交付、运行维护和废弃五个阶段。其中，实施交付阶段专注于信息系统的实施和部署，确保系统按照设计要求正确安装和运行。规划组织阶段主要负责信息安全保障的整体规划和组织工作；开发采购阶段涉及系统的开发和所需资源的采购；运行维护阶段则关注系统的日常运行和维护工作。

（3）**答案：D**　**解析**　根据安全能力成熟度等级划分，量化控制级的特征为建立了量化目标，并能对基本实践的实现进行度量和预测。小王所在的公司已经符合这些特征，因此处于量化控制级。基本执行级的特征是随机、被动地实现基本实践，依赖个人经验；计划跟踪级的特征是主动地实现基本实践的计划与执行，但没有形成体系化；充分定义级的特征是基本实践的规范定义与执行。

（4）**答案：B**　**解析**　在SABSA模型中，逻辑安全架构设计阶段主要关注实现安全性所需的流程和功能。这些流程和功能将确保信息系统的安全性得到保障。安全架构的人员和组织通常在服务管理视图－安全服务管理架构中考虑；安全架构的物理部署和组件选择在物理安全架构和组件安全架构中确定；安全架构的整体概念和策略在概念安全架构中定义。

（5）**答案：B　解析**　SABSA 生命周期包括战略与规划活动、设计活动、实施活动和管理与衡量活动，每个阶段都有明确的目标、计划和执行方案。这有助于确保信息安全项目的顺利实施和有效管理。SABSA 六层模型提供了六种视图和六种安全架构，用于全面描述信息安全架构的不同方面；5W1H 原则是 SABSA 模型中用于回答每个层次问题的一种方法；安全能力成熟度等级用于评估组织的信息安全保障水平。

9.3　信息安全规划的主要内容

- 某公司在进行信息安全规划时，首先需要考虑的是明确___（1）___的安全诉求。
  （1）A．股东和投资者　　　　　　　　B．监管单位和用户
  　　 C．竞争对手和合作伙伴　　　　　D．媒体和公众
- 在一家大型金融机构中，信息安全组织架构的最高管理层主要负责___（2）___。
  （2）A．制订详细的安全操作流程　　　B．监督日常安全运维工作
  　　 C．治理和执行信息安全战略　　　D．处理具体的安全事件和漏洞
- 基于 ISO 27001 的信息安全管理体系主要关注___（3）___。
  （3）A．信息系统的硬件和软件配置　　B．组织的整体业务风险
  　　 C．网络通信的速度和稳定性　　　D．用户的使用体验和满意度
- 在等保 2.0 中，"一个中心三重防御"的思想中，"一个中心"指的是___（4）___。
  （4）A．安全计算环境　　　　　　　　B．安全区域边界
  　　 C．安全网络通信　　　　　　　　D．安全管理中心
- 小王在使用公司的计算机系统时，需要输入用户名和密码进行身份验证。这种身份验证方法属于___（5）___。
  （5）A．What you have（你有什么）　　B．Who you are（你是谁）
  　　 C．What you know（你知道什么）　D．双因素认证
- 某公司在其信息系统中实施了基于角色的访问控制（Role-BAC）。以下___（6）___最符合这种访问控制机制。
  （6）A．每个员工都有自己的独特访问权限列表
  　　 B．员工根据其所在部门被赋予特定角色和权限
  　　 C．只有管理员才能访问所有系统资源
  　　 D．员工需要定期更换其访问权限
- 防火墙在网络中主要起___（7）___的作用。
  （7）A．提高网络通信速度　　　　　　B．防止病毒传播
  　　 C．监控和记录网络操作　　　　　D．作为内部网和外部网之间的保护屏障
- 以下___（8）___加密方法属于非对称加密。
  （8）A．AES　　　　B．DES　　　　C．RSA　　　　D．3DES

- 在信息安全运营规划中，___(9)___ 方法有助于减少环境对任何个体的依赖。

  （9）A．因需可知和最小特权　　　　　B．双人控制
  　　　C．强制休假　　　　　　　　　　D．岗位轮换

- 某公司在发生安全事件后，需要迅速制订应急响应策略。以下___(10)___不是应急响应管理流程的一部分。

  （10）A．制订应急响应策略　　　　　　B．建立紧急联系渠道
  　　　 C．进行安全培训和意识提升　　　D．制订应急响应流程

答案及解析

（1）**答案：B　解析**　信息安全规划需要关注利益相关方的安全诉求，这些利益相关方包括组织内部和外部的相关方。其中，监管单位作为外部监管者，其安全诉求必须得到满足以确保合规性；用户作为信息系统的使用者，其安全诉求关系到信息系统的可用性和信任度。股东和投资者虽然重要，但并非信息安全规划的首要关注对象；竞争对手和合作伙伴的安全诉求在信息安全规划中通常不是主要关注点；媒体和公众虽然对组织形象有影响，但在信息安全规划的初期阶段不是核心考虑因素。

（2）**答案：C　解析**　在信息安全组织架构中，最高管理层通常负责治理和执行信息安全战略，确保信息安全工作符合组织的整体战略和目标。制订详细的安全操作流程通常由内部组织中的主管部门负责；监督日常安全运维工作通常由运营体系中的相关部门承担；处理具体的安全事件和漏洞则是安全运营体系中的应急响应和事件处理环节的内容。

（3）**答案：B　解析**　ISO 27001 是信息安全管理体系的规范性标准，它着眼于组织的整体业务风险，通过对业务进行风险评估来建立、实施、运行、监视、评审、保持和改进信息安全管理体系。信息系统的硬件和软件配置虽然重要，但并非 ISO 27001 的主要关注点；网络通信的速度和稳定性更多地与网络技术和运维相关；用户的使用体验和满意度则是用户体验设计和服务质量管理的范畴。

（4）**答案：D　解析**　在等保 2.0 中，"一个中心三重防御"的思想中，"一个中心"指的是安全管理中心，它是整个信息安全管理体系的核心和枢纽。安全计算环境、安全区域边界和安全网络通信都是三重防御的组成部分，而非"一个中心"。

（5）**答案：C　解析**　小王输入用户名和密码进行身份验证，这是基于他所知道的信息（即用户名和密码）来进行的，属于 What you know（你知道什么）这一类身份验证方法。虽然用户名和密码的组合也可以被视为一种简单的双因素认证（如果密码是动态生成的或者与某种物理设备相关联），但在这个题目中并未提及这些额外因素，所以 D 选项不是最直接正确的答案。What you have（你有什么）通常指物理设备或令牌等；Who you are（你是谁）通常指生物识别等身份验证方法。

（6）**答案：B　解析**　基于角色的访问控制（Role-BAC）先将主体划分为不同的角色，再对

每个角色的权限进行定义。因此，员工根据其所在部门或职责被赋予特定角色和权限是最符合这种访问控制机制的情况。每个员工都有自己的独特访问权限列表更接近于自主访问控制（DAC）；只有管理员才能访问所有系统资源是一种简单的权限管理方式，并非基于角色的访问控制；员工需要定期更换其访问权限是安全管理的一种实践，但与基于角色的访问控制无直接关联。

（7）**答案：D** 解析 防火墙是在内部网和外部网之间、专用网与公共网之间的保护屏障，能及时发现并处理计算机网络运行时潜在的安全风险、数据传输风险等问题。提高网络通信速度并非防火墙的主要作用；防止病毒传播虽然与网络安全相关，但防火墙主要关注的是网络通信的安全而非病毒防护；监控和记录网络操作是防火墙的一部分功能，但其核心作用是作为保护屏障。

（8）**答案：C** 解析 非对称加密使用一对密钥，其中公钥用于加密数据，私钥用于解密数据。RSA 是一种常见的非对称加密算法。AES、DES 和 3DES 都是对称加密算法，它们在加密和解密时使用相同的密钥。

（9）**答案：D** 解析 岗位轮换可以实现同行评审、减少欺诈、交叉培训，并减少环境对任何个体的依赖。因需可知和最小特权是确保用户仅获得执行工作所需的访问权限和特权；双人控制可以减少串通和欺诈的可能性；强制休假是一种同行评审形式，有助于发现欺诈和串通行为。虽然这些方法都有助于提高信息安全水平，但减少环境对任何个体的依赖是岗位轮换的主要目的。

（10）**答案：C** 解析 应急响应管理流程包括制订应急响应策略、建立紧急联系渠道、制订应急响应流程、进行应急演练以及建立应急响应报告和记录机制。进行安全培训和意识提升虽然是信息安全运营规划中的重要环节，但它不是应急响应管理流程的一部分。

9.4 信息安全规划案例

- 某电商公司在遭遇用户数据泄露事件后，决定加强信息安全防护。以下___（1）___不属于技术控制措施。

  （1）A．部署防火墙和入侵检测系统　　B．加密敏感数据
  　　C．开展信息安全培训　　　　　　D．实施多因素认证

- 一家跨国房产公司在全球范围内开展业务，为了保障信息安全，公司应该___（2）___。

  （2）A．立即购买最新的安全软件　　　B．组建专门的信息安全团队
  　　C．对所有员工进行背景调查　　　D．升级所有硬件设备

- 某大学为了应对日益隐蔽的黑客攻击，决定加强校园网的安全防护。以下___（3）___不是该校可能采取的管理规定。

  （3）A．定期更新网络安全策略
  　　B．禁止学生使用校园网络下载非法内容
  　　C．要求所有教职工进行年度信息安全培训
  　　D．限制校园网络访问速度

- 一家公司在制定信息安全规划时，首先进行的是信息安全现状分析。以下___(4)___不是进行现状分析时可能考虑的因素。

  (4) A．风险评估结果　　　　　　　B．行业最佳实践

  　　C．公司当前财务状况　　　　　D．外部环境威胁

- 某金融公司在实施信息安全规划后，发现现有安全架构与规划目标之间存在差距。以下___(5)___不是缩小这一差距可能采取的措施。

  (5) A．引入新的安全技术和工具　　B．增加信息安全预算

  　　C．优化现有安全流程和政策　　D．开展定期的安全审计和评估

答案及解析

（1）**答案：C　解析**　信息安全的技术控制措施通常涉及使用技术手段来保护信息资产。开展信息安全培训属于人员管理方面的措施，旨在提高员工的信息安全意识，不属于技术控制措施。部署防火墙和入侵检测系统可以防止未经授权的访问和检测潜在的攻击行为；加密敏感数据可以确保数据在传输和存储过程中的保密性；实施多因素认证可以增加账户的安全性，防止未经授权的访问。

（2）**答案：B　解析**　对于跨国房产公司来说，信息安全是一个复杂且持续的过程。信息安全团队可以负责全面的信息安全规划、实施和监督，确保公司的信息安全策略得到有效执行。虽然购买最新的安全软件、对所有员工进行背景调查和升级所有硬件设备都是信息安全的一部分，但组建专门的信息安全团队是更为基础和关键的步骤。

（3）**答案：D　解析**　为了加强校园网的安全防护，大学可能会采取一系列管理规定。限制校园网络访问速度虽然可能影响用户体验，但与直接加强网络安全防护无直接关联，因此不是该校可能采取的管理规定。定期更新网络安全策略可以确保策略的有效性；禁止学生使用校园网络下载非法内容可以减少法律风险和网络威胁；要求所有教职工进行年度信息安全培训可以提高员工的信息安全意识。

（4）**答案：C　解析**　在进行信息安全现状分析时，公司通常会考虑多个因素以确保规划的针对性和有效性。公司当前财务状况虽然对公司的整体运营有影响，但与信息安全现状分析无直接关联。风险评估结果可以帮助公司了解当前面临的信息安全威胁和风险；行业最佳实践可以为公司提供可借鉴的安全措施和方法；外部环境威胁如黑客攻击、病毒传播等也是制定信息安全规划时需要考虑的重要因素。

（5）**答案：B　解析**　在发现现有安全架构与规划目标之间存在差距时，公司需要采取一系列措施来缩小这一差距。增加信息安全预算虽然可以为信息安全工作提供更多的资金支持，但本身并不直接解决现有安全架构与规划目标之间的差距问题，因此不是缩小这一差距的直接措施。引入新的安全技术和工具可以提高安全防护能力；优化现有安全流程和政策可以确保安全策略的有效执行；开展定期的安全审计和评估可以及时发现和解决安全问题。

第10章 云原生系统规划

10.1 云原生发展背景

- 某电商公司计划将其在线购物平台迁移到云原生环境,以充分利用云计算的弹性与分布式优势。以下___(1)___不是云原生技术的核心特点。
  - (1) A. 基于容器构建   B. 使用瀑布式开发流程
  -       C. 微服务架构   D. 声明式 API
- 在云原生环境中,一家初创公司希望快速迭代其 SaaS 产品以满足市场需求。以下___(2)___最有助于实现这一目标。
  - (2) A. 采用传统的单体应用架构
  -       B. 实施 DevOps 和持续集成/持续部署(CI/CD)
  -       C. 依赖手动测试和部署
  -       D. 仅在本地环境进行开发和测试
- 某银行在采用云原生技术重构其核心业务系统时,选择了容器化服务来部署其微服务。以下___(3)___不是容器化服务带来的好处。
  - (3) A. 提高资源利用率   B. 简化应用部署和管理
  -       C. 降低跨平台兼容性   D. 加速应用开发和测试
- 一家互联网公司计划将其大数据处理平台迁移到云原生环境。以下___(4)___技术最有助于实现这一目标。
  - (4) A. 传统虚拟机   B. 云原生 Operator
  -       C. 单一数据库系统   D. 本地文件系统
- 某企业在采用云原生技术后,希望确保其应用在云上安全构建和运行。以下___(5)___最有助于实现这一目标。

（5） A．依赖传统的防火墙和入侵检测系统
 B．实施全面的安全审计和合规检查
 C．仅使用开源软件来降低成本
 D．忽略安全培训和意识提升

答案及解析

（1）**答案：B** **解析** 云原生技术的核心特点包括基于容器构建、微服务架构和声明式API。而瀑布式开发流程是传统软件开发方法，与云原生技术中的敏捷开发和DevOps理念相悖。

（2）**答案：B** **解析** 在云原生环境中，实施DevOps和持续集成/持续部署（CI/CD）可以显著加快产品迭代速度，提高开发效率。这种实践允许团队自动化测试、构建和部署过程，从而快速响应市场需求。单体应用架构不利于快速迭代和扩展；手动测试和部署会减慢迭代速度；仅在本地环境进行开发和测试会限制团队的灵活性和协作能力。

（3）**答案：C** **解析** 容器化服务可以带来多种好处，包括提高资源利用率、简化应用部署和管理以及加速应用开发和测试。容器化服务实际上是增强了跨平台兼容性，因为容器可以在不同的操作系统和硬件平台上运行，而无须对应用进行重大修改。

（4）**答案：B** **解析** 云原生Operator是一种专门用于管理复杂云原生应用的技术，它提供了自动化部署、扩展和管理分布式应用的能力。在迁移大数据处理平台到云原生环境时，云原生Operator可以简化部署过程，提高系统的可靠性和可维护性。传统虚拟机不如容器化服务灵活和高效；单一数据库系统不适用于大数据处理；本地文件系统不适用于分布式云原生环境。

（5）**答案：B** **解析** 在云原生环境中，实施全面的安全审计和合规检查是确保应用安全构建和运行的关键措施。这可以帮助企业识别潜在的安全风险，并采取相应的措施来降低这些风险。传统防火墙和入侵检测系统虽然仍然有用，但不足以应对云原生环境中的新型威胁；仅使用开源软件可能会带来安全风险，因为开源软件可能包含漏洞或未经充分测试的代码；忽略安全培训和意识提升会削弱企业的整体安全防御能力。

10.2 云原生技术架构

- 某电商公司在构建其在线购物平台时，选择了云原生架构。以下___（1）___不是云原生架构带来的主要优势。

（1） A．高可扩展性，能够应对节假日购物高峰的流量压力
 B．高自动化，显著减少了运维人员的工作量
 C．依赖于传统的单体应用架构，提高了开发效率
 D．高安全性，通过容器化技术隔离不同的微服务

- 一家金融科技公司计划将其核心业务系统迁移到云原生环境。以下___(2)___最有助于实现高可用性和容错处理。

  （2）A．传统的虚拟机技术

  　　B．云原生架构中的容器技术

  　　C．单一数据库系统

  　　D．本地文件系统

- 某在线教育平台希望提高其应用程序的迭代速度，并降低运维成本。以下___(3)___最符合其需求。

  （3）A．弹性原则，根据业务量自动调整系统部署规模

  　　B．可观测原则，通过日志、链路跟踪等手段实时掌握软件运行情况

  　　C．所有过程自动化原则，标准化并自动化软件交付和运维过程

  　　D．零信任原则，基于认证和授权重构访问控制的信任基础

- 一家物流公司计划采用云原生架构来优化其货物追踪系统。以下___(4)___最适合该场景。

  （4）A．服务化架构模式，将货物追踪系统拆分为多个微服务

  　　B．Mesh 化架构模式，将中间件框架从业务进程中分离

  　　C．Serverless 模式，无须关心应用运行地点和操作系统

  　　D．存储计算分离模式，优先将各类数据采用云服务来保存

- 某银行在采用云原生架构重构其核心业务系统时，遇到了分布式事务问题。以下___(5)___最适合该场景。

  （5）A．XA 模式，具备很强的一致性，但性能较差

  　　B．基于消息的最终一致性模式，性能高但通用性有限

  　　C．TCC 模式，事务隔离性可控且高效，但对业务侵入性强

  　　D．SEATA 的 AT 模式，性能高且无代码开发工作量

- 若考虑到 SEATA 的 AT 模式在某些特定场景下可能存在限制，某银行在重构其核心业务系统时遇到分布式事务问题，以下___(6)___可能更适合（在排除 SEATA 的 AT 模式后）。

  （6）A．XA 模式，具备很强的一致性，但性能较差

  　　B．基于消息的最终一致性模式，性能高但通用性有限

  　　C．TCC 模式，事务隔离性可控且高效，但对业务侵入性强

  　　D．SAGA 模式，允许建立一致的分布式应用程序的故障管理模式

- 一家社交媒体公司希望提高其应用程序的可观测性，以便实时掌握软件运行情况并优化用户体验。以下___(7)___最有助于实现这一目标。

  （7）A．传统的日志记录工具

  　　B．可观测架构模式中的 Tracing 技术

  　　C．单一的性能监控工具

  　　D．本地文件系统用于存储日志

- 某电商平台在采用云原生架构后,希望进一步提高其应用程序的韧性,以减少故障对业务的影响。以下___(8)___最符合其需求。

  (8)A. 弹性原则,根据业务量自动调整系统部署规模

  B. 可观测原则,通过日志、链路跟踪等手段实时掌握软件运行情况

  C. 韧性原则,提升软件的平均无故障时间(MTBF)

  D. 零信任原则,基于认证和授权重构访问控制的信任基础

- 一家初创公司计划采用云原生架构来构建其 SaaS 产品,并希望降低开发成本和运维复杂度。以下___(9)___最有助于实现这一目标。

  (9)A. 使用传统的单体应用架构

  B. 采用 Serverless 模式,无须关心应用运行地点和操作系统

  C. 依赖手动测试和部署流程

  D. 使用复杂的分布式事务处理机制

- 某大型制造企业计划将其 ERP 系统迁移到云原生环境,并希望提高系统的可扩展性和灵活性。以下___(10)___最适合该场景。

  (10)A. 服务化架构模式,将 ERP 系统拆分为多个微服务

  B. Mesh 化架构模式,将中间件框架从业务进程中分离

  C. 存储计算分离模式,优先将各类数据采用云服务来保存

  D. 事件驱动架构模式,用于构建开放式接口和数据变化通知

答案及解析

(1)**答案:C** **解析** 云原生架构的主要优势包括高可扩展性、高自动化和高安全性。然而,云原生架构并不是依赖于传统的单体应用架构,而是采用微服务架构,以提高开发效率和系统的可维护性。

(2)**答案:B** **解析** 云原生架构中的容器技术通过监控检查探测到进程状态异常,可以自动实施异常节点的下线、新节点上线和生产流量的切换等操作,从而实现高可用性和容错处理。传统的虚拟机技术虽然也提供了一定的容错能力,但相比容器技术,其自动化程度和响应速度较低;单一数据库系统容易成为单点故障,不利于高可用性的实现;本地文件系统不适用于分布式云原生环境,也不利于高可用性的构建。

(3)**答案:C** **解析** 所有过程自动化原则通过标准化并自动化软件交付和运维过程,可以显著提高应用程序的迭代速度,并降低运维成本。弹性原则虽然有助于系统根据业务量自动调整部署规模,但并不直接提高迭代速度或降低运维成本;可观测原则有助于实时掌握软件运行情况,但同样不直接解决迭代速度和运维成本的问题;零信任原则主要关注安全问题,与迭代速度和运维成本无直接关联。

(4)**答案:A** **解析** 服务化架构模式通过将货物追踪系统拆分为多个微服务,可以实现业

务单元的独立迭代,加快整体的迭代速度,并保证迭代的稳定性。这对于物流公司优化其货物追踪系统是非常合适的。Mesh 化架构模式虽然有助于中间件框架与业务代码的解耦,但并不直接适用于该场景; Serverless 模式虽然无须关心应用运行地点和操作系统,但可能不适用于需要高度控制和定制化的货物追踪系统;存储计算分离模式虽然有助于优化数据存储和计算资源的使用,但同样不直接解决货物追踪系统的核心需求。

(5)**答案:D 解析** (在假设 SEATA 的 AT 模式适用于该银行场景的前提下)SEATA 的 AT 模式性能非常高,无须额外的代码开发工作量,且可以自动执行回滚操作,非常适合于需要高性能和易用性的核心业务系统重构场景。然而,需要注意的是,SEATA 的 AT 模式也存在一些使用场景限制,具体是否适用还需根据该银行的实际需求和技术栈进行评估。XA 模式虽然一致性强,但性能较差,可能不适用于高并发的核心业务系统;基于消息的最终一致性模式虽然性能高,但通用性有限,可能无法满足所有分布式事务场景的需求;TCC 模式虽然事务隔离性可控且高效,但对业务的侵入性强,设计和维护成本较高。

(6)**答案:C 解析** 在排除 SEATA 的 AT 模式后,银行需要根据其核心业务系统的具体需求和技术栈来选择适合的分布式事务模式。TCC 模式事务隔离性可控且高效,虽然对业务的侵入性强,但如果银行能够承担设计和维护成本,并且需要高事务隔离性和性能,那么 TCC 模式是一个合适的选择。

(7)**答案:B 解析** 可观测架构模式中的 Tracing 技术提供一个请求从前端到后端的完整调用链路跟踪,对于分布式场景尤其有用。这有助于社交媒体公司实时掌握软件运行情况,并快速定位性能瓶颈或故障点,从而优化用户体验。传统的日志记录工具虽然可以提供一定的日志信息,但缺乏完整的调用链路跟踪能力;单一的性能监控工具只能监控特定的性能指标,无法提供全面的可观测性;本地文件系统用于存储日志虽然可以保存日志信息,但不利于实时分析和分布式场景下的可观测性构建。

(8)**答案:C 解析** 韧性原则旨在提升软件的平均无故障时间(MTBF),通过多个维度诠释软件持续提供业务服务的能力。这对于电商平台来说是非常重要的,因为任何故障都可能导致业务中断和用户体验下降。弹性原则虽然有助于系统根据业务量自动调整部署规模,但并不直接提高软件的韧性;可观测原则有助于实时掌握软件运行情况,但同样不直接解决韧性问题;零信任原则主要关注安全问题,与韧性无直接关联。

(9)**答案:B 解析** Serverless 模式允许开发者无须关心应用运行地点、操作系统、网络配置等细节,从而降低了开发成本和运维复杂度。这对于初创公司来说是非常有吸引力的,因为它们通常资源有限,需要快速迭代和降低成本。传统的单体应用架构不利于快速迭代和扩展,且运维复杂度高;依赖手动测试和部署流程同样会增加运维复杂度和开发成本;使用复杂的分布式事务处理机制也会增加开发和运维的复杂度。

(10)**答案:A 解析** 服务化架构模式:通过将 ERP 系统拆分为多个微服务,每个微服务负责特定的业务领域,可以实现业务单元的独立迭代和扩展。这种架构模式非常符合云原生环境的特性,能够显著提高系统的可扩展性和灵活性。Mesh 化架构模式:虽然 Service Mesh 在微服务架构中有助于管理通信，但它主要关注的是通信层面的优化，而不是提高 ERP 系统的可扩展性和灵活性；存储计算分离模式：这种模式主要关注数据层的优化，对于提高 ERP 系统的整体可扩展性和灵活性来说，并不是最直接的方法；事件驱动架构模式：虽然事件驱动架构在构建响应式系统和实现松耦合组件方面很有效，但它更多地用于构建实时响应和高可用性的系统，而不是专门用于优化 ERP 系统的可扩展性和灵活性。

综上所述，考虑到大型制造企业需要处理复杂的业务流程和大量的数据，并且希望提高 ERP 系统的可扩展性和灵活性，服务化架构模式是最适合的选择。通过将 ERP 系统拆分为多个微服务，企业可以实现业务单元的独立迭代和扩展，从而更好地应对业务需求的变化。

10.3 云原生建设规划

- 某电商公司计划将其在线购物平台迁移到云原生环境，以提高系统的可扩展性和灵活性。在构建服务运行环境时，他们应该优先考虑__(1)__技术。

  (1) A. 虚拟机 B. 容器技术（如 Docker）

  C. 物理服务器 D. 传统应用服务器

- 一家银行在实施云原生架构时，希望实现服务的自动注册、发现和配置管理。他们应该利用的组件或框架是__(2)__。

  (2) A. RabbitMQ B. Kubernetes

  C. Kafka D. Nginx

- 某物流公司想要提高其物流追踪系统的更新频率和可靠性，计划采用持续交付流程。在这个过程中，__(3)__环节最为关键。

  (3) A. 持续集成 B. 单元测试

  C. 代码审查 D. 手工部署

- 一家电商公司在构建云原生应用时，希望实现服务的熔断和降级功能，以提高系统的稳定性和可用性。他们应该选择的服务治理框架是__(4)__。

  (4) A. Istio B. Prometheus

  C. Grafana D. ELK Stack

- 某大型制造企业计划将其 ERP 系统迁移到云原生环境，并希望实现自动化部署和运维。他们应该构建的基础设施是__(5)__。

  (5) A. 传统 IT 基础设施 B. 自服务敏捷响应基础设施

  C. 私有云平台 D. 公共云平台

- 一家在线教育平台希望提高其视频课程的播放流畅度和稳定性。在构建云原生应用时，他们应该优先考虑__(6)__。

  (6) A. 使用虚拟机部署视频服务 B. 将视频服务拆分为微服务并运行在容器中

  C. 增加物理服务器的数量 D. 优化视频文件的编码格式

- 某金融公司在实施云原生架构时，希望实现跨平台的服务治理和监控。他们应该选择的框架或工具是___(7)___。

  (7) A. Kubernetes　　　　　　　　　B. Service Mesh（如 Istio）
  　　C. Prometheus　　　　　　　　　D. Docker

- 一家零售公司在构建云原生应用时，希望实现自动化测试和持续反馈。他们应该采用的开发模式是___(8)___。

  (8) A. 水瀑布模型　　　　　　　　　B. 敏捷开发模式
  　　C. 瀑布模型　　　　　　　　　　D. 传统开发模式

- 某大型电商公司在实施云原生架构时，希望提高生产环境的韧性和安全性。他们应该采用的策略是___(9)___。

  (9) A. 定期备份数据　　　　　　　　B. 构建统一的基础设施资源管理平台
  　　C. 使用传统的防火墙技术　　　　D. 通过抗脆弱性试验主动发现并修复弱点

- 一家在线游戏公司计划将其游戏服务器迁移到云原生环境，并希望提高系统的可扩展性和故障恢复能力。他们应该优先考虑___(10)___架构模式。

  (10) A. 单体应用　　　　　　　　　　B. 微服务
  　　　C. 无服务器　　　　　　　　　　D. 服务网格

答案及解析

(1) **答案：B** 解析　容器技术（如 Docker）是云原生架构的核心组成部分，它提供了轻量级、可移植的运行环境，使得微服务能够高效地部署和管理。虚拟机、物理服务器和传统应用服务器虽然也能运行应用，但它们在资源利用率、部署速度和可扩展性方面不如容器技术。

(2) **答案：B** 解析　Kubernetes（K8s）是一个开源的容器编排平台，它提供了服务注册、发现和配置管理等一系列功能，非常适合云原生架构中的服务管理和治理。RabbitMQ 和 Kafka 是消息队列系统，主要用于异步通信；Nginx 是一个高性能的 HTTP 和反向代理服务器，但不具备服务管理和治理功能。

(3) **答案：A** 解析　持续集成是持续交付流程的基础，它确保每次代码提交都能自动构建、测试和集成，从而及时发现和修复问题。单元测试虽然也很重要，但它只是持续集成中的一个环节；代码审查虽然有助于保证代码质量，但也不是持续交付的关键环节；手工部署则与持续交付的理念相悖。

(4) **答案：A** 解析　Istio 是一个开源的服务网格框架，它提供了服务注册、发现、路由、负载均衡、熔断和降级等一系列治理功能。Prometheus 和 Grafana 主要用于监控和告警；ELK Stack （Elasticsearch、Logstash、Kibana）则是一个日志收集、处理和可视化工具集，它们都不具备服务熔断和降级功能。

（5）**答案：B 解析**　自服务敏捷响应基础设施提供了统一的基础设施资源服务、支撑平台和纯技术工具，使得应用研发团队能够使用自服务的资源、平台和工具实现服务的全生命周期管理。传统 IT 基础设施不具备这些特性；私有云平台和公共云平台虽然也能提供云服务，但它们不一定具备自服务和敏捷响应的能力。

（6）**答案：B 解析**　将视频服务拆分为微服务并运行在容器中可以提高系统的可扩展性和灵活性，从而应对高并发访问和流量波动。虚拟机、物理服务器虽然也能部署服务，但它们在资源利用率和部署速度方面不如容器；优化视频文件的编码格式虽然能减少带宽占用，但不一定能提高播放流畅度和稳定性。

（7）**答案：B 解析**　Service Mesh（如 Istio）提供了跨平台的服务治理和监控能力，它代理东西向流量并支持跨语言平台部署。Kubernetes 虽然提供了服务管理和治理的一些功能，但它主要关注于容器编排；Prometheus 主要用于监控和告警；Docker 则是容器技术的基础，不具备服务治理和监控功能。

（8）**答案：B 解析**　敏捷开发模式强调快速迭代、持续交付和及时反馈，非常适合云原生应用中的自动化测试和持续反馈需求。水瀑布模型、瀑布模型和传统开发模式则更注重文档的完整性和顺序性，不太适合快速变化的云原生环境。

（9）**答案：D 解析**　通过抗脆弱性试验主动发现并修复弱点可以提高生产环境的韧性和安全性。定期备份数据虽然有助于数据恢复，但不一定能提高系统的韧性和安全性；构建统一的基础设施资源管理平台虽然有助于资源管理和优化，但也不是提高韧性和安全性的直接策略；传统的防火墙技术虽然能提供一定的安全防护，但可能无法应对云原生环境中的新型攻击方式。

（10）**答案：B 解析**　微服务架构通过将应用拆分为多个独立的服务，每个服务都可以独立部署、扩展和故障恢复，非常适合云原生环境中的可扩展性和故障恢复需求。单体应用架构不具备这些特性；无服务器架构虽然也能提供自动扩展和故障恢复能力，但它更适合处理短暂、无状态的任务；服务网格架构虽然提供了服务治理和监控功能，但它不是提高可扩展性和故障恢复能力的直接策略。

10.4　云原生实践

- 某快递公司每天需要处理大量订单数据，但在大促期间经常遇到系统不稳定的问题。为了解决这一问题，公司决定采用___（1）___技术架构进行核心业务搬迁。

  （1）A．传统 IOE 架构　　　　　　　　B．基于 Kubernetes 的云原生架构

  　　C．单机数据库架构　　　　　　　　D．虚拟机集群架构

- 快递公司在进行架构重构时，引入了___（2）___技术来确保应用在开发、测试、生产环境的一致性。

  （2）A．Oracle 数据库　　　　　　　　B．容器化技术

  　　C．Kubernetes 服务发现　　　　　　D．裸金属服务器

- 在云原生架构中，快递公司___(3)___利用 Kubernetes 的特性来实现应用的快速升级和回滚。

  (3) A. 通过编辑 Namespace 实现　　　　B. 通过修改应用配置文件实现

  　　C. 直接编辑镜像版本实现　　　　　D. 通过虚拟机快照实现

- 快递公司采用云原生架构后，通过___(4)___管理线上 Kubernetes 集群的扩容操作。

  (4) A. 手动增加物理服务器　　　　　　B. 通过云服务商的服务管理平台

  　　C. 修改 Kubernetes 配置文件　　　　D. 使用传统 IDC 机房的管理工具

- 在采用云原生架构后，快递公司通过___(5)___节省公网 SLB 的数量并提高运维管理效率。

  (5) A. 使用虚拟机集群　　　　　　　　B. 借助 Kubernetes 的 Ingress 能力

  　　C. 增加 Oracle 数据库的数量　　　　D. 引入更多的裸金属服务器

答案及解析

（1）**答案：B** **解析** 基于 Kubernetes 的云原生架构能够有效解决大促期间系统不稳定的问题。通过容器化和微服务改造，可以提高系统的可扩展性和稳定性。传统 IOE 架构已经暴露出稳定性、研发效率等问题，不适合解决大促期间的系统不稳定问题；单机数据库架构在处理大量数据时性能受限，无法满足高并发需求；虚拟机集群架构虽然比单机架构有所改进，但在资源利用率和扩展性上不如基于 Kubernetes 的云原生架构。

（2）**答案：B** **解析** 容器化技术通过打包应用及其依赖项，确保应用在不同环境中的一致性。Oracle 数据库主要用于数据存储，与确保环境一致性无直接关系；Kubernetes 服务发现主要用于微服务架构中的服务注册与发现，而非确保环境一致性；裸金属服务器提供高性能的计算资源，但与环境一致性无直接关联。

（3）**答案：C** **解析** 在 Kubernetes 中，每个应用都有独立的 Namespace，但应用的升级和回滚是通过编辑镜像版本来实现的。Namespace 主要用于资源隔离，而非应用升级和回滚；虽然配置文件对应用行为有影响，但升级和回滚通常是通过镜像管理来实现的；通过虚拟机快照实现是虚拟机环境中的做法，不适用于 Kubernetes 的容器化环境。

（4）**答案：B** **解析** 采用云原生架构后，线上 Kubernetes 集群的扩容操作通常通过云服务商的服务管理平台进行。手动增加物理服务器是传统做法，不适用于云原生环境；虽然配置文件对集群行为有影响，但扩容操作通常通过云服务商提供的 API 或管理界面进行；使用传统 IDC 机房的管理工具同样不适用于云原生环境。

（5）**答案：B** **解析** 借助 Kubernetes 的 Ingress 能力，可以实现统一的域名转发，从而节省公网 SLB 的数量并提高运维管理效率。使用虚拟机集群虽然可以管理多个虚拟机，但不如 Kubernetes 在资源管理和服务发现方面的优势；增加 Oracle 数据库的数量与节省公网 SLB 数量和运维管理效率无直接关联；引入更多的裸金属服务器虽然提供高性能计算资源，但同样与节省公网 SLB 数量和运维管理效率无直接关联。

第11章 信息系统治理

11.1 IT 治理

- 某公司计划通过引入新的 IT 系统来提高生产效率,但管理层担心投资无法获得预期回报。为了降低这种风险,公司应该关注___(1)___。
  - (1) A. 与业务目标一致　　　　　　　B. 有效利用信息与数据资源
  　　　C. 风险管理　　　　　　　　　　D. 价值交付
- 一家电商公司决定升级其仓储管理系统,以提高订单处理效率。在升级过程中,公司应该遵循___(2)___IT 治理原则来确保项目的成功。
  - (2) A. 简单　　　　B. 透明　　　　C. 适合　　　　D. 价值最大化
- 某医院计划实施电子病历系统,以提高医疗服务质量和效率。在项目实施前,医院应该首先进行___(3)___。
  - (3) A. 评估信息技术应用的有效性　　　B. 监督 IT 与业务的一致性
  　　　C. 统筹 IT 战略和组织规划　　　　D. 指导 IT 管理实施
- 一家银行在实施新的信贷审批系统时,遇到了技术难题,导致项目延期。为了避免类似情况再次发生,银行应该加强___(4)___。
  - (4) A. 组织职责　　B. 风险管理　　C. 价值交付　　D. 战略匹配
- 某企业计划通过云计算技术来优化其 IT 基础设施,以提高灵活性和降低成本。在做出这一决策前,企业应该考虑___(5)___。
  - (5) A. IT 原则　　　　　　　　　　　B. IT 架构
  　　　C. IT 基础设施投资　　　　　　　D. IT 投资和优先顺序
- 一家制造公司在实施 ERP 系统时,发现系统无法满足其特定的生产需求。为了避免类似情况再次发生,公司应该加强___(6)___。
  - (6) A. 决策机制　　B. 执行机制　　C. 风险控制机制　　D. 评价机制

- 某市政府计划通过数字化手段来提高公共服务水平。为了确保项目的成功实施，市政府应该首先进行___（7）___。

  （7）A．评估信息技术应用的有效性　　B．统筹 IT 战略和组织规划

  　　C．监督 IT 与业务的一致性　　　　D．指导 IT 管理实施

- 一家零售公司计划通过数据分析来提高销售预测的准确性。为了确保数据分析项目的成功实施，公司应该关注___（8）___。

  （8）A．组织职责　　　　　　　　　　B．战略匹配

  　　C．资源管理　　　　　　　　　　D．价值交付

- 某企业在实施新的 CRM 系统时，遇到了数据安全和隐私保护的问题。为了解决这些问题，企业应该加强___（9）___。

  （9）A．风险管理　　　　　　　　　　B．价值交付

  　　C．绩效管理　　　　　　　　　　D．资源管理

- 一家金融公司在选择新的 IT 服务供应商时，为了确保选择过程的公正性和透明度，公司应该遵循___（10）___治理原则。

  （10）A．简单　　　　　　　　　　　　B．透明

  　　 C．适合　　　　　　　　　　　　D．价值最大化

答案及解析

（1）**答案：C 解析**　风险管理是 IT 治理的一个重要目标，它关注于降低 IT 投资的风险，确保投资能够获得预期回报。虽然其他选项也是 IT 治理的目标，但在这个特定情境中，公司最关心的是如何降低投资风险。与业务目标一致虽然重要，但更多关注于 IT 与业务的匹配程度，而不是直接降低投资风险；有效利用信息与数据资源关注于资源的管理和利用，同样不直接针对投资风险；价值交付关注于创造业务价值，是投资回报的一部分，但更多的是在投资已经实施后考虑的问题。

（2）**答案：C 解析**　在 IT 治理中，适合原则强调机制应鼓励那些处于最佳位置的个人去制定特定的决策，确保项目或系统升级适合组织的实际情况和需求。简单虽然重要，但更多关注于机制的定义和清晰性，而不是项目的适合性；透明关注于机制的正式程序和清晰度，同样不直接针对项目的适合性；价值最大化虽然是 IT 治理的一个目标，但在这个情境中，它更多是一个结果或期望，而不是指导项目成功的原则。

（3）**答案：C 解析**　在项目实施前，医院应该首先进行全局统筹，包括统筹 IT 战略和组织规划，以确保项目与组织的整体战略和目标相一致。评估信息技术应用的有效性通常是在项目实施后进行的活动，用于评估项目的成果和效果；监督 IT 与业务的一致性是项目实施过程中的一个重要活动，但应在统筹规划之后进行；指导 IT 管理实施同样是在项目实施过程中的活动，用于指导和管理项目的具体实施。

（4）**答案：B** 解析 风险管理是IT治理的一个重要内容，它关注于识别、评估和应对项目中可能出现的风险，以确保项目的成功实施。组织职责虽然重要，但更多关注于组织结构和职责的划分，不直接针对项目中的技术难题和风险；价值交付关注于创造业务价值，是项目成功的一个结果，但不是避免项目延期的直接手段；战略匹配确保IT与业务战略的一致性，是项目成功的基础，但同样不直接针对项目中的技术难题。

（5）**答案：C** 解析 在做出云计算技术投资决策前，企业应该考虑IT基础设施投资这一关键决策，以确保投资决策的合理性和有效性。IT原则虽然重要，但更多关注于指导IT投资决策的总体原则和价值观；IT架构关注于IT系统的整体结构和设计，是投资决策的一部分，但不如IT基础设施投资直接针对云计算技术的选择；IT投资和优先顺序虽然涉及投资决策，但更多关注于多个投资项目之间的优先级和顺序，而不是单个项目的投资决策。

（6）**答案：A** 解析 决策机制是IT治理中的一个重要机制，它确保在IT投资决策和实施前，对项目的需求、目标、风险和收益进行全面评估。执行机制关注于项目的具体实施和管理，虽然重要，但不如决策机制在预防系统无法满足需求方面起到的作用大；风险控制机制虽然也关注于风险，但更多的是在项目实施过程中进行风险管理和控制；评价机制通常是在项目实施后进行的，用于评估项目的成果和效果。

（7）**答案：B** 解析 在市政府实施数字化项目前，应该首先进行全局统筹，包括统筹IT战略和组织规划，以确保项目与政府的整体战略和目标相一致。评估信息技术应用的有效性通常是在项目实施后进行的活动，用于评估项目的成果和效果；监督IT与业务的一致性是项目实施过程中的一个重要活动，但应在统筹规划之后进行；指导IT管理实施同样是在项目实施过程中的活动，用于指导和管理项目的具体实施。

（8）**答案：D** 解析 价值交付是IT治理的一个核心内容，它关注于通过IT项目创造业务价值，确保项目能够在预算、时间、成本范围内按质保量完成。组织职责虽然重要，但更多关注于组织结构和职责的划分，不直接针对数据分析项目的成功实施；战略匹配确保IT与业务战略的一致性，是项目成功的基础，但同样不直接针对数据分析项目的成功实施；资源管理关注于IT资源的分配和管理，虽然对项目成功有一定影响，但不如价值交付直接针对项目的成功实施。

（9）**答案：A** 解析 风险管理是IT治理的一个重要内容，它关注于识别、评估和应对项目中可能出现的风险，包括数据安全和隐私保护问题。价值交付关注于创造业务价值，虽然重要，但不直接针对数据安全和隐私保护问题；绩效管理通常用于追踪和监视IT战略、项目的实施以及业务流程的绩效，同样不直接针对数据安全和隐私保护问题；资源管理关注于IT资源的分配和管理，虽然对项目成功有一定影响，但不如风险管理直接针对数据安全和隐私保护问题。

（10）**答案：B** 解析 透明是IT治理的一个重要原则，它要求决策过程、选择标准和结果对利益相关者公开和清晰。简单虽然重要，但它更多关注于机制的定义和清晰性，而不是选择过程的公正性和透明度；适合关注于选择最适合组织的供应商或服务，虽然重要，但不如透明原则在确保选择过程公正性方面起到的作用大；价值最大化虽然是IT治理的一个目标，但在这个情境中，它更多的是一个结果或期望，而不是指导选择过程的原则。

11.2 IT 审计

- 某银行计划进行 IT 审计，以确保其信息系统能够保障资产安全和数据完整。这种审计属于____(1)____。

  (1) A．IT 内部控制审计   B．IT 专项审计
    C．财务报表审计   D．税务审计

- 小李是一名 IT 审计人员，他在审计过程中发现某个应用程序存在安全漏洞。为了验证这一发现，他应该使用____(2)____。

  (2) A．访谈法   B．观察法   C．测试法   D．检查法

- 一家电商公司决定进行 IT 审计，以评估其信息系统的性能和可靠性。在审计过程中，审计人员发现信息系统的响应时间超过了预期标准。为了找出原因，他们应该首先检查____(3)____。

  (3) A．信息系统硬件   B．信息系统软件
    C．信息系统用户手册   D．信息系统开发计划

- 某政府部门计划进行 IT 审计，以确保其信息系统符合相关法律法规的要求。在审计过程中，审计人员发现某个系统未按照法定要求进行数据加密。这种情况属于____(4)____。

  (4) A．固有风险   B．控制风险   C．检查风险   D．总体审计风险

- 一家互联网公司决定进行 IT 审计，以评估其信息系统的安全性。在审计过程中，审计人员发现某个数据库存在未授权访问的风险。为了降低这种风险，公司应该采取____(5)____。

  (5) A．加强数据库访问控制   B．增加数据库存储空间
    C．优化数据库性能   D．更新数据库软件版本

- 小张是一名 IT 审计人员，他在审计过程中发现某个系统存在多个漏洞。为了证明这些漏洞的存在并评估其影响，他应该使用____(6)____。

  (6) A．风险评估技术   B．审计抽样技术
    C．计算机辅助审计技术   D．大数据审计技术

- 某医院计划进行 IT 审计，以确保其医疗信息系统能够保障患者隐私和数据安全。在审计过程中，审计人员发现某个系统存在数据泄露的风险。为了收集证据并证明这一点，他们应该使用____(7)____。

  (7) A．访谈法   B．调查法
    C．程序代码检查法   D．观察法

- 一家制造业公司决定进行 IT 审计，以评估其信息系统的效率和效果。在审计过程中，审计人员发现某个生产管理系统存在效率低下的问题。为了找出原因并提出改进建议，他们应该首先____(8)____。

  (8) A．分析系统日志   B．访谈系统用户
    C．检查系统硬件配置   D．评估系统安全性

信息系统治理 第 11 章

- 小李是一名 IT 审计人员，他在审计过程中发现某个系统存在安全配置不当的问题。为了证明这一发现并评估其影响程度，他应该使用＿＿（9）＿＿。

  （9）A．系统日志文件　　　　　　　B．用户访谈记录
  　　　C．系统操作手册　　　　　　　D．系统开发文档

- 某金融机构计划进行 IT 审计，以确保其信息系统能够符合监管要求并保障资产安全。在审计过程中，审计人员发现某个系统存在潜在的安全漏洞。为了评估这一漏洞的严重程度并提出相应的风险应对策略，他们应该使用＿＿（10）＿＿。

  （10）A．审计抽样技术　　　　　　　B．风险评估技术
  　　　C．计算机辅助审计技术　　　　D．大数据审计技术

答案及解析

（1）**答案：A**　**解析**　审计的目的是确保信息系统能够保障资产安全和数据完整，这符合 IT 内部控制审计的定义，即对组织层面 IT 控制、一般控制及应用控制进行审计。IT 专项审计是针对特定风险或需求进行的审计，如信息系统项目审计、数据审计等；财务报表审计和税务审计与 IT 审计目的无关。

（2）**答案：C**　**解析**　测试法可以通过黑盒测试或白盒测试来验证应用程序的功能和安全性。在这个题目中，小李发现应用程序存在安全漏洞，应该使用测试法来进一步验证。访谈法主要用于获取信息和了解情况；观察法主要用于观察系统的运行和操作；检查法主要用于审阅文档和记录，均不适用于验证安全漏洞。

（3）**答案：A**　**解析**　信息系统的响应时间通常与硬件性能有关，如服务器、网络设备等。因此，在发现响应时间超过预期标准时，审计人员应该首先检查信息系统硬件是否存在问题。信息系统软件虽然也可能影响响应时间，但通常是在硬件性能满足要求的前提下进行考虑的；信息系统用户手册和信息系统开发计划与响应时间问题无直接关联。

（4）**答案：B**　**解析**　控制风险是指与 IT 活动相关的内部控制体系不能及时预防或检查出存在的重大错误的风险。在这个题目中，系统未按照法定要求进行数据加密，说明内部控制体系存在缺陷，未能及时预防或检查出这一错误，因此属于控制风险。固有风险是指不存在相关控制的情况下易导致重大错误的风险，与题意不符；检查风险是指通过预定的审计程序未能发现重大错误的风险，与审计人员的工作有关，而本题中的错误是系统本身的问题，不属于检查风险；总体审计风险是各类审计风险的总和，不适用于具体描述某一类风险。

（5）**答案：A**　**解析**　未授权访问的风险通常与访问控制不足有关。因此，为了降低这种风险，公司应该加强数据库访问控制，如设置更严格的访问权限、加强身份验证等。增加数据库存储空间、优化数据库性能和更新数据库软件版本虽然都是提高数据库性能的措施，但与降低未授权访问风险无直接关联。

（6）**答案：C**　**解析**　计算机辅助审计技术可以用于执行和完成某些审计程序和任务，包括

113

利用工具和技术来发现和评估系统漏洞。在这个题目中，小张为了证明漏洞的存在并评估其影响，应该使用计算机辅助审计技术。风险评估技术主要用于识别、分析和评价风险，但不直接用于发现和评估系统漏洞；审计抽样技术主要用于从审计对象总体中选取样本进行测试，不适用于直接发现和评估系统漏洞；大数据审计技术主要用于处理和分析大量数据，与本题中的情况无直接关联。

（7）**答案：B 解析** 调查法可以通过收集和分析数据、文件和记录等方式来收集证据并证明问题所在。在这个题目中，审计人员发现系统存在数据泄露的风险，应该使用调查法来收集证据并证明这一点。访谈法虽然也可以用于收集信息，但通常不如调查法直接和有效；程序代码检查法主要用于检查程序代码的正确性和安全性，但不一定能够直接发现数据泄露的风险；观察法主要用于观察系统的运行和操作，不适用于收集数据泄露风险的证据。

（8）**答案：B 解析** 访谈系统用户可以直接了解系统的使用情况、存在的问题和改进的建议。在这个题目中，审计人员发现生产管理系统存在效率低下的问题，应该首先访谈系统用户以获取更详细的信息和意见。分析系统日志虽然可以提供一些系统运行的信息，但不一定能够直接找出效率低下的原因；检查系统硬件配置和评估系统安全性与效率低下问题无直接关联。

（9）**答案：A 解析** 系统日志文件可以记录系统的运行情况、错误信息和安全事件等，是证明系统存在问题和评估其影响程度的重要证据。在这个题目中，小李发现系统存在安全配置不当的问题，应该使用系统日志文件来证明这一发现并评估其影响程度。用户访谈记录虽然也可以提供一些信息，但通常不如系统日志文件直接和可靠；系统操作手册和系统开发文档与本题中的情况无直接关联。

（10）**答案：B 解析** 风险评估技术可以用于识别、分析和评价风险，包括评估安全漏洞的严重程度和提出相应的风险应对策略。在这个题目中，审计人员发现系统存在潜在的安全漏洞，应该使用风险评估技术来评估其严重程度并提出相应的风险应对策略。审计抽样技术主要用于从审计对象总体中选取样本进行测试，不适用于直接评估安全漏洞的严重程度；计算机辅助审计技术虽然可以用于执行和完成某些审计程序和任务，但不一定能够直接评估安全漏洞的严重程度；大数据审计技术主要用于处理和分析大量数据，与本题中的情况无直接关联。

第12章 信息系统服务管理

12.1 服务战略规划

- 某公司计划升级其信息系统服务，首先需要明确服务范围和内容，这通常通过___(1)___来实现。
  - (1) A. 服务级别设计 B. 服务目录管理
  - C. 服务需求识别 D. 服务运营监控
- 一家餐厅想要制定一份类似于"菜单"的服务清单，以便顾客了解可提供的菜品和服务，这类似于信息系统服务中的___(2)___。
  - (2) A. 服务级别协议签订 B. 服务目录管理
  - C. 运营级别协议制定 D. 支持合同签订
- 某企业希望确保其信息系统在遭遇故障时能够迅速恢复，这属于___(3)___。
  - (3) A. 可用性需求 B. 连续性需求
  - C. 服务能力需求 D. 信息安全需求
- 一家电商公司希望了解其信息系统在特定时间段内的停机时间，以便评估其对业务的影响，这涉及___(4)___。
  - (4) A. 平均无故障时间（MTBF） B. 平均故障修复时间（MTTR）
  - C. 平均故障间隔（MTBSI） D. 系统响应时间
- 某医院的信息系统需要确保患者数据的机密性和完整性，这属于___(5)___。
  - (5) A. 可用性需求 B. 连续性需求
  - C. 信息安全需求 D. 服务能力需求
- 一家物流公司想要评估其信息系统在特定服务级别下的成本，这通常涉及___(6)___。
  - (6) A. 服务级别协议（SLA） B. 运营级别协议（OLA）
  - C. 支持合同 D. 项目计划书

- 某银行的信息系统在遭遇黑客攻击后,需要迅速恢复服务,这通常依赖于___(7)___。
  - (7) A. 服务级别协议(SLA) B. 运营级别协议(OLA)
    C. 支持合同 D. 灾难恢复计划
- 一家IT服务公司想要确保其服务能够按照与客户商定的级别进行交付,这通常通过___(8)___来记录。
  - (8) A. 服务级别协议(SLA) B. 运营级别协议(OLA)
    C. 支持合同 D. 服务需求报告
- 某企业在签订信息系统服务合同时,希望明确双方在服务实施过程中的权利和义务,这通常涉及___(9)___。
  - (9) A. 服务级别协议(SLA) B. 运营级别协议(OLA)
    C. 支持合同 D. 项目计划书
- 一家电信公司想要评估其网络服务的稳定性和可靠性,这通常依赖于___(10)___。
  - (10) A. 系统响应时间 B. 平均无故障时间(MTBF)
    C. 平均故障修复时间(MTTR) D. 网络带宽

答案及解析

(1) **答案:B** **解析** 服务目录管理定义了服务供方所提供服务的全部种类和目标,以确保客户可以准确地看到服务供方可提供的服务范围、内容及相关细节。这是明确服务范围和内容的关键活动。服务级别设计是在确认服务需求后进行的;服务需求识别是识别客户对服务的具体需求;服务运营监控是在服务实施后进行的活动。

(2) **答案:B** **解析** 服务目录管理在信息系统服务中类似于餐厅的"菜单",它定义了服务供方所提供服务的全部种类和目标。服务级别协议是在确认服务级别需求后签订的;运营级别协议是与内部信息服务部门签订的后台协议;支持合同是服务供需双方签订的正式合同。

(3) **答案:B** **解析** 连续性需求识别关注的是信息系统在面对潜在威胁时的恢复能力。可用性需求关注的是服务的正常运行时间和故障修复时间;服务能力需求关注的是服务供方满足客户需求的能力;信息安全需求关注的是信息的保密性、完整性和可用性。

(4) **答案:A** **解析** 平均无故障时间(MTBF)是指系统两次故障之间的平均时间,它可以帮助公司了解其信息系统的稳定性和可靠性。平均故障修复时间(MTTR)是指从系统故障发生到故障修复的平均时间;平均故障间隔(MTBSI)通常不是直接用于评估停机时间的指标;系统响应时间是指系统对用户请求的响应速度。

(5) **答案:C** **解析** 信息安全需求识别关注的是信息的保密性、完整性和可用性。在这个题目中,医院需要确保患者数据的机密性和完整性,这属于信息安全需求。可用性需求关注的是服务的正常运行;连续性需求关注的是系统的恢复能力;服务能力需求关注的是服务供方满足客户需求的能力。

（6）**答案：A**　**解析**　服务级别协议（SLA）是在一定成本控制下，为保障服务的性能和可靠性，服务供方与客户间定义的一种双方认可的协定。它通常包括服务的成本估算。运营级别协议（OLA）是与内部信息服务部门签订的后台协议；支持合同是服务供需双方签订的正式合同，但通常不包括详细的成本估算；项目计划书是项目启动前的规划文档。

（7）**答案：B**　**解析**　运营级别协议（OLA）定义了内部信息服务部门在信息系统服务中断时的恢复责任和目标。在这个题目中，银行的信息系统在遭遇黑客攻击后需要迅速恢复服务，这通常依赖于 OLA 中定义的恢复流程和目标。服务级别协议（SLA）主要关注服务的性能和可靠性；支持合同是服务供需双方签订的正式合同；灾难恢复计划虽然也涉及恢复服务，但它更侧重于整个组织的灾难恢复策略。

（8）**答案：A**　**解析**　服务级别协议（SLA）是在一定的成本控制下，为保障服务的性能和可靠性，服务供方与客户间定义的一种双方认可的协定。它记录了服务供方与客户就服务的质量、性能等方面所达成的共同认可的级别要求。运营级别协议（OLA）是与内部信息服务部门签订的后台协议；支持合同是服务供需双方签订的正式合同；服务需求报告是记录客户需求和服务需求的文档。

（9）**答案：C**　**解析**　支持合同是指服务供需双方签订的有关服务实施的正式合同，它明确了双方在服务实施过程中的权利和义务。服务级别协议（SLA）主要关注服务的性能和可靠性；运营级别协议（OLA）是与内部信息服务部门签订的后台协议；项目计划书是项目启动前的规划文档。

（10）**答案：B**　**解析**　平均无故障时间（MTBF）是衡量系统稳定性的重要指标，它表示系统两次故障之间的平均时间。在这个题目中，电信公司想要评估其网络服务的稳定性和可靠性，可以依赖于 MTBF 指标。系统响应时间虽然也反映了系统的性能，但它更侧重于用户请求的响应速度；平均故障修复时间（MTTR）是衡量系统恢复能力的重要指标；网络带宽反映了网络的传输能力，但与服务的稳定性和可靠性关系不大。

12.2　服务设计实现

- 某公司决定为其客户提供远程技术支持服务，这种服务属于＿＿（1）＿＿模式。

    （1）A．远程服务　　　　　　　　B．现场服务
    　　　C．自助服务　　　　　　　　D．驻场服务

- 一家 IT 服务提供商在设计服务方案时，需要为技术人员设置不同的岗位和职责。以下＿＿（2）＿＿主要负责服务需求的管理。

    （2）A．主机工程师　　　　　　　B．服务项目经理
    　　　C．数据库工程师　　　　　　D．操作岗

- 某企业在设计信息系统服务方案时，考虑到需要为客户提供统一的联系点，以便处理服务请求。以下＿＿（3）＿＿符合这一需求。

    （3）A．监控类工具　　　　　　　B．服务台
    　　　C．备件库　　　　　　　　　D．知识库

- 一家IT服务提供商在设计服务方案时，为了确保技术人员能够掌握最新的技术和知识，需要进行培训。以下＿＿（4）＿＿属于培训实施过程设计。

　　（4）A．调查了解培训课程需求　　　　B．制订培训计划

　　　　C．设计培训内容　　　　　　　　D．评价培训效果

- 某公司在设计信息系统服务方案时，考虑到需要建立一套有效的知识管理机制，以便员工能够方便地获取和共享知识。以下＿＿（5）＿＿符合这一需求。

　　（5）A．服务工具　　　B．服务台　　　C．备件库　　　D．知识库

- 一家银行在设计信息系统服务方案时，为了确保信息系统的安全稳定运行，需要进行技术研发。以下＿＿（6）＿＿属于技术研发的范畴。

　　（6）A．制订应急预案　　　　　　　　B．制订监控指标及阈值表

　　　　C．编制技术研发预算　　　　　　D．完成知识转移

- 某企业在设计信息系统服务方案时，为了及时发现和解决问题，需要建立一套有效的事件管理机制。以下＿＿（7）＿＿属于事件管理过程设计。

　　（7）A．建立配置数据库管理机制　　　B．确定事件分类分级机制

　　　　C．设计发布计划　　　　　　　　D．建立信息安全策略

- 一家电信公司在设计信息系统服务方案时，为了评估服务的质量和改进服务，需要建立一套有效的服务级别管理机制。以下＿＿（8）＿＿属于服务级别管理过程设计。

　　（8）A．建立服务报告模板　　　　　　B．建立配置项审计机制

　　　　C．制订仿真测试环境建设计划　　D．签订服务级别协议

- 某医院在设计信息系统服务方案时，为了确保信息系统的配置信息准确完整，需要建立一套有效的配置管理机制。以下＿＿（9）＿＿属于配置管理过程设计。

　　（9）A．制订发布计划　　　　　　　　B．建立配置数据库管理机制

　　　　C．设计应急预案　　　　　　　　D．制订信息安全策略

- 一家软件公司在设计信息系统服务方案时，为了确保信息系统的安全，需要进行信息安全管理。以下＿＿（10）＿＿属于信息安全管理过程设计。

　　（10）A．建立服务级别协议　　　　　　B．制订监控指标及阈值表

　　　　 C．识别信息安全风险　　　　　　D．设计应急预案

答案及解析

　　（1）**答案：A**　**解析**　远程服务是信息系统服务模式的一种，包括远程集中监控和远程技术支持。在这个题目中，公司决定为客户提供远程技术支持服务，因此属于远程服务。现场服务包括上门技术支持和驻场技术支持；自助服务通常指客户自行通过网站、App等工具获取服务；驻场服务是服务提供商派遣技术人员到客户现场提供服务。

　　（2）**答案：B**　**解析**　服务团队应包括管理岗、技术支持岗、操作岗等主要岗位。其中，管

理岗包括服务总监、服务项目经理、质量经理等,他们主要负责服务需求的管理和对信息系统服务过程和结果的管理。在这个题目中,服务项目经理是主要负责服务需求管理的岗位。主机工程师、数据库工程师都属于技术支持岗,主要负责技术支持工作;操作岗则按照信息系统服务规范和操作手册执行服务交付的各个过程。

(3) **答案:B** **解析** 服务台是信息系统服务方案中的一个重要设计元素,它为用户和服务供方提供统一的联系点,负责处理服务请求。在这个题目中,企业需要为客户提供统一的联系点处理服务请求。监控类工具主要用于监控信息系统的运行状态;备件库用于存储备件以支持服务;知识库用于存储和管理知识信息。

(4) **答案:B** **解析** 培训实施过程设计包括制订培训计划、确定培训形式、规范培训纪律等活动。在这个题目中,制订培训计划是培训实施过程设计的一个重要环节。调查了解培训课程需求属于培训需求分析,是培训方案设计的前期工作;设计培训内容也是培训方案设计的一部分,但不是培训实施过程设计的核心活动;评价培训效果是培训后的评估活动,不属于培训实施过程设计。

(5) **答案:D** **解析** 知识库是信息系统服务方案中的一个重要设计元素,它用于存储和管理知识信息,确保员工能够方便地获取和共享知识。在这个题目中,公司需要建立一套有效的知识管理机制。服务工具主要用于支持服务的实施和管理;服务台用于处理服务请求和提供客户支持;备件库用于存储备件以支持服务。

(6) **答案:C** **解析** 技术研发是信息系统服务方案中的一个重要环节,它涉及新技术的研发和应用。在这个题目中,编制技术研发预算是技术研发的一个重要活动,它有助于控制研发成本并确保项目的顺利进行。制订应急预案属于解决问题的技术范畴,用于应对可能发生的突发事件;制订监控指标及阈值表属于发现问题的技术范畴,用于及时发现和处理问题;完成知识转移是技术转移和知识管理的一部分,不属于技术研发的范畴。

(7) **答案:B** **解析** 事件管理过程是信息系统服务方案中的一个重要环节,它涉及事件的受理、分类分级、初步支持、调查诊断与解决等活动。在这个题目中,确定事件分类分级机制是事件管理过程设计的一个重要活动,它有助于对事件进行快速分类和处理。建立配置数据库管理机制属于配置管理过程的范畴;设计发布计划属于发布管理过程的范畴;建立信息安全策略属于信息安全管理过程的范畴。

(8) **答案:D** **解析** 服务级别管理是信息系统服务方案中的一个重要环节,它涉及服务目录的建立、服务级别协议的签订、SLA 考核评估机制的建立等活动。在这个题目中,签订服务级别协议是服务级别管理过程设计的一个重要活动,它有助于明确服务的质量标准和责任义务。建立服务报告模板属于服务报告管理过程的范畴;建立配置项审计机制属于配置管理过程的范畴;制订仿真测试环境建设计划属于发现问题的技术范畴。

(9) **答案:B** **解析** 配置管理是信息系统服务方案中的一个重要环节,它涉及配置的识别、记录、更新和审计等活动。在这个题目中,建立配置数据库管理机制是配置管理过程设计的一个重要活动,它有助于确保配置信息的准确性和完整性。制订发布计划属于发布管理过程的范畴;设计应急预案属于解决问题的技术范畴;制订信息安全策略属于信息安全管理过程的范畴。

（10）**答案：C 解析** 信息安全管理是信息系统服务方案中的一个重要环节，它涉及信息安全风险的识别、评估、处置和改进等活动。在这个题目中，识别信息安全风险是信息安全管理过程设计的一个重要活动，它有助于及时发现和处理潜在的信息安全风险。建立服务级别协议属于服务级别管理过程的范畴；制订监控指标及阈值表属于发现问题的技术范畴；设计应急预案虽然也属于信息安全管理的范畴，但它更侧重于应对突发事件的技术准备和应对措施的制订，而不是信息安全风险的识别和管理。

12.3 服务运营提升

- 小王是一家 IT 公司的客户经理，他定期与客户进行沟通，收集反馈并提供增值服务。这种行为属于___(1)___。
  - （1）A. 供应商关系管理　　　　　　　B. 客户关系管理
  　　　C. 第三方关系管理　　　　　　　D. 服务成本度量
- 某公司在选择信息系统服务供应商时，重点考察了供应商的注册资本、人员规模和技术能力。这一行为属于___(2)___。
  - （2）A. 供应商审核及管理　　　　　　B. 供应商间的协调
  　　　C. 供应商的选择/推荐　　　　　D. 争议处理
- 一家 IT 服务公司为了提高客户满意度，定期为客户提供技术培训和咨询服务。这种增值服务的选择应遵循的原则不包括___(3)___。
  - （3）A. 不能影响现有协议约定的服务内容
  　　　B. 增值服务投入在可接受的范围内
  　　　C. 增值服务必须立即产生经济效益
  　　　D. 增值服务贴合客户需要
- 在信息系统服务项目中，项目组成员因项目需要在异地出差所产生的费用应计入___(4)___。
  - （4）A. 直接人力成本　　　　　　　　B. 直接非人力成本
  　　　C. 间接人力成本　　　　　　　　D. 间接非人力成本
- 一家企业为了优化信息系统服务成本，对服务工作进行了任务分解，并对每项任务进行了工作量估算。这种方法属于___(5)___。
  - （5）A. 经验法　　　　　　　　　　　B. 功能点方法
  　　　C. 调整因子法　　　　　　　　　D. 预算法
- 某 IT 公司首先识别了项目的预算收入项和开支项，然后划分了项目执行阶段，最后形成了预算表。这一过程属于___(6)___。
  - （6）A. 项目核算　　　　　　　　　　B. 项目结算
  　　　C. 项目预算制订　　　　　　　　D. 项目收益衡量

- 一家企业为了提高服务效率，将部分非核心业务外包给专业服务商。这种做法的好处不包括＿＿（7）＿＿。

    （7）A．提升满意度　　　　　　　　B．专注于主营业务
    　　　C．管理简单　　　　　　　　　D．增加业务复杂性

- 某IT公司在服务营销过程中，通过高层领导访谈和信息化建设现状梳理来收集客户需求。这一过程属于＿＿（8）＿＿。

    （8）A．营销准备阶段　　　　　　　B．调研交流阶段
    　　　C．能力展示阶段　　　　　　　D．服务达成阶段

- 在信息系统服务项目中，办公场地的公用会议室租费应计入＿＿（9）＿＿。

    （9）A．直接非人力成本　　　　　　B．间接非人力成本
    　　　C．直接人力成本　　　　　　　D．间接人力成本

- 某企业为了评估信息系统的服务效益，计算了项目的投入产出比。这一指标属于＿＿（10）＿＿。

    （10）A．服务成本度量　　　　　　　B．服务项目预算
    　　　　C．服务外包收益衡量　　　　　D．项目收益衡量

答案及解析

（1）**答案：B**　**解析**　小王的行为涉及定期与客户沟通并提供增值服务，这是客户关系管理的一部分。供应商关系管理主要关注与供应商的合作；第三方关系管理涉及与政府、资质认证单位等的沟通；服务成本度量则是关于服务成本的计算和控制。

（2）**答案：C**　**解析**　考察供应商的注册资本、人员规模和技术能力是选择供应商的过程中的关键步骤，属于供应商的选择/推荐阶段。供应商审核及管理是对已选择的供应商进行持续的管理和审核；供应商间的协调是处理供应商之间的关系；争议处理是解决与供应商之间的分歧。

（3）**答案：C**　**解析**　增值服务的选择应确保不影响现有协议约定的服务内容，增值服务的投入在可接受的范围内，且贴合客户需要。但增值服务并不要求立即产生经济效益，因为增值服务通常是超出协议约定内容之外的服务，旨在增强客户关系和满意度。

（4）**答案：B**　**解析**　项目组成员因项目需要在异地出差所产生的费用，如交通费、住宿费、差旅补贴等，属于直接非人力成本。直接人力成本主要包括人员劳动报酬、社保规费和福利等。间接人力成本和间接非人力成本则与特定项目无直接关系，而是分摊到整个组织或部门的费用。

（5）**答案：A**　**解析**　对服务工作进行任务分解并对每项任务进行工作量估算，是经验法的一种应用。功能点方法主要用于应用软件规模的度量；调整因子法用于根据服务要求、服务能力等因素调整成本估算；预算法则是制订项目预算的方法。

（6）**答案：C**　**解析**　识别项目预算收入项和开支项、划分项目执行阶段、形成预算表是项目预算制订的关键步骤。项目核算是在项目执行过程中记录和分析真实的收入和开支情况；项目结算是在项目结束后进行的总体核算；项目收益衡量则是评估项目经济效益的指标。

（7）答案：D　解析　将非核心业务外包给专业服务商可以提高服务效率，使企业能够专注于主营业务，管理更加简单，并可能提升客户满意度。然而，外包并不会增加业务复杂性，相反，它有助于简化业务流程和降低管理难度。

（8）答案：B　解析　高层领导访谈和信息化建设现状梳理是收集客户需求的关键步骤，属于服务营销过程中的调研交流阶段。营销准备阶段包括基础准备和知识准备；能力展示阶段涉及产品展示和持续沟通；服务达成阶段则包括达成服务协议和做好持续服务。

（9）答案：B　解析　办公场地的公用会议室租费是与达成项目目标相关，但不直接服务于特定项目的非人力费用，因此应计入间接非人力成本。直接非人力成本包括为特定项目所支出的非人力费用，如办公费、差旅费等。直接人力成本涵盖与员工劳动直接相关的所有现金及非现金支出，包括基本报酬、绩效激励、法定福利、额外补偿及离职成本等。间接人力成本是指企业在人力资源管理及运营过程中产生的、不直接归属于某个员工或特定岗位，但与员工整体活动相关的费用。

（10）答案：D　解析　投入产出比是衡量项目收益的重要指标之一，它反映了项目投入与产出之间的关系。服务成本度量是关于服务成本的计算和控制，服务项目预算是制订项目预算的过程，服务外包收益衡量则是评估外包服务带来的经济效益。因此，投入产出比属于项目收益衡量的范畴。

12.4　服务退役终止

- 在项目服务退役终止阶段，为确保数据的安全，需要对数据进行分类，并判别每类数据可能面临的风险等级。以下___(1)___不属于数据风险。

  （1）A．数据泄露　　　　　　　　B．数据篡改
  　　　C．数据备份　　　　　　　　D．非法访问

- 某公司在服务退役终止过程中，需要召开一系列会议。以下___(2)___不是该阶段必须召开的。

  （2）A．服务终止计划编制会议　　　B．年度财务报告会议
  　　　C．移交会议　　　　　　　　D．经验交流会

- 在移交会议中，以下___(3)___不属于移交的范围。

  （3）A．服务使用手册　　　　　　　B．服务维护技术文档
  　　　C．客户信息系统的源代码　　　D．服务问题解决方案

- 以下___(4)___不是服务退役终止阶段所面临的风险。

  （4）A．数据风险　　　　　　　　B．业务连续性风险
  　　　C．市场风险　　　　　　　　D．信息安全风险

- 在项目资源回收阶段，以下___(5)___不属于需要回收的资源。

  （5）A．项目计划文档　　　　　　　B．项目团队成员
  　　　C．项目所使用的办公设备　　　D．项目产生的知识产权

- 在服务退役终止阶段，为确保信息安全，需要协助客户加强信息安全监管，并签署___(6)___。

  （6）A．服务合同　　　　　　　　　B．保密协议

  　　　C．知识产权协议　　　　　　　D．数据使用协议

- 以下___(7)___不属于信息处置过程中需要处理的信息资产。

  （7）A．存储在网络服务器上的数据　B．打印出来的项目报告

  　　　C．项目团队成员的个人信息　　D．项目所使用的软件许可证

- 在服务退役终止阶段，以下___(8)___不属于沟通管理的内容。

  （8）A．编制服务终止计划　　　　　B．召开评审会议

  　　　C．回收项目资源　　　　　　　D．召开移交会议

- 某公司在服务退役终止过程中，需要对存储介质进行信息清除或销毁。以下___(9)___不属于存储介质清除或销毁的过程。

  （9）A．确定要清除或销毁的介质　　B．制订存储介质处理方案

  　　　C．对存储介质进行格式化　　　D．检查是否有残余信息

- 在服务项目经验总结报告中，___(10)___不是必须包含的。

  （10）A．项目背景和目标　　　　　　B．项目团队成员的个人简历

  　　　 C．项目成功或失败的原因分析　D．项目经验和教训总结

答案及解析

（1）**答案：C** **解析** 数据备份是数据保护的一种措施，不属于数据风险。数据风险主要包括数据泄露、数据篡改、数据滥用、违规传输和非法访问等。

（2）**答案：B** **解析** 年度财务报告会议通常与公司的年度财务状况相关，不属于服务退役终止阶段的必需会议。服务退役终止阶段需要召开的会议包括服务终止计划编制会议、服务终止计划评审会议、移交会议和经验交流会等。

（3）**答案：C** **解析** 客户信息系统的源代码通常属于客户的商业秘密，除非合同中有明确规定，否则不属于移交的范围。服务使用手册、服务维护技术文档和服务问题解决方案等属于移交的文件信息和知识范围。

（4）**答案：C** **解析** 市场风险通常与项目的市场环境、竞争态势等相关，不属于服务退役终止阶段所面临的风险。服务退役终止阶段所面临的风险主要包括数据风险、业务连续性风险、法律法规风险和信息安全风险等。

（5）**答案：D** **解析** 项目产生的知识产权通常属于项目成果的一部分，可能需要根据合同约定进行移交或处理，但不属于资源回收的范围。资源回收主要包括文件归档、财务、人力、基础设施等资源的回收与确认工作。

（6）**答案：B** **解析** 在服务退役终止阶段，由于服务人员可能接触到客户的敏感信息，因

此需要签署保密协议以确保信息安全。服务合同、知识产权协议和数据使用协议虽然也与项目相关，但不一定直接涉及信息安全问题。

（7）**答案：C 解析** 项目团队成员的个人信息通常属于个人隐私范畴，不属于信息处置过程中需要处理的信息资产。信息处置主要关注所有权不同的信息资产的转移或清除，以确保供需双方信息资产的安全。

（8）**答案：C 解析** 回收项目资源属于资源回收阶段的工作，不属于沟通管理的内容。沟通管理主要包括编制服务终止计划、召开评审会议、召开移交会议和经验交流会等。

（9）**答案：C 解析** 虽然格式化是清除存储介质信息的一种方法，但在此处的选项中，它过于具体，没有涵盖存储介质清除或销毁的整个过程的全面性。存储介质清除或销毁的过程包括确定要清除或销毁的介质、制订存储介质处理方案、严格按照处理方案进行清除或销毁、监督处理过程中的风险、记录处理过程以及检查是否有残余信息等。

（10）**答案：B 解析** 服务项目经验总结报告是对服务项目成功或失败的总结性文件，通常包括项目背景和目标、项目成功或失败的原因分析、项目经验和教训总结等内容。项目团队成员的个人简历通常不属于经验总结报告的内容范畴。

12.5 持续改进与监督

- 某IT服务公司为了提升服务质量，决定对服务过程进行全面测量。以下___（1）___不属于服务过程测量的内容。
  （1）A. 服务级别分析　　　　　　　B. 客户满意度调查
  　　 C. 事件统计分析　　　　　　　D. 配置统计分析
- 在持续改进与监督阶段，服务风险管理的主要目的是___（2）___。
  （2）A. 消除所有服务风险　　　　　B. 识别并有效应对服务风险
  　　 C. 提高服务利润　　　　　　　D. 优化服务流程
- 某企业在进行服务测量时，发现服务台的接听率较低。以下___（3）___措施不能有效提高接听率。
  （3）A. 增加服务台人员数量　　　　B. 优化服务台工作流程
  　　 C. 降低客户对服务台的需求　　D. 提升服务台人员的专业技能
- 服务质量管理的核心活动不包括___（4）___。
  （4）A. 用户满意度管理　　　　　　B. 项目质量保证
  　　 C. 服务级别协议制订　　　　　D. 质量文化和质量教育
- 某IT运维团队在进行服务回顾时，发现某个月份的备件库备件命中率较低。以下___（5）___不能有效提高备件命中率。
  （5）A. 加强备件库存管理　　　　　B. 提高备件采购质量
  　　 C. 优化备件使用流程　　　　　D. 增加备件种类和数量

- 以下___(6)___不属于服务改进设计的活动内容。
  - (6) A. 定义服务改进目标　　　　　　B. 识别服务改进输入
  　　　C. 评估服务改进成本　　　　　　D. 确认服务改进职责
- 某企业在实施服务改进时，发现服务人员的技能水平有待提高。以下___(7)___不能有效提升服务人员技能。
  - (7) A. 定期组织技能培训　　　　　　B. 引入外部专家进行指导
  　　　C. 降低服务人员工作压力　　　　D. 建立技能考核机制
- 以下___(8)___不是信息技术服务质量评价指标体系的特性。
  - (8) A. 安全性　　　B. 可靠性　　　C. 高效性　　　D. 友好性
- 某企业在进行服务质量检查时，发现客户满意度较低。以下___(9)___不能有效提高客户满意度。
  - (9) A. 改进服务流程　　　　　　　　B. 提高服务质量
  　　　C. 增加服务费用　　　　　　　　D. 加强与客户沟通
- 以下___(10)___不属于服务改进验证的内容。
  - (10) A. 检查服务改进项目的完成情况　B. 提交服务改进报告
  　　　 C. 评估服务改进项目的经济效益　D. 对未达标的项目进行原因分析

答案及解析

（1）**答案：B**　**解析**　客户满意度调查属于服务质量管理的活动，而不是服务过程测量的内容。服务过程测量主要覆盖服务管控和服务执行两个层次，包括服务级别分析、事件统计分析、问题统计分析、变更与发布统计分析和配置统计分析等。

（2）**答案：B**　**解析**　服务风险管理的主要目的是通过风险识别、风险分析和风险评估，提供一个有效的应对计划，并合理地使用回避、减少、分散或转移等方法，对风险实行有效的控制，妥善地处理风险造成的不利后果。消除所有服务风险是不现实的，因为风险是客观存在的；提高服务利润和优化服务流程虽然也是服务管理的目标，但不是服务风险管理的主要目的。

（3）**答案：C**　**解析**　降低客户对服务台的需求并不是提高接听率的直接方法，而且可能不符合客户的实际需求。增加服务台人员数量、优化服务台工作流程和提升服务台人员的专业技能都是有效提高接听率的措施。

（4）**答案：C**　**解析**　服务级别协议制订是服务级别管理的内容，而不是服务质量管理的核心活动。服务质量管理的核心活动包括用户满意度管理、项目质量保证、客户投诉管理、日常检查、质量文化和质量教育等。

（5）**答案：D**　**解析**　虽然增加备件种类和数量可能在一定程度上提高备件的可用性，但并不能直接提高备件命中率。备件命中率是指备件库中可用的备件能够满足维修需求的比例。加强备件库存管理、提高备件采购质量和优化备件使用流程都是有效提高备件命中率的措施。

（6）**答案：C**　**解析**　评估服务改进成本虽然是服务改进过程中需要考虑的因素之一，但并不属于服务改进设计的活动内容。服务改进设计的活动包括定义服务改进目标、识别服务改进输入、制订服务改进计划和确认服务改进职责等。

（7）**答案：C 解析** 降低服务人员工作压力虽然有助于提升员工的工作满意度和幸福感，但并不能直接提升服务人员的技能水平。定期组织技能培训、引入外部专家进行指导和建立技能考核机制都是有效提升服务人员技能的措施。

（8）**答案：C 解析** 高效性不是信息技术服务质量评价指标体系的特性之一。根据《信息技术服务 质量评价指标体系》（GB/T 33850—2017），信息技术服务质量模型包括安全性、可靠性、响应性、有形性和友好性五个特性。

（9）**答案：C 解析** 增加服务费用并不能直接提高客户满意度，反而可能增加客户的负担。改进服务流程、提高服务质量和加强与客户沟通都是有效提高客户满意度的措施。

（10）**答案：C 解析** 评估服务改进项目的经济效益虽然是服务改进过程中需要考虑的因素之一，但并不属于服务改进验证的内容。服务改进验证包括检查服务改进项目的完成情况、提交服务改进报告和对未达标的项目进行原因分析等。

第13章 人员管理

13.1 人力资源管理基础

- 某公司为了提升团队效率,决定对人力资源进行全面优化。在招聘新员工时,公司最应关注的是___(1)___。
  - (1) A. 员工的家庭背景　　　　　　B. 员工的专业技能和工作经验
  　　　C. 员工的兴趣爱好　　　　　　D. 员工的政治面貌
- 在人力资源管理中,为了留住优秀员工并淘汰表现不佳的员工,企业应采取的措施是___(2)___。
  - (2) A. 实行全员加薪　　　　　　　B. 建立科学的绩效评价体系
  　　　C. 减少员工培训投入　　　　　D. 延长员工工作时间
- 某初创企业为了快速发展,需要迅速组建一支高效的团队。在人力资源管理方面,该企业应首先进行的是___(3)___。
  - (3) A. 员工培训　　　　　　　　　B. 招聘与选择
  　　　C. 绩效评价　　　　　　　　　D. 薪酬福利设计
- 在人力资源管理中,广义的目标是通过充分利用组织中的人员,使组织的___(4)___。
  - (4) A. 利润最大化　　　　　　　　B. 工作效率水平达到最高
  　　　C. 员工满意度提升　　　　　　D. 企业文化更加完善
- 某公司在人力资源管理方面,希望通过一系列措施来帮助各团队负责人更加有效地管理团队成员。这符合人力资源管理的___(5)___。
  - (5) A. 广义目标　　　　　　　　　B. 狭义目标
  　　　C. 中期目标　　　　　　　　　D. 长期目标

答案及解析

（1）**答案：B** 解析 公司招聘新员工时，最应关注的是员工的专业技能和工作经验，以确保新员工能够迅速适应岗位需求，为组织带来价值。家庭背景、兴趣爱好和政治面貌虽然可能对员工有一定影响，但并不是招聘时的主要考量因素。

（2）**答案：B** 解析 为了留住优秀员工并淘汰表现不佳的员工，企业应建立科学的绩效评价体系，通过客观、公正的评估来区分员工的表现，从而采取相应的激励或淘汰措施。全员加薪、减少员工培训投入和延长员工工作时间并不能直接实现这一目标。

（3）**答案：B** 解析 对于初创企业来说，迅速组建一支高效的团队是至关重要的。在人力资源管理方面，企业应首先进行招聘与选择，以获得最符合组织需要的员工。员工培训、绩效评价和薪酬福利设计虽然也是人力资源管理的重要组成部分，但在团队组建初期，招聘与选择是更为紧迫的任务。

（4）**答案：B** 解析 人力资源管理的广义目标是充分利用组织中的人员，使组织的各项工作效率水平达到最高。利润最大化、员工满意度提升和企业文化更加完善虽然也是组织发展的重要目标，但并不是人力资源管理的广义目标。

（5）**答案：B** 解析 人力资源管理有广义和狭义之分。广义的目标是充分利用组织中的人员使组织的各项工作效率水平达到最高；狭义的目标则是帮助各团队负责人更加有效地管理团队成员。中期目标和长期目标并不是人力资源管理的标准分类。

13.2 工作分析与岗位设计

- 某公司在招聘新员工时，希望明确新员工的岗位职责和所需技能，以便进行针对性的招聘。这一需求最符合人力资源管理中的___（1）___环节。

    （1）A．工作分析　　　　　　　　　B．员工培训
    　　 C．绩效评价　　　　　　　　　D．薪酬管理

- 在收集工作分析信息时，___（2）___能够迅速得到大量信息，且适用于对很多工作者进行调查的情况。

    （2）A．工作实践法　　　　　　　　B．面谈法
    　　 C．问卷法　　　　　　　　　　D．典型事例法

- 一家咨询公司为了提升员工的工作满意度和绩效，决定采用一种工作设计方法，该方法强调工作与数据、人和事的关系，并据此对各项工作进行评估。这种方法是___（3）___。

    （3）A．科学管理方法　　　　　　　B．人际关系方法
    　　 C．工作特征模型　　　　　　　D．功能性工作分析法

- 在进行工作分析时，某公司决定通过直接观察员工的工作过程来收集信息。这种方法可能存在的局限性是___(4)___。

  (4) A．无法准确了解员工的心理需求

  B．适用于所有类型的工作

  C．能够全面深入地了解工作要求

  D．易于受到员工主观因素的影响

- 一家软件开发公司为了优化其软件开发流程，决定对软件工程师的岗位进行深入分析。在选择工作分析方法时，___(5)___最适合用于揭示软件工程师在日常工作中的具体活动和任务。

  (5) A．职位分析问卷法　　　　　　　B．典型事例法

  C．直接观察法　　　　　　　　D．面谈法

- 在进行岗位设计时，一家零售连锁店希望其店员能够更多地参与到店铺运营决策中，以提高员工的工作积极性和店铺的整体运营效率。这种设计思路最符合___(6)___。

  (6) A．科学管理方法　　　　　　　B．人际关系方法

  C．工作特征模型　　　　　　　D．高绩效工作体系

- 一家制造企业计划对其生产线上的操作工岗位进行重新设计，以提高工作效率和员工满意度。在设计过程中，企业最应该关注的是___(7)___。

  (7) A．工作的自主性　　　　　　　B．工作的薪酬水平

  C．工作的物理环境　　　　　　D．工作的具体内容

答案及解析

（1）**答案：A　解析**　工作分析是对组织分工和分工内容进行清晰的界定，明确所要完成的任务以及完成这些任务所需要的人的能力特征。本题中，公司希望明确新员工的岗位职责和所需技能，这正是工作分析的核心内容。员工培训侧重于提升员工技能；绩效评价关注员工的工作表现；薪酬管理涉及员工的薪酬制度和政策。

（2）**答案：C　解析**　问卷法能够迅速得到工作分析所需的信息，节省时间和人力，比其他方法费用低，速度快，且可以使样本量很大，适用于对很多工作者进行调查的情况。工作实践法适用于短期内可以掌握的工作，但不适用于危险或需要大量训练的工作；面谈法虽然适用面广，但可能因员工夸大其词而导致信息失真；典型事例法虽然能揭示工作的动态性质，但收集归纳典型事例需要耗费大量时间。

（3）**答案：D　解析**　功能性工作分析法依据的假设是每一项工作的功能都反映在它与数据、人和事三项要素的关系上，故可由此对各项工作进行评估。科学管理方法侧重于职能专业化；人际关系方法注重在枯燥的工作内容中增加管理成分，提高工作吸引力；工作特征模型则关注工作与核心维度的相似性或差异性。

（4）**答案：A　解析**　直接观察法虽然能够全面和比较深入地了解工作的要求，但它主要侧

重于对员工身体活动的观察，难以准确了解员工的心理需求。直接观察法不适用于对脑力劳动要求比较高的工作和处理紧急情况的间歇性工作；选项 C 虽然描述了直接观察法的一个优点，但并非本题所问；直接观察法相对客观，不易受到员工主观因素的影响。

（5）**答案：B　解析**　典型事例法通过收集并归纳工作者在工作中的具体活动，能够直接揭示工作的动态性质，非常适合用于描述软件工程师这类以脑力劳动为主、工作内容较为复杂的岗位。职位分析问卷法虽然适用性很强，但所需时间成本较高，且更侧重于对工作整体的评估而非具体活动；直接观察法适用于工作内容主要由身体活动完成的工作，对于软件工程师这类脑力劳动为主的工作不太适用；面谈法虽然适用面广，但可能受到员工主观因素的影响，导致信息失真。

（6）**答案：B　解析**　人际关系方法强调在按照传统科学管理方法设计出的工作内容中增加管理的成分，提高工作对员工的吸引力。本题中，零售连锁店希望店员更多地参与到店铺运营决策中，这正是在枯燥的销售工作中增加管理成分、提高员工参与度和积极性的体现。科学管理方法侧重于职能专业化，与本题需求不符；工作特征模型关注工作与核心维度的相似性或差异性，与本题情境关联不大；高绩效工作体系虽然也强调员工参与和团队协作，但更侧重于整体组织结构的优化和绩效提升，而非单一岗位的设计。

（7）**答案：A　解析**　在岗位设计中，工作的自主性是一个重要方面，它关系到员工对工作的控制程度和责任感，进而影响工作效率和员工满意度。对于生产线上的操作工来说，给予一定的自主性可以激发他们的工作积极性和创造性，从而提高工作效率。工作的薪酬水平虽然重要，但它是薪酬管理的内容，而非岗位设计的核心；工作的物理环境虽然会影响员工的工作体验，但并非岗位设计的首要关注点；工作的具体内容虽然重要，但岗位设计更侧重于对工作内容、职责和关系的整体优化，而非仅仅关注具体内容。

13.3　人力资源战略与计划

- 某科技公司计划在未来两年内快速扩张，为了确保有足够的人才支持公司的发展，公司决定进行人力资源需求预测。在预测过程中，以下___（1）___不是主要考虑的。

  （1）A．公司预期的业务增长量

  　　 B．员工离职率的预测

  　　 C．行业平均薪酬水平的变化

  　　 D．技术升级对人员需求的影响

- 一家连锁超市为了优化人力资源管理，决定采用人才盘点的方法来评估内部人才资源。在人才盘点的过程中，以下___（2）___不是必须的。

  （2）A．对所有岗位进行全面的岗位分析

  　　 B．组织与岗位盘点，明确关键岗位和人才需求

  　　 C．开展人才评价，识别高潜力员工

  　　 D．拟定人才盘点后的行动计划，如培训和晋升计划

- 某制造企业为了预测未来三年内技术工人的供给情况，决定采用转移矩阵法。以下___（3）___假设是该方法的基础。

  （3）A．技术工人的流动率在未来三年内保持不变

  　　 B．技术工人的技能水平在未来三年内将大幅提升

  　　 C．技术工人的供给完全依赖于外部招聘

  　　 D．技术工人的晋升完全基于工作年限

- 一家初创公司为了评估其人力资源计划的执行效果，决定进行比较分析。以下___（4）___比较不是人力资源计划评价的主要内容。

  （4）A．实际招聘人数与预测需求人数的比较

  　　 B．员工满意度调查结果与预期目标的比较

  　　 C．实际人力费用与预算的比较

  　　 D．行动计划的实际结果与预期结果的比较

- 一家医院为了应对未来五年内医生资源的短缺问题，决定进行人力资源供给预测。以下___（5）___最适合用于预测医生资源的内部供给。

  （5）A．回归分析方法　　　　　　　　B．转换比率分析法

  　　 C．管理人员置换图　　　　　　　D．人才盘点与技能清单

答案及解析

（1）**答案：C　解析**　人力资源需求预测主要关注组织内部对人力资源的直接需求及其影响因素。公司预期的业务增长量直接影响人力需求，因为业务增长往往伴随着人力需求的增加；员工离职率的预测也是重要考虑因素，因为离职率会影响组织内部人力资源的有效供给；技术升级对人员需求的影响同样重要，技术变化可能要求员工具备新的技能，从而影响人力需求。而行业平均薪酬水平的变化虽然会影响组织的薪酬竞争力，但它不是直接决定人力需求的主要因素，更多的是影响招聘和留任的间接因素。

（2）**答案：A　解析**　人才盘点的主要流程包括组织与岗位盘点、开展人才盘点以及拟定行动计划。组织与岗位盘点是人才盘点的第一步，旨在明确组织的关键岗位和人才需求；开展人才评价是人才盘点的核心，通过评价识别高潜力员工；拟定行动计划是人才盘点的后续步骤，旨在根据盘点结果制订相应的人才发展计划。而对所有岗位进行全面的岗位分析虽然是人力资源管理的重要工作，但它不是人才盘点流程中的必要步骤，人才盘点更侧重于对关键岗位和高潜力员工的评估。

（3）**答案：A　解析**　转移矩阵法（马尔可夫方法）基于一个核心假设：给定时期内从低一级向上一级或从某一职位转移到另一职位的人数是起始时刻总人数的一个固定比例，即转移率。这意味着在一定时期内，人员的流动率是相对稳定的。技术工人的流动率在未来三年内保持不变是转移矩阵法的基础假设；技术工人的技能水平的提升虽然重要，但它不是转移矩阵法的基础假设；技术工人的供给完全依赖于外部招聘与转移矩阵法的内部流动假设相悖；技术工人的晋升完全基于工

作年限也不符合转移矩阵法的原理，因为晋升可能基于多种因素，而不仅仅是工作年限。

（4）**答案：B 解析** 人力资源计划评价主要关注计划与现实之间的差距，以及这些差距对后续人力资源计划活动的影响。实际招聘人数与预测需求人数的比较是评价人力资源计划执行效果的重要指标；实际人力费用与预算的比较有助于组织控制成本；行动计划的实际结果与预期结果的比较能够反映计划的执行效率和效果。员工满意度调查结果与预期目标的比较虽然重要，但它更多关注的是员工体验和满意度，而不是人力资源计划的直接执行效果。员工满意度可能受到多种因素的影响，不一定与人力资源计划的执行效果直接相关。

（5）**答案：D 解析** 人才盘点与技能清单是预测组织内部人力资源供给的有效方法，它通过对组织内部现有员工的技能、能力和潜力进行全面评估，从而确定未来可用的人才资源。对于医院来说，医生资源是核心资源，通过人才盘点可以清晰地了解现有医生的技能水平和潜力，为未来的医生资源规划提供依据。回归分析方法主要用于预测人力需求，而非供给；转换比率分析法同样适用于需求预测，它根据关键员工的数量来预测辅助员工的数量；管理人员置换图主要用于预测管理人员的晋升和补充情况，不适用于医生资源的预测。

13.4 人员招聘与录用

- 某公司计划招聘 5 名软件开发工程师，人力资源部门制订了详细的招聘计划。以下＿＿（1）＿＿不属于招聘计划的内容。

（1）A．招聘的岗位和人员需求量

B．招聘信息发布的时间、方式、渠道

C．新员工的薪资结构和福利待遇

D．招聘结束时间与新员工到位时间

- 一家初创企业为了快速扩大团队，决定通过招聘广告来吸引人才。以下＿＿（2）＿＿不是招聘广告的优点。

（2）A．信息发布迅速，传达广泛　　　　B．成本相对较低

C．可同时发布多种岗位信息　　　　D．招聘过程完全自动化

- 某高校计划在秋季学期招聘一批新教师，最适合采用的招聘渠道是＿＿（3）＿＿。

（3）A．职业介绍机构　　　　　　　　　B．猎头组织

C．校园招聘　　　　　　　　　　　D．员工推荐

- 一家互联网公司为了测试应聘者的编程能力，决定采用工作样本法进行测试。以下＿＿（4）＿＿不是工作样本法的优点。

（4）A．测试内容与实际工作直接相关

B．受试者很难伪装自己的能力

C．测试不涉及受试者的心理状态

D．测试结果完全不受面试人员主观影响

- 某公司在招聘过程中，为了评估应聘者的综合素质，决定采用结构化面试。以下___(5)___不是结构化面试的特点。

    （5）A．面试问题结构化　　　　　　B．面试答案标准化
    　　　C．面试过程灵活多变　　　　　D．面试结果易于比较

- 一家制造企业在招聘生产线工人时，发现内部临时工储备不足，决定通过中介机构临时雇用。以下___(6)___不是临时性雇员的缺点。

    （6）A．增加招聘成本　　　　　　　B．增加培训成本
    　　　C．业务质量稳定性提高　　　　D．需要加强管理和激励

- 某公司在招聘过程中，为了评估应聘者的团队合作能力，决定采用无领导小组讨论的方式进行面试。以下___(7)___属于非结构化面试。

    （7）A．提前准备问题，按顺序提问
    　　　B．依据事先规划的问题提问，但允许自由讨论
    　　　C．面试人员完全任意地与应聘者讨论话题
    　　　D．应聘者根据问卷选择答案，面试人员评分

- 一家初创公司在招聘过程中，为了节省成本，决定采用网络招聘的方式。以下___(8)___不是网络招聘的优点。

    （8）A．招聘范围广　　　　　　　　B．招聘成本低
    　　　C．招聘效率高　　　　　　　　D．面试过程完全线上化

- 某公司在招聘结束后，为了评估招聘效果，决定从招聘周期、用人部门满意度、招聘成功率和招聘成本四个方面进行分析。以下___(9)___不属于这四个方面的评估内容。

    （9）A．招聘过程中花费的总费用
    　　　B．招聘岗位上岗人员的实际工作表现
    　　　C．完成招聘所需的时间长度
    　　　D．用人部门对新员工的满意度

- 一家IT公司在招聘软件开发工程师时，为了确保招聘到合适的人才，决定采用多种测试方法。以下___(10)___不属于常用的录用测试方法。

    （10）A．能力测试　　　　　　　　　B．操作与身体技能测试
    　　　　C．社交能力测试　　　　　　　D．工作样本法

答案及解析

（1）**答案：C　解析**　招聘计划的内容通常包括招聘的岗位、人员需求量、招聘信息发布的相关细节、招聘对象的来源与范围、招聘方法、测试实施部门、预算以及招聘结束时间和到位时间等。而新员工的薪资结构和福利待遇通常是在招聘后期，如录用阶段或入职时才会具体确定，不属于招聘计划制订阶段的内容。

（2）**答案：D** **解析** 招聘广告的优点包括信息发布迅速、成本低、能同时发布多种岗位信息以及操作灵活等。但招聘广告并不能实现招聘过程的完全自动化，它只是招聘流程中的一个环节，后续的筛选、面试、录用等环节仍需人工参与。

（3）**答案：C** **解析** 校园招聘是专门针对在校学生或即将毕业的学生进行的招聘活动，适合高校招聘新教师这样的岗位。职业介绍机构和猎头组织通常更侧重于社会招聘，针对有一定工作经验的求职者；员工推荐则更多地用于企业内部招聘或补充特定岗位。

（4）**答案：D** **解析** 工作样本法的优点包括测试内容与实际工作直接相关、受试者难以伪装、不涉及受试者的心理状态等。然而，尽管工作样本法相对客观，但测试结果仍然可能受到面试人员观察和打分的主观性影响。

（5）**答案：C** **解析** 结构化面试的特点是面试问题结构化、答案标准化、评分客观化，使得面试结果易于比较和评估。而面试过程灵活多变则是非结构化面试的特点，结构化面试通常要求按照预定的流程和问题进行。

（6）**答案：C** **解析** 临时性雇员的缺点包括增加招聘成本、培训成本、业务质量稳定性下降以及需要加强管理和激励等。而业务质量稳定性提高并不是临时性雇员的缺点，反而是企业希望避免的问题之一。

（7）**答案：C** **解析** 非结构化面试的特点是面试人员完全任意地与应聘者讨论各种话题，没有固定的流程和问题。提前准备问题，按顺序提问属于半结构化面试的一种方式；B选项虽然允许自由讨论，但仍然基于事先规划的问题；应聘者根据问卷选择答案，面试人员评分则是结构化面试。

（8）**答案：D** **解析** 网络招聘的优点包括招聘范围广、成本低、效率高以及信息更新快等。然而，网络招聘虽然可以简化招聘流程，但面试过程通常仍需线上线下结合进行，特别是对于需要深入了解应聘者能力和素质的岗位。

（9）**答案：B** **解析** 招聘效果评估通常从招聘周期、用人部门满意度、招聘成功率和招聘成本四个方面进行。而招聘岗位上岗人员的实际工作表现通常属于新员工入职后的绩效评估范畴，不属于招聘效果评估的内容。

（10）**答案：C** **解析** 常用的录用测试方法包括能力测试、操作与身体技能测试、人格与兴趣测试、成就测试、工作样本法、测谎器法、笔记判定法和体检等。而社交能力测试通常不是软件开发工程师岗位招聘时常用的测试方法。

13.5 人员培训

- 某公司新入职了一批员工，为了帮助他们快速融入公司文化并熟悉工作流程，公司决定开展入职培训。以下___(1)___不属于入职培训的主要目的。

（1）A．消除新员工的焦虑感　　　　　　B．提升新员工的工作技能
　　　C．促使新员工熟悉组织环境　　　　D．帮助新员工适应新形势

- 一家制造企业为了提升生产线的效率，决定对一线员工进行在职培训。然而，培训结束后，员工们的表现并未明显提升。以下___(2)___可能是导致这一结果的原因。

  (2) A．培训目标不明确　　　　　　　B．培训内容过于简单

  　　C．员工对培训内容不感兴趣　　　D．管理人员对培训不够重视

- 某公司在设计员工培训项目时，首先分析了公司的整体战略目标，然后确定了需要培训的员工群体，并设计了相应的培训课程。这一做法体现了员工培训基本步骤中的___(3)___。

  (3) A．评估培训需求　　　　　　　　B．设定培训目标

  　　C．设计培训项目　　　　　　　　D．培训的实施和评估

- 一家 IT 公司为了提升员工的技术能力，决定开展一系列的技术培训课程。在选择培训内容时，公司应该首先进行___(4)___。

  (4) A．组织分析　　　　　　　　　　B．绩效分析

  　　C．任务分析　　　　　　　　　　D．个人分析

- 某公司员工小张在参加完一次销售技巧培训后，表示对培训内容非常感兴趣，并且认为这次培训对他很有帮助。然而，在实际工作中，他并没有将所学到的技巧应用到销售过程中。以下___(5)___可能是导致这一结果的原因。

  (5) A．培训内容过于理论化

  　　B．小张缺乏实践机会

  　　C．小张对培训内容的理解不够深入

  　　D．小张的直接主管没有鼓励他应用新技巧

- 一家餐饮企业为了提升服务员的服务质量，决定对服务员进行在职培训。以下___(6)___不属于培训效果评估的内容。

  (6) A．服务员对培训项目的反应

  　　B．服务员对培训内容的掌握程度

  　　C．服务员在工作中是否应用了所学技巧

  　　D．服务员的个人成长和职业规划

- 某公司在评估员工培训需求时，发现员工在沟通协作方面存在不足。为了改善这一问题，公司决定开展一次团队协作培训。以下___(7)___不属于培训迁移的影响因素。

  (7) A．受训者的个人特征　　　　　　B．培训项目的设计质量

  　　C．公司的薪酬制度　　　　　　　D．员工的家庭背景

- 一家零售企业为了提升员工的销售技巧，决定开展一次销售技巧培训。在培训结束后，公司应该通过___(8)___评估培训效果。

  (8) A．通过问卷调查了解员工对培训的反应

  　　B．观察员工在实际工作中是否应用了所学技巧

  　　C．分析员工在培训前后的销售业绩变化

  　　D．以上都是

- 某公司在设计员工培训项目时，非常注重培训内容的实用性和针对性。以下做法___(9)___最符合这一要求。

  （9）A．根据公司的整体战略目标设计培训课程

  　　B．根据员工的个人兴趣和爱好设计培训课程

  　　C．根据员工在工作中遇到的实际问题设计培训课程

  　　D．根据行业内的最新趋势和动态设计培训课程

- 一家制造企业为了提升员工的生产效率，决定对生产线员工进行在职培训。为了促进培训迁移，公司应该___(10)___。

  （10）A．为员工提供丰富的实践机会　　B．设定明确的培训目标和奖励机制

  　　　C．鼓励员工之间互相学习和交流　　D．以上都是

答案及解析

（1）**答案：B** **解析** 入职培训的主要目的是帮助新员工消除进入新组织的焦虑感，熟悉组织环境，以及适应新形势。而提升新员工的工作技能通常是在职培训的主要目标。

（2）**答案：D** **解析** 虽然A、B、C选项都可能是影响培训效果的因素，但根据D选项中提到的"管理人员对培训不够重视"，这往往会导致培训目标不明确、培训内容设计不合理、员工参与度低等一系列问题。因此，D选项是最可能导致培训效果不佳的原因。同时，A选项也是非常重要的原因，因为目标不明确会直接影响培训的方向和效果。但在此题中，我们选择一个最可能的原因，故选择D。

（3）**答案：C** **解析** 虽然题干中涉及了评估培训需求（即分析公司整体战略目标以确定培训需求），但更直接体现的是设计培训项目这一步。因为确定了需要培训的员工群体并设计了相应的培训课程，是设计培训项目的核心内容。因此，C选项是最直接相关的答案。然而，需要注意的是，在实际操作中，评估培训需求和设计培训项目是紧密相连的，评估需求是设计项目的前提。

（4）**答案：A** **解析** 在选择培训内容之前，公司应该首先进行组织分析，以确定组织范围内的培训需求，确保培训计划符合组织的整体目标与战略要求。然后才是绩效分析和任务分析，以考察员工目前的实际绩效与目标绩效之间是否存在偏离，并分析员工达到理想工作绩效所需掌握的技术和能力。

（5）**答案：D** **解析** 虽然A、B、C三项都可能是影响小张应用所学技巧的原因，但根据D选项中提到的"小张的直接主管没有鼓励他应用新技巧"，这直接影响了小张将所学技巧应用到实际工作中的积极性。因此，D选项是最可能导致这一结果的原因。

（6）**答案：D** **解析** 培训效果评估通常包括反应、学习效果、行为变化和培训效果四个方面。服务员对培训项目的反应、对培训内容的掌握程度以及在工作中是否应用了所学技巧都属于培训效果评估的内容。而服务员的个人成长和职业规划通常不属于培训效果评估的范畴，而是员工个人发展的内容。

（7）**答案：D 解析** 培训迁移的影响因素包括受训者的个人特征（如学习能力、动机等）、培训项目的设计质量（如内容的相关性、实用性等）以及工作环境特征（如直接主管的支持、任务线索、反馈结果、薪酬制度等）。而员工的家庭背景通常不属于培训迁移的影响因素。

（8）**答案：D 解析** 评估培训效果通常包括多个方面，如通过问卷调查了解员工对培训的反应（反应评估）、观察员工在实际工作中是否应用了所学技巧（行为变化评估）以及分析员工在培训前后的销售业绩变化（培训效果评估）。

（9）**答案：C 解析** 根据题干中提到的"注重培训内容的实用性和针对性"，最符合这一要求的做法是根据员工在工作中遇到的实际问题设计培训课程。这样可以确保培训内容与员工的工作需求紧密相关，提高培训的针对性和实用性。

（10）**答案：D 解析** 为了促进培训迁移，公司可以采取多种措施。为员工提供丰富的实践机会可以帮助员工将所学技能应用到实际工作中；设定明确的培训目标和奖励机制可以激发员工的学习动力和应用所学技能的积极性；鼓励员工之间互相学习和交流可以促进知识的共享和技能的提升。

13.6 组织绩效与薪酬管理

- 小王的公司每季度都会进行一次绩效评估，以了解员工的工作表现。这种评估属于绩效管理的＿＿（1）＿＿。
  - （1）A．绩效计划   B．绩效实施与监控
  - C．绩效考核   D．绩效反馈面谈
- 在绩效反馈面谈中，管理者通常会与员工讨论＿＿（2）＿＿。
  - （2）A．下一个季度的销售目标   B．员工在考核周期内的具体工作表现
  - C．公司的新产品发布计划   D．员工的个人兴趣爱好
- 以下＿＿（3）＿＿能够明确指出导致问题出现的行为。
  - （3）A．员工比较类评价法   B．关键事件法
  - C．行为锚定评价法   D．等级鉴定法
- 小李的公司为了激励员工，决定根据员工的绩效表现发放奖金。这种奖金属于薪酬体系中的＿＿（4）＿＿。
  - （4）A．基本薪酬   B．绩效加酬
  - C．激励报酬   D．延期支付
- 在薪酬体系设计中，以下＿＿（5）＿＿不属于间接报酬。
  - （5）A．医疗保险   B．病假
  - C．奖金   D．餐饮补助
- 以下＿＿（6）＿＿属于非量化评价的工作评价方法。
  - （6）A．点数法   B．因素比较法
  - C．工作排序法   D．海氏系统法

- 在薪酬等级结构中，以下___(7)___描述了相邻两级别之间薪酬区间的重叠程度。
  - (7) A. 薪酬等级数　　　　　　　　　　B. 薪酬级差
  - 　　 C. 薪酬幅度　　　　　　　　　　　D. 薪酬重叠情况
- 公司为了吸引和留住人才，决定提高整体薪酬水平。这种调整属于___(8)___的薪酬水平调整。
  - (8) A. 奖励性　　　　　　　　　　　　B. 生活指数性
  - 　　 C. 年资性　　　　　　　　　　　　D. 主动型
- 在绩效改进过程中，以下___(9)___不是必要的步骤。
  - (9) A. 确认绩效不足和差距　　　　　　B. 查明产生的原因
  - 　　 C. 制订改进计划　　　　　　　　　D. 评估员工的个人兴趣爱好
- 以下___(10)___方法涉及调整固定薪酬和变动薪酬的比例。
  - (10) A. 增加薪酬等级调整　　　　　　 B. 调整薪酬幅度
  - 　　　C. 横向的薪酬构成调整　　　　　 D. 薪酬级差调整

答案及解析

（1）**答案：C** 解析　绩效考核是绩效管理系统中的一个重要环节，它涉及对员工在一定时期内的工作表现进行评价。小王的公司每季度进行的绩效评估正是绩效考核的体现。绩效计划是绩效管理的开始阶段，涉及设定绩效目标和计划；绩效实施与监控环节涉及在绩效周期内对员工的工作进行持续的跟踪和监控；绩效反馈面谈是绩效管理的最后一个环节，涉及与员工讨论绩效评估结果、制订改进计划等。

（2）**答案：B** 解析　绩效反馈面谈的主要目的是与员工讨论他们在考核周期内的具体工作表现，包括取得的进步和存在的问题。下一个季度的销售目标通常属于绩效计划的内容，而不是绩效反馈面谈的重点；公司的新产品发布计划是公司战略或运营计划的一部分，与绩效反馈面谈不直接相关；员工的个人兴趣爱好与工作绩效无关，通常不在绩效反馈面谈中讨论。

（3）**答案：C** 解析　行为锚定评价法通过详细描述员工在工作中表现出的具体行为，能够明确指出导致问题出现的行为，适合用来向员工提供建议、反馈和辅导。员工比较类评价法主要侧重于员工之间的比较，而不是具体行为的分析；关键事件法虽然关注员工在工作中的关键行为，但通常没有一个明确的结果，且无法在员工之间进行横向比较；等级鉴定法主要侧重于对员工工作结果的等级划分，而不是具体行为的分析。

（4）**答案：C** 解析　激励报酬是指根据员工的绩效表现或达成的特定目标而给予的额外奖励，如奖金、佣金、利润分享等。基本薪酬是员工的基本工资，与绩效表现无关；绩效加酬虽然与绩效相关，但通常指的是在基本薪酬基础上根据绩效进行的调整，而不是额外的奖金；延期支付通常指的是员工的储蓄计划、年金等长期激励措施，与绩效奖金不直接相关。

（5）**答案：C** 解析　间接报酬通常包括各种福利和保护项目，如医疗保险、病假、餐饮补助等。而奖金属于直接报酬中的激励报酬部分。医疗保险是典型的间接报酬之一；病假也是间接报酬的一种，属于非工作报酬；餐饮补助通常作为员工福利的一部分，属于间接报酬。

（6）**答案：C 解析** 工作排序法是一种非量化评价的工作评价方法，它通常涉及对工作的主观排序，而不是基于具体数值的评估。点数法是一种量化评价的工作评价方法，通过给工作的各个要素分配点数来评估其价值；因素比较法也是一种量化评价的方法，它涉及将工作与标准进行比较，以确定其价值；海氏系统法是一种复杂的量化评价系统，用于评估工作的相对价值。

（7）**答案：D 解析** 薪酬重叠情况描述了相邻两级别之间薪酬区间的重叠程度，是薪酬等级结构的一个重要构成要素。薪酬等级数描述了薪酬等级的数量；薪酬级差描述了相邻两个薪酬等级之间的中点值的差异；薪酬幅度描述了每个薪酬等级内部的薪酬范围。

（8）**答案：D 解析** 主动型薪酬水平调整是指组织为了增强与竞争对手争夺人才和维系员工队伍的能力而主动进行的薪酬调整。奖励性通常是对表现优秀的员工进行的额外薪酬调整；生活指数性是根据生活成本的变化而进行的薪酬调整，通常与通货膨胀相关；年资性是根据员工的工龄或在职时间进行的薪酬调整。

（9）**答案：D 解析** 在绩效改进过程中，需要确认绩效不足和差距，查明产生的原因，并制订有针对性的改进计划。评估员工的个人兴趣爱好与绩效改进不直接相关。确认绩效不足和差距是绩效改进的第一步，需要明确存在的问题；查明产生的原因是绩效改进的关键步骤，需要深入分析问题的根源；制订改进计划是绩效改进的最终目的，需要制订并实施具体的改进措施。

（10）**答案：C 解析** 横向的薪酬构成调整形式包括调整固定薪酬和变动薪酬的比例，以及调整不同薪酬形式的组合模式。增加薪酬等级是纵向薪酬等级结构调整的方法之一，与固定薪酬和变动薪酬的比例调整不直接相关；调整薪酬幅度是指调整每个薪酬等级内部的薪酬范围，与固定薪酬和变动薪酬的比例调整不直接相关；薪酬级差调整是指调整相邻两个薪酬等级之间的中点值的差异，与固定薪酬和变动薪酬的比例调整不直接相关。

13.7 人员职业规划与管理

- 小李是一名新员工，他希望在公司内有一个明确的职业规划。以下＿＿（1）＿＿不是公司对员工职业规划要求的正确描述。

    (1) A. 应代表员工职业发展的真实可能性，不以通常速度为依据

    　　B. 应具有尝试性，能根据工作需求调整，但应过分集中于一个领域

    　　C. 应具有灵活性，考虑每位员工的薪酬水平

    　　D. 说明每个职位要求员工具备的技能、知识和其他品质

- 关于张经理作为部门负责人，在员工的职业规划中应承担的工作，以下＿＿（2）＿＿描述不准确。

    (2) A. 充当催化剂，鼓励员工建立职业规划

    　　B. 评估员工发展目标的现实性和需要的合理性

    　　C. 辅导员工制定双方接受的行动方案，但无须跟踪调整

    　　D. 跟踪员工的职业规划并指导其进行调整

- 某公司在员工职业规划方面的责任不包括___（3）___。

  （3）A．提供职业规划模型、信息、条件和指导

  　　B．为员工和管理人员提供建立职业规划的培训

  　　C．提供员工家庭福利，如子女教育补贴

  　　D．提供技能培训和在职培训

- 在员工职业管理过程中，管理人员的责任不包括___（4）___。

  （4）A．发挥员工提供的信息的作用

  　　B．向员工提供自己负责的职位空缺的信息

  　　C．只需关注自己部门的员工职业规划，无须跨部门协作

  　　D．综合信息，为职位空缺确定合格候选人，并为员工发现职业发展机会

- 组织在员工职业管理中的责任不包括___（5）___。

  （5）A．为管理人员的决策过程提供信息和程序

  　　B．负责组织内部各类信息的及时更新

  　　C．监控和评价员工个人生活品质，如健康状况

  　　D．设计出收集、分析、解释和利用信息的便捷方法

答案及解析

（1）答案：B　解析　员工职业规划应具有尝试性，能够根据工作需求进行调整，但不应"过分集中于一个领域"，因为这限制了员工的全面发展。A 选项正确描述了职业规划应代表员工职业发展的真实可能性，不以通常速度为依据；C 选项指出职业规划应具有灵活性，考虑每位员工的薪酬水平；D 选项说明职业规划需要明确每个职位的技能、知识和品质要求。

（2）答案：C　解析　张经理作为管理人员，在员工的职业规划中需要跟踪并指导员工进行适当的调整。A 选项正确描述了管理人员应充当催化剂的角色；B 选项指出管理人员需要评估员工发展目标的现实性和需要的合理性；D 选项强调了跟踪和调整的重要性。C 选项中的"无须跟踪调整"是错误的，因为跟踪和调整是管理人员在职业规划中的一项重要责任。

（3）答案：C　解析　某公司在员工职业规划方面的责任不包括提供员工家庭福利，如子女教育补贴。这是员工个人福利的一部分，不属于职业规划的范畴。A 选项正确描述了公司提供职业规划所需资源的重要性；B 选项指出公司需要提供相关培训；D 选项强调了技能培训和在职培训在职业规划中的关键作用。

（4）答案：C　解析　管理人员在员工职业管理过程中需要跨部门协作，而不仅仅是关注自己部门的员工职业规划。A 选项正确描述了管理人员需要利用员工提供的信息；B 选项指出管理人员需要向员工提供职位空缺的信息；D 选项强调了管理人员在综合信息和确定合格候选人方面的作用。C 选项中的"只需关注自己部门的员工职业规划"是错误的，因为跨部门协作对于员工的全面发展至关重要。

（5）**答案：C**　**解析**　组织在员工职业管理中的责任不包括监控和评价员工个人生活品质，如健康状况。这是员工个人生活的一部分，不属于组织在员工职业管理中的责任范畴。A 选项正确描述了组织为管理人员提供决策支持的重要性；B 选项指出组织需要负责信息的及时更新；D 选项强调了组织在设计信息收集、分析、解释和利用方法方面的作用。C 选项中的"监控和评价员工个人生活品质"是错误的，因为这超出了组织在员工职业管理中的职责范围。

第14章 规范与过程管理

14.1 管理标准化

- 某家电子产品制造商为了优化生产流程，减少不必要的多样化，提高生产效率，应该采取＿＿（1）＿＿活动。

    （1）A．系列化　　　　B．简化　　　　C．组合化　　　　D．超前标准化

- 在设计一款新手机时，为了确保不同型号的手机能够互换电池和充电器，设计师应遵循＿＿（2）＿＿。

    （2）A．超前预防原理　　　　　　B．互换兼容原理
    　　 C．动变有序原理　　　　　　D．统一有度原理

- 某市政府为了推动公共交通系统的标准化，要求所有公交车在车身尺寸、颜色、座位布局等方面保持一致。这体现了＿＿（3）＿＿。

    （3）A．系统优化原理　　　　　　B．协商一致原理
    　　 C．统一有度原理　　　　　　D．阶梯发展原理

- 一家汽车制造商在推出新车型时，为了降低成本并扩大产量，决定对同一系列的不同车型进行参数标准化。这种做法属于＿＿（4）＿＿方法。

    （4）A．简化　　　　B．系列化　　　　C．组合化　　　　D．综合标准化

- 在制定一项新的食品安全标准时，为了确保标准的适用性和有效性，标准制定机构应广泛征求相关各方的意见。这体现了＿＿（5）＿＿。

    （5）A．超前预防原理　　　　　　B．协商一致原理
    　　 C．动变有序原理　　　　　　D．统一有度原理

- 一家餐厅在推出新菜单时，为了简化菜品选择并提高效率，决定对菜品进行分类并减少不必要的多样化。这种做法体现了＿＿（6）＿＿活动。

    （6）A．系列化　　　　B．简化　　　　C．组合化　　　　D．模块化

- 在制定一项新的电子产品能效标准时,为了预测未来几年的市场需求量,标准制定机构应采用___(7)___。

  (7)A. 模拟法　　　　B. 直接计算法　　C. 标准法　　　　D. 外推法

- 一家汽车制造商在推出新车型时,为了降低生产成本并提高生产效率,决定采用模块化设计。这种做法属于___(8)___方法。

  (8)A. 简化　　　　　B. 系列化　　　　C. 组合化　　　　D. 模块化

- 在制定一项新的环保标准时,为了确保标准能够符合当前的生态指标并具有一定的前瞻性,标准制定机构应考虑___(9)___。

  (9)A. 科学技术水平　　　　　　　　B. 需求量
  　　C. 生态指标　　　　　　　　　　D. 经济指标

- 一家电子产品制造商在推出新产品时,为了确保不同型号的产品能够相互兼容并满足用户需求,决定在设计阶段就进行充分的测试和验证。这种做法体现了___(10)___的前期准备。

  (10)A. 超前预防原理　　　　　　　　B. 互换兼容原理
  　　 C. 系列化设计　　　　　　　　　D. 模块化设计

答案及解析

(1)**答案:B** 解析　简化是对客观事物的构成加以调整并使之最优化的一种有目的的标准化活动。题干中提到的"减少不必要的多样化,提高生产效率"正是简化的核心目的。

(2)**答案:B** 解析　互换兼容原理是指一种产品、服务或过程能代替另一产品、服务或过程满足同样需求的能力。题干中提到的"不同型号的手机能够互换电池和充电器"正是互换兼容性的体现。

(3)**答案:C** 解析　统一有度原理是标准化的本质与核心,它使标准化对象的形式、功能及其他技术特征具有一致性。题干中提到的"公交车在车身尺寸、颜色、座位布局等方面保持一致"正是统一有度原理的体现。

(4)**答案:B** 解析　系列化是对同一类产品中的各类产品参数按规定数系同时进行标准化的一种方法。题干中提到的"对同一系列的不同车型进行参数标准化"正是系列化的体现。

(5)**答案:B** 解析　协商一致原理是关于标准化活动的成果应建立在相关各方协商一致的基础上。题干中提到的"广泛征求相关各方的意见"正是协商一致原理的体现。

(6)**答案:B** 解析　简化是对客观事物的构成加以调整并使之最优化的一种有目的的标准化活动。题干中提到的"对菜品进行分类并减少不必要的多样化"正是简化的体现。

(7)**答案:A** 解析　模拟法适用于中期和长期的预测,题干中提到的"预测未来几年的市场需求量"属于中期预测范畴,因此模拟法是合适的选择。

(8)**答案:D** 解析　模块化是将复杂系统分解为若干模块进行标准化,以便在需要时进行组装或替换。题干中提到的"采用模块化设计"正是模块化的体现。

（9）**答案：C　解析**　生态指标是制定环保标准时必须考虑的关键因素之一。题干中提到的"符合当前的生态指标并具有一定的前瞻性"正是对生态指标的强调。

（10）**答案：A　解析**　超前预防原理强调从潜在问题中选取标准化课题以避免损失。题干中提到的"在设计阶段就进行充分的测试和验证"是为了预防潜在的不兼容问题，因此超前预防原理是合适的选择。虽然互换兼容原理也与兼容性有关，但它更多的是在标准化成果（即标准）层面的要求，而不是前期准备阶段的要求。

14.2　流程规划

- 端到端流程的核心精髓是___（1）___。
  - （1）A. 从目的出发，关注最终结果　　B. 从流程开始到结束，严格监控每一步
  　　　C. 确保每个流程环节都有明确责任人　D. 提高流程效率，减少成本
- 组织流程框架的优化过程中，以下___（2）___不是必须考虑的。
  - （2）A. 流程与战略的匹配　　　　　　B. 流程间运行的协同性
  　　　C. 流程的具体操作步骤　　　　　D. 持续改进的过程
- 在进行流程规划时，流程规划小组的成员不包括___（3）___。
  - （3）A. 高级管理层　　　　　　　　　B. 流程管理部门人员
  　　　C. 基层员工代表　　　　　　　　D. 涉及流程的部分负责人
- 基于岗位职责的流程规划方法的优点不包括___（4）___。
  - （4）A. 工作分析细致透彻，不容易遗漏　B. 对被访谈人的流程管理专业知识要求不高
  　　　C. 流程规划成果应用容易推进　　　D. 工作量相对较小
- 以下___（5）___不属于组织流程的分类。
  - （5）A. 战略流程　　　　　　　　　　B. 运行流程
  　　　C. 支持流程　　　　　　　　　　D. 管理流程
- 在运行流程中，以下___（6）___不是以战略流程为导向展开的。
  - （6）A. 产品价值链　　　　　　　　　B. 市场链
  　　　C. 供应链　　　　　　　　　　　D. 人力资源管理链
- 支持流程的设计导向是___（7）___。
  - （7）A. 业务对象需求　　　　　　　　B. 战略流程
  　　　C. 运行流程效率　　　　　　　　D. 成本控制
- 在流程划分过程中，以下___（8）___不是划分的类别。
  - （8）A. 按业务对象分类　　　　　　　B. 按流程复杂程度分类
  　　　C. 按不同的输入分类　　　　　　D. 按重要度分类
- 一级流程（高阶流程）通常被称为___（9）___。
  - （9）A. 域　　　　B. 子流程　　　　C. 业务活动　　　　D. 流程环节

- 以下关于流程分类分级的描述，___（10）___是错误的。

　　（10）A．一级流程是端到端的流程

　　　　　B．二级流程在每个"域"内，也称为"域过程"

　　　　　C．三级流程是对域过程的细分，由业务活动和四级流程构成

　　　　　D．四级流程是最高级别的流程

答案及解析

（1）**答案：A** 解析 端到端流程的核心精髓是从业务对象的需求出发，到需求得到满足为止，即从目的出发，关注最终结果。

（2）**答案：C** 解析 组织流程框架的优化过程需要考虑流程与战略的匹配、流程间运行的协同性以及持续改进的过程，而流程的具体操作步骤是在流程设计阶段考虑的，不是流程框架优化时必须考虑的。

（3）**答案：C** 解析 流程规划小组的成员至少应该包括高级管理层、流程管理部门人员和涉及流程的部分负责人，而基层员工代表虽然可以提供一定的意见，但通常不是流程规划小组的核心成员。

（4）**答案：D** 解析 基于岗位职责的流程规划方法的优点包括工作分析细致透彻、对被访谈人的流程管理专业知识要求不高以及流程规划成果应用容易推进，但工作量相对较小不是其优点，反而可能是其缺点之一。

（5）**答案：D** 解析 组织流程通常可分为战略流程、运行流程和支持流程，而管理流程并不是组织流程的一种分类。

（6）**答案：D** 解析 运行流程以战略流程为导向，以战略流程确定的架构为基础展开，包括产品价值链、市场链、供应链和服务链等，而人力资源管理链通常被视为支持流程的一部分，不是运行流程。

（7）**答案：B** 解析 支持流程为运行流程提供支持与服务，其设计导向是战略流程。

（8）**答案：B** 解析 在流程划分过程中，可以按业务对象、不同的输入、重要度等进行分类，但按流程复杂程度分类并不是常见的划分的类别。

（9）**答案：A** 解析 一级流程（高阶流程）通常被称为域，它往往是端到端的流程。

（10）**答案：D** 解析 在流程分类分级中，一级流程是最高级别的流程，也称为"域"，而四级流程是低级别的流程，通常指的是具体的业务活动或子流程。

14.3 流程执行

- 小李刚加入一家新公司，为了确保他能够快速融入并正确执行公司流程，公司应该___（1）___。

　　（1）A．让他自行摸索流程　　　　　　B．为他安排流程制度培训

　　　　C. 直接指定他为某个流程的负责人　　D. 仅通过内部邮件通知他流程变更
- 某企业为了提高生产效率，对生产线流程进行了优化。为了确保新流程得到有效执行，以下___（2）___措施最为关键。
　　（2）A. 加强生产线的自动化程度　　　B. 做好流程变更后的推广
　　　　C. 增加生产线员工数量　　　　　D. 提高员工的个人技能
- 为了确保公司流程得到有效执行，以下___（3）___能够最直接地反映流程的执行情况。
　　（3）A. 定期进行客户满意度调查　　　B. 流程审计及监控
　　　　C. 增加流程文档的详细程度　　　D. 提高流程设计的灵活性
- 某公司在推行新流程时，发现员工对新流程的理解存在差异。为了统一认识并确保流程正确执行，以下___（4）___最为有效。
　　（4）A. 对流程进行频繁修改　　　　　B. 把流程固化到信息系统中
　　　　C. 组织员工进行讨论和答疑　　　D. 仅通过内部培训进行推广
- 为了营造有利于流程执行的企业文化，以下___（5）___最为重要。
　　（5）A. 强调流程执行的个人责任　　　B. 流程文化宣导
　　　　C. 对流程执行优秀的员工进行奖励　D. 制定严格的流程执行规则

答案及解析

　　（1）答案：B　解析　新员工入职时，为了确保其能够快速融入并正确执行公司流程，公司应该为他安排流程制度培训。

　　（2）答案：B　解析　在流程变更后，为了确保新流程得到有效执行，做好流程变更后的推广是最为关键的措施。这有助于确保所有相关员工都了解并接受新流程。

　　（3）答案：B　解析　流程审计及监控能够最直接地反映流程的执行情况。通过审计和监控，可以及时发现流程执行中的问题并进行纠正。

　　（4）答案：C　解析　当员工对新流程的理解存在差异时，组织员工进行讨论和答疑是最为有效的措施。这有助于澄清疑问、统一认识，并确保流程的正确执行。

　　（5）答案：B　解析　流程文化宣导是营造有利于流程执行的企业文化最为重要的措施。通过宣导，可以让员工深入理解流程的重要性、原则和价值观，从而形成共同的认知和行动准则。

14.4　流程评价

- 小明所在的公司正在对销售流程进行检查，以确定该流程是否得到有效执行。这种检查方法被称为___（1）___。
　　（1）A. 流程稽查　　　　　　　　　　B. 流程绩效评估
　　　　C. 满意度评估　　　　　　　　　D. 流程审计

- 在进行流程稽查时，以下___(2)___不是必须考虑的因素。
  - (2) A. 流程的目的和目标　　　　　　B. 流程的实际执行情况
  - 　　 C. 流程执行者的个人背景　　　　D. 流程管理原则
- 某医院为提高诊疗效率，决定对挂号流程进行绩效评估。以下___(3)___指标最适合用于此评估。
  - (3) A. 投诉数量　　　　　　　　　　B. 医生数量
  - 　　 C. 挂号平均等待时间　　　　　　D. 诊疗设备数量
- 在进行流程满意度评估时，以下信息来源中，___(4)___最具有参考价值。
  - (4) A. 员工的个人日记　　　　　　　B. 客户的满意度问卷调查
  - 　　 C. 员工的午餐菜单　　　　　　　D. 公司的财务报表
- 某企业在进行流程审计时，发现某流程存在冗余环节。以下措施___(5)___最适合用于解决此问题。
  - (5) A. 增加流程执行者数量　　　　　B. 优化流程以去除冗余环节
  - 　　 C. 提高流程执行者的技能　　　　D. 加强流程监控
- 以下___(6)___不是流程绩效评估结果分析的内容。
  - (6) A. 与流程绩效目标对比分析　　　B. 在组织内部做横向比较
  - 　　 C. 与同行业竞争对手进行薪酬对比　D. 对流程绩效评估结果的稳定性进行分析
- 小张所在的公司正在对生产流程进行稽查，以下___(7)___不是稽查方法。
  - (7) A. 检查记录与资料　　　　　　　B. 现场观察执行
  - 　　 C. 查阅员工个人档案　　　　　　D. 人员访谈
- 某企业为了提高客户满意度，决定对售后服务流程进行满意度评估。以下___(8)___不是满意度评估信息的来源。
  - (8) A. 日常沟通记录　　　　　　　　B. 客户的投诉和抱怨信息
  - 　　 C. 产品的技术参数　　　　　　　D. 满意度问卷调查
- 在进行流程审计时，以下___(9)___不是必需的活动。
  - (9) A. 制订审计计划　　　　　　　　B. 确定审计范围
  - 　　 C. 对审计人员进行绩效考核　　　D. 编制审计报告
- 某物流公司为了提高运输效率，决定对运输流程进行流程检查。以下___(10)___最适合作为此次流程检查的结果应用。
  - (10) A. 调整公司战略　　　　　　　　B. 优化运输流程
  - 　　　C. 增加运输车辆　　　　　　　　D. 提高员工薪酬

答案及解析

（1）**答案：A　解析**　流程稽查是对单个流程的稽查，主要稽查流程的安排是否得到执行，执行是否到位等。这与小明所在公司对销售流程的检查目的相符。

(2) **答案：C 解析** 流程稽查需要考虑流程的目的和目标、实际执行情况以及管理原则等因素，以确保稽查的有效性和针对性。而流程执行者的个人背景通常不是必须考虑的因素，因为稽查的重点是流程本身而非个人。

(3) **答案：C 解析** 流程绩效评估的三个维度为效果、效率和弹性。其中，效率的典型指标包括处理时间等。挂号平均等待时间是反映挂号流程效率的重要指标。

(4) **答案：B 解析** 满意度评估信息的来源通常包括日常沟通记录、投诉抱怨信息、走访信息、电话回访、满意度问卷调查等。其中，客户的满意度问卷调查是最直接反映客户对流程满意度的信息来源，因此最具有参考价值。

(5) **答案：B 解析** 流程审计的目的之一是评估流程体系的充分性、适用性、有效性及效率性。发现冗余环节后，应优化流程以去除这些环节，提高流程效率。

(6) **答案：C 解析** 流程绩效评估结果分析的内容通常包括与流程绩效目标对比分析、在组织内部做横向比较、与同行业的主要竞争对手进行流程绩效对比分析以及对流程绩效评估结果的稳定性进行分析。而与同行业竞争对手进行薪酬对比与流程绩效评估结果分析无关。

(7) **答案：C 解析** 稽查方法通常包括检查记录与资料、现场观察执行、人员访谈等。查阅员工个人档案通常不是流程稽查的方法，因为稽查的重点是流程本身而非员工个人档案。

(8) **答案：C 解析** 满意度评估信息的来源通常包括日常沟通记录、客户的投诉和抱怨信息、走访信息、电话回访、满意度问卷调查等。产品的技术参数与满意度评估无关，它更多地反映产品的技术特性而非客户对流程的满意度。

(9) **答案：C 解析** 流程审计的流程包括制订计划、确定审计范围、流程初步调研、编制检查表、制订审计实施计划、召开首次会议、现场审计、补充审计（如有需要）、编制审计报告、召开末次会议以及改进追踪等。而对审计人员进行绩效考核不是流程审计的必需活动。

(10) **答案：B 解析** 流程检查的结果可以用于流程优化、绩效考核、过程控制、纠正措施和战略调整等方面。但在此题中，物流公司为了提高运输效率而进行流程检查，因此最适合的结果应用是优化运输流程。

14.5 流程持续改进

- 某快递公司发现其包裹分拣流程中存在严重延误问题，决定对此流程进行优化。这种优化需求属于 ___(1)___ 。

　　(1) A．问题导向　　　　　　　　　　B．绩效导向
　　　　C．变革导向　　　　　　　　　　D．成本导向

- 一家制造企业计划对其生产线流程进行优化，以提高生产效率。在优化过程中，首先应进行 ___(2)___ 步骤。

　　(2) A．IT方案设计与开发　　　　　　B．现状分析及诊断
　　　　C．新旧流程切换　　　　　　　　D．项目关闭

- 某电商公司为了提升客户购物体验，决定对其订单处理流程进行优化。这种优化需求属于___(3)___。
  - (3) A. 问题导向 B. 绩效导向
    C. 变革导向 D. 客户导向
- 在一家医院的流程优化项目中，项目团队已经完成了目标流程及配套方案的设计，接下来应进行的步骤是___(4)___。
  - (4) A. 立项 B. 现状分析及诊断
    C. IT方案设计与开发 D. 新旧流程切换
- 某银行为了应对金融科技的快速发展，决定对其业务流程进行全面革新。这种优化需求属于___(5)___。
  - (5) A. 问题导向 B. 绩效导向
    C. 变革导向 D. 技术导向

答案及解析

(1) **答案：A** 解析 问题导向的流程优化需求是基于流程中存在的问题而提出的。在此例中，快递公司发现包裹分拣流程中存在严重延误问题，因此决定进行优化，这属于问题导向。

(2) **答案：B** 解析 项目化流程的优化过程包括立项、现状分析及诊断、目标流程及配套方案设计、IT方案设计与开发、新旧流程切换、项目关闭等步骤。在优化开始之前，首先需要对现状进行分析及诊断，以了解当前流程的问题所在和潜在改进空间。

(3) **答案：B** 解析 尽管题干中提到了"提升客户购物体验"，但从根本上讲，这是为了提升流程绩效（如订单处理速度、准确率等），从而间接提升客户满意度。因此，这种优化需求属于绩效导向。然而，需要注意的是，客户导向虽然与提升客户体验相关，但并非题目中提到的三种流程优化导向之一。在此情境下，我们更侧重于流程绩效的提升，因此选择B选项。

(4) **答案：C** 解析 根据项目化流程的优化过程，完成目标流程及配套方案设计后，接下来应进行IT方案设计与开发，以确保新流程能够在信息技术系统的支持下有效运行。

(5) **答案：C** 解析 变革导向的流程优化需求通常是由于外部环境或内部战略发生重大变化而提出的。在此例中，银行为了应对金融科技的快速发展而决定对业务流程进行全面革新，这属于变革导向。

第15章 技术与研发管理

15.1 技术研发管理

- 某电商公司为了提高其网站的服务效率和服务质量,决定进行技术研发。这种技术研发的主要目的是___(1)___。
  - (1) A. 提升公司品牌形象　　　　　　B. 提高系统服务效率和服务质量
  　　　C. 增加员工福利待遇　　　　　　D. 扩大公司规模
- 在一家IT服务公司的技术研发管理中,以下___(2)___不属于技术研发管理的对象。
  - (2) A. 研发团队　　　　　　　　　　B. 研发成本
  　　　C. 研发环境　　　　　　　　　　D. 研发项目
- 某银行计划进行一项与系统运行相关的技术研发,这项研发属于技术研发范围的___(3)___。
  - (3) A. 技术规范的研发　　　　　　　B. 与系统运行相关的技术研发
  　　　C. 运行维护工具研发　　　　　　D. IT服务产品研发
- 在一家IT服务公司中,负责技术研发规划、过程组织以及成果应用的角色是___(4)___。
  - (4) A. 技术研发决策负责人　　　　　B. 技术研发需求负责人
  　　　C. 技术研发负责人　　　　　　　D. 质量管理负责人
- 某IT服务公司在进行技术研发管理时,强调创造一个鼓励创新、适合研发的环境。这一做法体现了技术研发管理的___(5)___要点。
  - (5) A. 严格制度管理　　　　　　　　B. 弹性而目标化的管理
  　　　C. 追求短期效益　　　　　　　　D. 忽视市场需求
- 一家IT服务公司计划开发一款面向内部的服务过程管理工具,这属于___(6)___服务工具的研发。
  - (6) A. 面向业务服务的监控工具　　　B. 面向内部的服务过程管理工具
  　　　C. 专用工具　　　　　　　　　　D. 外部服务工具

- 某IT服务公司在进行新技术研究时，重点研究支撑需方业务的新技术。这种新技术研究的定位属于___(7)___。

    (7) A. 支撑IT服务的新技术　　　　B. 支撑需方业务的新技术
    　　C. 提高员工技能的新技术　　　D. 拓展公司业务的新技术

- 在技术研发的管理过程中，___(8)___阶段的工作主要包括研发需求调研、确定研发目标、制订研发方案等。

    (8) A. 规划过程　　　　　　　　　B. 实施过程
    　　C. 监控过程　　　　　　　　　D. 应用过程

- 某IT服务公司在进行服务产品研发时，首先需要考虑的是___(9)___。

    (9) A. 公司的财务状况　　　　　　B. 需方的需求和IT服务供方的业务拓展需求
    　　C. 研发团队的规模　　　　　　D. 市场竞争情况

- 在进行IT服务规范研发管理时，以下___(10)___不属于其管理内容。

    (10) A. IT服务规范的研发定位　　　B. IT服务规范的研发队伍
    　　　C. IT服务规范的实施效果　　　D. IT服务规范的研发环境

答案及解析

(1) **答案：B** 解析　技术研发的目的之一是通过使用研发成果提高系统服务效率和服务质量。电商公司为了提高其网站的服务效率和服务质量而进行技术研发，符合这一目的。

(2) **答案：C** 解析　技术研发管理的主要内容包括研发团队、研发过程、研发成本、研发项目、研发绩效和研发风险。而研发环境虽然对技术研发有影响，但并非技术研发管理的直接对象。

(3) **答案：B** 解析　技术研发的范围包括与系统运行相关的技术研发。银行计划进行的与系统运行相关的技术研发，符合这一范围。

(4) **答案：C** 解析　技术研发负责人的职责包括技术研发规划、技术研发的过程组织以及技术研发成果在IT服务中的应用支持。

(5) **答案：B** 解析　技术研发管理应制造一个鼓励创新、适合研发的环境，必须采取弹性而目标化的管理。

(6) **答案：B** 解析　服务工具主要分为两类：一类是面向内部的服务过程管理工具，另一类是面向业务服务的监控工具和专用工具。本题中明确提到的是面向内部的服务过程管理工具。

(7) **答案：B** 解析　新技术研究的定位包括支撑需方业务的新技术和支撑IT服务的新技术。本题中明确提到的是支撑需方业务的新技术。

(8) **答案：A** 解析　技术研发的管理过程包括规划过程、实施过程、监控过程和应用过程。其中，规划过程的工作主要包括研发需求调研、确定研发目标、制订研发方案等。

(9) **答案：B** 解析　服务产品研发的定位需要考虑需方的需求和IT服务供方的业务拓展需求。

(10) **答案：C** 解析　IT服务规范研发管理的内容包括IT服务规范的研发定位、研发队伍、研发过程、研发环境和产出物。而 IT 服务规范的实施效果虽然重要,但并不属于 IT 服务规范研发管理的直接内容。

15.2 技术研发应用

- 某公司在引入一项新技术前,首先需要进行___(1)___环节以确保技术的可行性和适用性。

  (1) A. 技术验证　　　　　　　　　B. 技术培训
  　　 C. 应急预案制订　　　　　　　D. SOP 编写

- 一家 IT 服务公司为了提升服务效率,计划对其内部运维知识进行系统整理。以下___(2)___不属于知识转移的内容。

  (2) A. 系统日常运维操作手册　　　B. 业务运维文档
  　　 C. 公司年度财务报告　　　　　D. 应用系统安装配置手册

- 在制订应急响应预案时,以下___(3)___原则不是必须遵循的。

  (3) A. 结合实际、合理定位　　　　B. 着眼实战、讲求实效
  　　 C. 追求创新、打破常规　　　　D. 统筹规划、厉行节约

- 某公司为了规范其 IT 服务流程,决定编写 SOP 标准操作规范。以下___(4)___不是 SOP 的作用。

  (4) A. 记录组织积累的技术和经验　B. 使操作人员快速掌握操作技术
  　　 C. 提升公司品牌形象　　　　　D. 贯彻标准化作业

- 在技术手册发布流程中,以下___(5)___环节是首先进行的。

  (5) A. 发放　　　B. 存档　　　C. 审核　　　D. 测试

- 一家软件开发公司为了验证其新开发的系统软件的可靠性和稳定性,需要搭建一个___(6)___环境。

  (6) A. 生产　　　B. 测试　　　C. 培训　　　D. 演示

- 在对技术成果进行培训与知识转移时,以下内容___(7)___通常不包括在内。

  (7) A. 知识性研发成果培训　　　　B. 应急预案与解决方案手册的知识转移
  　　 C. 公司文化宣传　　　　　　　D. 工具类研发成果培训

- 某公司为了提升其 IT 服务的应急响应能力,计划定期进行应急预案的演练。以下___(8)___不是演练的目的。

  (8) A. 检验预案的有效性　　　　　B. 提升员工的应急处理能力
  　　 C. 展示公司的技术实力　　　　D. 增强客户对服务的信心

- 在编写 SOP 时,以下___(9)___原则不是必须遵循的。

  (9) A. 每个人对 SOP 的理解都相同
  　　 B. 可以根据业务与技术发展需求实现快速迭代
  　　 C. SOP 必须包含所有可能的操作细节
  　　 D. 效率最高和成本最低,并识别出关键风险点

- 某IT服务公司在引入一项新技术后，为了确保技术能够得到有效应用并减少潜在风险，以下措施 ___（10）___ 不是必要的。

（10）A．对新技术进行测试和验证
　　　B．制订详细的应急预案
　　　C．对所有员工进行新技术的全面培训
　　　D．定期发布技术更新和升级通知

答案及解析

（1）**答案：A** **解析** 新技术或研发的新系统、新工具在引入前应进行技术评定和技术验证，以确保技术的可行性和适用性。技术验证是这一过程中的关键环节。

（2）**答案：C** **解析** 知识转移的内容包括历史运维资料、基础架构资料、应用系统资料和业务资料。公司年度财务报告属于财务信息，不属于知识转移的内容范畴。

（3）**答案：C** **解析** 应急演练原则包括结合实际、合理定位，着眼实战、讲求实效，精心组织、确保安全，以及统筹规划、厉行节约。追求创新、打破常规虽然有助于提升预案的灵活性和应对能力，但并不是制订应急响应预案时必须严格遵循的原则。

（4）**答案：C** **解析** SOP的作用包括记录组织积累的技术和经验，使操作人员快速掌握操作技术，树立良好的服务形象（但这里的服务形象是通过标准化操作间接提升的，而非SOP的直接作用），贯彻标准化作业，以及作为技术管理手段。提升公司品牌形象虽然可能是SOP带来的间接效果，但不是其直接作用。

（5）**答案：C** **解析** 技术手册发布的流程包括审核、存档和发放。其中，审核是确保手册内容准确无误的首要环节。

（6）**答案：B** **解析** 搭建测试环境是为了验证技术的可行性和可靠性等要求。测试环境是独立于生产环境的，用于在系统正式上线前进行各种测试活动。

（7）**答案：C** **解析** 对技术成果进行培训与知识转移的内容包括知识性研发成果培训、工具类研发成果培训以及应急预案与解决方案手册的知识转移。公司文化宣传虽然对提升员工凝聚力和归属感有重要作用，但不属于技术成果培训与知识转移的内容范畴。

（8）**答案：C** **解析** 定期对应急预案进行演练的目的是检验预案的有效性，提升员工的应急处理能力，以及增强客户对服务的信心。展示公司的技术实力虽然可能是演练带来的间接效果，但不是其主要目的。

（9）**答案：C** **解析** SOP遵循的原则包括在资源允许的范围内可以做到，每个人都能看懂且理解相同，效率最高和成本最低并识别出关键风险点，正式发布前要经过测试与评价环节，以及可以根据业务与技术发展需求实现快速迭代。虽然SOP应尽可能详尽，但并不意味着必须包含所有可能的操作细节，因为这会增加SOP的复杂性和难以维护性。

（10）**答案：C** **解析** 在引入新技术后，为了确保技术的有效应用和减少潜在风险，需要对新技术进行测试和验证，制订详细的应急预案，并定期发布技术更新和升级通知。虽然对员工进行培训是重要的知识转移活动，但"对所有员工进行新技术的全面培训"可能不是必要的，因为培训应根据员工的职责和需求进行有针对性的安排。此外，全面培训可能会增加成本和时间投入，而实际效果可能并不理想。

15.3 知识产权管理

- 小明发明了一种新型手机支架并申请了专利，这属于知识产权中的___(1)___种形式。
  - (1) A. 商标权　　　　　　　　　　B. 著作权
  　　　C. 专利权　　　　　　　　　　D. 商业秘密
- 某公司在其新产品上市前，为了防止他人模仿或抄袭，应该采取___(2)___知识产权管理措施。
  - (2) A. 申请专利　　　　　　　　　B. 注册商标
  　　　C. 发表著作权作品　　　　　　D. 严格保密商业信息
- 在处理知识产权纠纷时，以下___(3)___方式不属于常见的争议解决方式。
  - (3) A. 协商　　　B. 诉讼　　　C. 举报　　　D. 仲裁
- 某企业在知识产权合规管理体系中，为了确保知识产权价值得到有效实现，需要进行___(4)___评价。
  - (4) A. 企业的财务状况　　　　　　B. 知识产权合规管理体系的绩效
  　　　C. 员工的满意度　　　　　　　D. 产品的市场占有率
- 为了防止非正常申请专利行为，企业在申请专利前应做___(5)___工作。
  - (5) A. 进行市场调研　　　　　　　B. 进行必要的检索和分析
  　　　C. 发布产品广告　　　　　　　D. 开展员工培训
- 一家餐厅为了保护其独特的菜品配方和制作工艺，应该采取___(6)___知识产权策略。
  - (6) A. 申请专利　　　　　　　　　B. 注册商标
  　　　C. 发表著作权作品　　　　　　D. 作为商业秘密保护
- 某公司在其新产品发布会上，公开了新产品的外观设计和部分核心技术，但并未申请专利。此后，该公司发现另一家公司正在开发类似产品。为了维护自身权益，该公司应采取___(7)___措施。
  - (7) A. 立即申请专利　　　　　　　B. 提起商标侵权诉讼
  　　　C. 主张商业秘密被侵犯　　　　D. 寻求和解
- 在知识产权管理中，以下___(8)___不属于风险管理的内容。
  - (8) A. 分析可能发生的纠纷及其对组织的损害程度
  　　　B. 对知识产权风险进行识别、分析和监测
  　　　C. 评估并优化知识产权的商业化价值
  　　　D. 采取相应风险控制措施

- 某作家创作了一部小说并发表，为了保护其著作权，以下___(9)___是不必要的。
  - （9）A．在小说上署名　　　　　　　　B．发表前进行著作权登记
  - 　　　C．秘密保存手稿原件　　　　　　D．寻求出版机构的合作
- 以下___(10)___不属于知识产权合规管理体系的评价内容。
  - （10）A．知识产权价值实现的符合性
  - 　　　B．知识产权侵权行为的数量
  - 　　　C．知识产权合规管理体系的绩效和有效性
  - 　　　D．应对风险和机遇所采取措施的有效性

答案及解析

（1）**答案：C** 解析　小明发明了一种新型手机支架并申请了专利，这符合专利权的定义，即对于发明的一种技术解决方案所享有的专有权利。商标权是指商标所有人对其商标使用和保护的专有权利，与发明无关；著作权是指作品的作者对其作品使用和保护的专有权利，这里的"作品"通常指文学、艺术和科学领域内具有独创性并能以一定形式表现的智力成果，与发明也不直接相关；商业秘密是指组织所拥有的商业信息和技术信息，通常不涉及公开发表的专利申请。

（2）**答案：A** 解析　某公司为了防止他人模仿或抄袭其新产品，最直接有效的方式是申请专利，以保护其技术解决方案的专有性。虽然严格保密商业信息也是防止抄袭的一种手段，但它更多适用于商业秘密的保护，而非新产品上市前的全面技术保护。

（3）**答案：C** 解析　在处理知识产权纠纷时，常见的争议解决方式包括协商、诉讼和仲裁。协商是双方通过谈判达成和解；诉讼是通过法院进行裁决；仲裁是通过第三方仲裁机构进行裁决。而举报通常用于向相关部门揭露违法行为，不是直接解决知识产权纠纷的方式。

（4）**答案：B** 解析　根据基础知识点，评价知识产权合规管理体系的绩效时，需要关注知识产权价值实现的符合性、知识产权合规管理体系的绩效和有效性等方面。

（5）**答案：B** 解析　为了防止非正常申请专利行为，企业在申请专利前应进行必要的检索和分析，以评价获得专利权的前景以及可实现的价值。这有助于避免重复申请、侵犯他人专利权或申请无价值的专利。

（6）**答案：D** 解析　餐厅的独特菜品配方和制作工艺通常属于商业秘密的范畴，因为这些信息往往不公开且对餐厅的竞争优势至关重要。

（7）**答案：A** 解析　由于该公司在新产品发布会上已经公开了新产品的外观设计和部分核心技术，且并未申请专利，因此这些技术已经不再属于商业秘密。此时，为了维护自身权益，该公司应立即申请专利，以确保其技术解决方案的专有性。（尽管C选项在某种情境下也可能相关，但根据题目描述，更直接且有效的措施是A选项）。

（8）**答案：C** 解析　知识产权管理中的风险管理主要包括分析可能发生的纠纷及其对组织的损害程度、对知识产权风险进行识别、分析和监测以及采取相应风险控制措施等方面。评估并优

化知识产权的商业化价值虽然重要，但它更多地属于知识产权运用或价值评估的范畴，而非风险管理的直接内容。

（9）**答案：C** **解析** 根据著作权法的规定，作品完成时即自动产生著作权，无须秘密保存手稿原件。

（10）**答案：B** **解析** 知识产权合规管理体系的评价内容主要包括知识产权价值实现的符合性、知识产权合规管理体系的绩效和有效性、策划是否得到有效实施、知识产权合规的监测结果、应对风险和机遇所采取措施的有效性等方面。知识产权侵权行为的数量虽然可以反映知识产权管理的一方面情况，但它并不直接属于合规管理体系的评价内容。合规管理体系更侧重于预防和控制风险，而不是单纯统计侵权行为的数量。

第 16 章
资源与工具管理

16.1 研发与测试管理

- 在软件开发中，我们通常使用___(1)___工具来辅助软件的开发、运行和维护等活动。
  - (1) A. Visual Studio   B. Excel
        C. Photoshop   D. PowerPoint
- 小王是一名 Java 开发者，他最喜欢使用一个基于 Java 的、开放源代码的可扩展集成开发平台，这个平台可能是___(2)___。
  - (2) A. PyCharm   B. Eclipse   C. Visual Studio   D. SVN
- 在版本控制中，___(3)___工具采用分布式版本控制系统。
  - (3) A. SVN   B. Git   C. Harvest   D. ClearCase
- 小张在开发一个 Web 应用时，希望使用一个能够智能地提供代码编辑、调试和版本控制支持的 IDE，他应该选择___(4)___。
  - (4) A. Eclipse   B. SVN   C. PyCharm   D. LoadRunner
- 小李在测试一个大型软件项目时，希望使用一个能够自动化生成负载、监控性能并分析结果的工具，他应该选择___(5)___。
  - (5) A. UFT   B. TestRail   C. LoadRunner   D. Bugzilla
- 在软件配置管理中，___(6)___工具可以帮助项目管理、版本管理和基线控制等功能。
  - (6) A. SVN   B. Harvest   C. LoadRunner   D. UFT
- 小王在开发一个跨平台的 Java 应用时，希望使用一个能够跨平台运行且插件化的 IDE，他应该选择___(7)___。
  - (7) A. Visual Studio   B. Eclipse
        C. SVN   D. LoadRunner

- 在测试管理中，____(8)____ 工具可以帮助测试团队制定测试需求、计划测试、执行测试和跟踪缺陷。

  （8）A．TestRail　　　　B．UFT　　　　C．SVN　　　　D．Git

- 小张在搭建研发测试环境时，首先需要考虑的是____(9)____。

  （9）A．硬件设备的选取和配置　　　　B．测试用例的编写

  　　　C．软件的性能优化　　　　　　　D．用户界面的设计

- 为了保持研发测试环境的稳定性和可靠性，____(10)____ 做法是必要的。

  （10）A．定期备份研发测试环境数据

  　　　B．频繁更改测试环境配置

  　　　C．忽视监控研发测试环境状态

  　　　D．不定期更新研发测试环境软件和补丁

答案及解析

（1）**答案：A**　**解析**　Visual Studio 是一个集成开发环境，用于辅助软件的开发、运行和维护等活动。

（2）**答案：B**　**解析**　Eclipse 是基于 Java 的、开放源代码的可扩展集成开发平台。

（3）**答案：B**　**解析**　Git 是一个分布式版本控制工具，与集中式版本控制工具（如 SVN）不同。

（4）**答案：C**　**解析**　PyCharm 是 JetBrains 公司开发的 Python IDE，它提供智能代码编辑器、调试器和集成的版本控制系统等功能。虽然 Eclipse 也是一个强大的 IDE，但它主要支持 Java 等语言，对 Python 的支持不如 PyCharm；SVN 是版本控制工具，不提供 IDE 功能；LoadRunner 是性能测试工具，与 IDE 无关。

（5）**答案：C**　**解析**　LoadRunner 是一个应用广泛的性能测试工具，能够自动化生成负载、监控性能并分析结果。

（6）**答案：B**　**解析**　Harvest 是常见的配置管理工具之一，它可以帮助项目管理、版本管理和基线控制等功能。

（7）**答案：B**　**解析**　Eclipse 是一个跨平台的、插件化的集成开发平台，特别适用于 Java 开发。

（8）**答案：A**　**解析**　TestRail 是一个基于 Web 的测试管理工具，包括制定测试需求、计划测试、执行测试和跟踪缺陷等功能。

（9）**答案：A**　**解析**　在搭建研发测试环境时，首先需要考虑的是硬件设备的选取和配置，这是环境搭建的基础。

（10）**答案：A**　**解析**　为了保持研发测试环境的稳定性和可靠性，定期备份研发测试环境数据是必要的做法。这有助于在数据丢失或损坏时快速恢复环境。

16.2 运维管理

- 小张的公司需要监控其 IT 基础设施，包括服务器、网络设备等，他应该选择___（1）___监控工具。

  （1）A. Prometheus　　B. Jenkins　　C. Confluence　　D. SVN

- 小李是一家电商公司的运维工程师，他需要一款能够实时监控网站性能和用户访问情况的工具，他应该选择___（2）___。

  （2）A. Zabbix　　B. ITSM　　C. ELK Stack　　D. Puppet

- 小王的公司希望建立一个统一的运维监控平台，以实现对 IT 服务的全过程管理，他应该考虑___（3）___建设方式。

  （3）A. 基于开源监控软件自主开发　　B. 购买商业化的数据库管理系统
  　　C. 使用 Office 套件进行文档管理　　D. 部署一个内容管理系统

- 某银行希望提高其 IT 服务的质量，降低服务风险，并提升客户满意度，它应该采用___（4）___管理工具。

  （4）A. Jenkins　　B. ITSM　　C. SaltStack　　D. Docker

- 一家互联网公司需要一款能够自动化部署、配置和管理其云计算环境的工具，它应该选择___（5）___。

  （5）A. Ansible　　　　　　　　B. ServiceDesk Plus
  　　C. PingCode Wiki　　　　D. Zabbix

- 小张的公司需要一款服务台工具，以便用户、服务人员和管理人员能够快速访问服务信息和资源，他应该选择___（6）___。

  （6）A. Confluence　　　　B. ServiceDesk Plus
  　　C. Prometheus　　　　D. Nagios

- 一家大型企业的 IT 部门需要建立一个知识库，以便员工能够快速查找和共享技术文档和经验教训，它应该选择___（7）___工具。

  （7）A. ITSM　　B. Confluence　　C. Zabbix　　D. Jenkins

- 小王是一家制造业公司的运维工程师，他需要一款能够管理备品备件库存、维保服务生命周期和出入库审批流程的工具，他应该选择___（8）___。

  （8）A. Docker　　　　　　B. ServiceHot ITSM
  　　C. ELK Stack　　　　D. Puppet

- 一家科技公司希望采用智能运维（AIOps）解决方案，以利用大数据和人工智能技术提高其运维效率，它应该考虑___（9）___。

  （9）A. 嘉为蓝鲸智能运维解决方案　　B. ELK Stack
  　　C. ServiceDesk Plus　　　　　　　D. Nagios

- 小张是一家软件开发公司的项目经理,他需要一款能够支持版本控制、自动化构建和持续集成的工具链,他应该选择___(10)___。

    (10) A. Git + Maven + Jenkins

    　　　B. Confluence + Puppet + Docker

    　　　C. Zabbix + ELK Stack + Nagios

    　　　D. ServiceDesk Plus + SaltStack + Ansible

答案及解析

(1) **答案:A** 解析　Prometheus 是一套开源的系统监控报警框架,适用于监控 IT 基础设施,包括服务器、网络设备等。

(2) **答案:A** 解析　虽然 ELK Stack(Elasticsearch、Logstash、Kibana)也用于日志管理和性能监控,但 Zabbix 更侧重于 IT 基础设施监控,包括网络监控和性能监控,适合小李的需求。

(3) **答案:A** 解析　统一运维监控平台的建设方式通常包括基于开源监控软件自主开发和定制商业化运维监控平台。

(4) **答案:B** 解析　ITSM(IT Service Management)系统是实现过程管理的主要工具,可以帮助银行提高 IT 服务质量、降低服务风险、提高客户满意度。

(5) **答案:A** 解析　Ansible 是一款新一代的自动化 IT 工具,主要用于自动化部署、配置和管理云计算环境。

(6) **答案:B** 解析　ServiceDesk Plus 是常见的服务台工具之一,它提供了统一的服务信息和资源的访问入口,方便用户、服务人员和管理人员快速访问。

(7) **答案:B** 解析　Confluence 是常见的知识库工具之一,它提供了强大的协作和文档管理功能,适合大型企业建立知识库。

(8) **答案:B** 解析　虽然题目中的选项没有直接提及备品备件管理工具,但我们可以根据知识点推断。ServiceHot ITSM 作为 IT 服务管理系统,可能包含备件管理的功能(尽管这通常需要额外模块或定制)。然而,需要注意的是,在真实场景中,专门的备件管理工具可能更为合适。但在此选择题框架内,且考虑到知识点提及,我们可以假设 ServiceHot ITSM 具有这一功能(或可通过定制实现)。因此,相对于其他选项(Docker 是容器化工具,ELK Stack 是日志管理工具,Puppet 是作业调度/批处理工具),B 选项更接近正确答案。但请注意,这仅是基于题目和知识点的推断。

更严谨的解析(假设无直接对应选项):在实际场景中,小王可能需要一款专门的备件管理工具,而题目中的选项可能不完全匹配。但在此题中,我们可以选择最接近的答案或根据知识点排除明显不符合的选项。由于 A、C、D 选项与备件管理无直接关联,所以可以选择 B 选项作为最接近的答案(基于 ITSM 系统的广泛功能,可能包含备件管理模块或可通过定制实现)。然而,这仅是为了满足选择题框架的解答方式,并非真实场景中的最佳选择。

注意：由于原题目中的选项没有直接对应备件管理工具，上述解析是基于题目要求和知识点的推断。在真实场景中，小王应该寻找专门的备件管理工具。

为了符合题目要求（必须选择给定选项之一），我们采用以下简化解析。

简化解析：在给定选项中，ServiceHot ITSM 作为 IT 服务管理系统，相对于其他选项更可能包含备件管理的功能（尽管这可能需要额外模块或定制）。因此，小王应该选择 ServiceHot ITSM 作为最接近他需求的工具。

（9）**答案：A** 解析　嘉为蓝鲸智能运维解决方案是一种智能运维（AIOps）解决方案，旨在利用大数据和人工智能技术提高运维效率。

（10）**答案：A** 解析　Git 是版本控制工具，Maven 是自动化构建工具，Jenkins 是持续集成/持续交付工具。这三者组合起来可以形成一个完整的工具链，支持软件开发过程中的版本控制、自动化构建和持续集成。

16.3　项目管理工具

- 一家初创科技公司，团队规模较小，希望采用敏捷开发方式来快速迭代产品。他们应该选择＿＿（1）＿＿项目管理工具。

    （1）A．PingCode　　　　　　　　B．禅道
    　　　C．Jira　　　　　　　　　　D．Microsoft Project

- 一个大型软件开发团队，正在开发一个复杂的多模块系统，需要严格的项目计划和资源管理。他们应该选择＿＿（2）＿＿工具。

    （2）A．PingCode　　　　　　　　B．禅道
    　　　C．Jira　　　　　　　　　　D．Microsoft Project

- 一个设计团队，希望使用一个既支持敏捷开发又便于文档协作的项目管理工具。＿＿（3）＿＿工具最符合他们的需求。

    （3）A．PingCode　　　　　　　　B．禅道
    　　　C．Jira　　　　　　　　　　D．Microsoft Project

- 一家小型咨询公司，团队规模较小，且工作方式灵活多变，他们需要一个易于上手且成本较低的项目管理工具。＿＿（4）＿＿工具最适合他们。

    （4）A．PingCode　　　　　　　　B．禅道（开源版）
    　　　C．Jira　　　　　　　　　　D．Microsoft Project

- 一个政府项目团队，对项目的安全性和可扩展性有严格要求，他们应该选择＿＿（5）＿＿项目管理工具。

    （5）A．PingCode　　　　　　　　B．禅道
    　　　C．Jira（企业版）　　　　　D．Microsoft Project

答案及解析

（1）**答案：A** 　**解析**　PingCode 适合敏捷开发，覆盖软件研发全生命周期，且是国内相对成熟的敏捷项目管理软件，适合初创科技公司的需求。

（2）**答案：D** 　**解析**　Microsoft Project 专为大型项目提供全面的项目计划、任务管理、资源管理和进度管理等功能，适合此类需求。

（3）**答案：A** 　**解析**　PingCode 支持敏捷开发，并具备文档协作功能，完全符合设计团队的需求。

（4）**答案：B** 　**解析**　禅道开源版本意味着成本较低，且易于上手，适合小型团队和灵活多变的工作方式。

（5）**答案：C** 　**解析**　Jira 企业版提供了高级的安全性和可扩展性功能，适合政府项目团队的需求。

第17章 信息系统项目管理

17.1 项目基本要素

- 小明所在的公司计划开发一款新的手机 App,以满足用户对于健康管理的新需求。这个工作属于___(1)___类型的活动。
  - (1) A. 运营管理 　　　　　　　　　B. 项目集管理
  　　　C. 项目组合管理 　　　　　　　D. 项目管理
- 一家汽车制造商决定对其生产线进行升级,以提高生产效率。这一决策是基于___(2)___的考虑。
  - (2) A. 项目组合管理 　　　　　　　B. 运营管理
  　　　C. 项目集管理 　　　　　　　　D. 项目管理
- 某公司计划实施一项为期两年的数字化转型项目,该项目旨在通过引入新技术提升业务流程效率。该项目最适合采用___(3)___组织结构来管理。
  - (3) A. 职能型 　　　B. 矩阵型 　　　C. 项目型 　　　D. 虚拟型
- 小张是某软件公司的项目经理,他负责的项目需要频繁与多个部门沟通协作。为了提高沟通效率,公司决定设立一个项目管理办公室(PMO)。该 PMO 最可能属于___(4)___。
  - (4) A. 支持型 　　　B. 控制型 　　　C. 指令型 　　　D. 混合型
- 一家电子商务公司计划在下一个财年推出一系列新产品,并为此制订了详细的项目计划。这些项目计划的管理和协调最适合通过___(5)___进行。
  - (5) A. 项目组合管理 　　　　　　　B. 项目管理
  　　　C. 项目集管理 　　　　　　　　D. 运营管理
- 某医院计划对其医疗信息系统进行升级,以提高医疗服务质量和效率。该医院在选择项目管理方法时,应重点考虑___(6)___。
  - (6) A. 项目范围 　　　　　　　　　B. 项目成本
  　　　C. 组织文化和结构 　　　　　　D. 项目进度

- 一家科技公司正在开发一款智能家居产品，该项目涉及多个部门之间的协作。为了确保项目成功，公司决定设立一个项目管理团队来负责项目的整体推进。该项目管理团队最适合采用___(7)___组织结构。

    (7) A. 职能型   B. 矩阵型
      C. 项目型   D. 虚拟型

- 某政府部门计划实施一项为期三年的智慧城市建设项目，该项目旨在提升城市管理和服务水平。为了确保项目的顺利实施，政府部门决定引入项目管理办公室（PMO）。该 PMO 最适合承担___(8)___的职责。

    (8) A. 提供项目管理支持服务   B. 直接管理项目
      C. 制定项目政策   D. 监督项目合规性

- 一家汽车制造商计划推出一款全新的电动汽车型号，该项目涉及多个部门之间的协作和大量资源的投入。为了确保项目的成功实施，公司决定采用强矩阵型组织结构。在强矩阵型结构中，___(9)___将拥有对项目的最终决策权。

    (9) A. 职能经理   B. 项目经理
      C. 项目管理办公室（PMO）   D. 高级管理层

- 某互联网公司计划开发一款新的社交媒体应用，该项目旨在满足年轻用户对于社交互动的新需求。为了确保项目的成功实施，公司决定采用敏捷项目管理方法。敏捷项目管理方法最注重的是___(10)___。

    (10) A. 项目计划的详细性   B. 项目进度的严格控制
       C. 客户需求的快速响应   D. 项目成本的严格控制

答案及解析

（1）**答案：D** **解析** 开发一款新的手机 App 是一个具有明确起点和终点的临时性工作，旨在创造独特的产品（即 App），因此属于项目管理。运营管理关注的是产品的持续生产或服务的持续提供；项目集管理涉及多个相互关联的项目，而此题仅提及一个项目；项目组合管理则是对多个项目、项目集等进行集中管理，以实现战略目标。

（2）**答案：B** **解析** 生产线升级是为了持续提高生产效率，属于运营管理的范畴。运营管理关注产品的持续生产和服务的持续提供。项目、项目集和项目组合管理均涉及临时性工作，与此不符。

（3）**答案：B** **解析** 数字化转型项目通常涉及多个部门之间的协作，因此矩阵型组织结构较为合适。矩阵型结构允许项目经理在职能经理的支持下，对项目进行跨部门的协调和管理。职能型结构可能导致部门间沟通不畅；项目型结构则可能过于僵化；虚拟型结构则更适合远程协作或分布式团队。

（4）**答案：A** **解析** 根据描述，项目管理办公室（PMO）的主要作用是提供支持和协调，而不是直接控制或管理项目。因此，支持型 PMO 最为合适。支持型 PMO 提供模板、最佳实践、培训等支持服务，帮助项目经理更好地管理项目。控制型和指令型 PMO 则对项目有更高的控制程度。混合型 PMO 则可能包含多种类型的职责，但在此情境下并未提及。

（5）**答案：A　解析**　电子商务公司计划推出一系列新产品，这些产品可能涉及多个项目，且这些项目之间可能存在关联或依赖关系。因此，通过项目组合管理可以对这些项目进行集中管理和协调，以确保它们共同实现公司的战略目标。项目管理则更侧重于单个项目的管理；项目集管理虽然也涉及多个项目，但更侧重于项目之间的协调和整合，而不是从战略高度进行组合管理；运营管理则与产品的持续生产和服务提供相关。

（6）**答案：C　解析**　虽然项目范围、项目成本和项目进度都是项目管理中需要考虑的重要因素，但在选择项目管理方法时，更应关注组织文化和结构等事业环境因素。这些因素会影响项目的实施方式和效果，因此需要在项目开始前进行充分评估。例如，医院的文化可能强调团队合作和持续改进，这会影响项目管理方法的选择和实施。

（7）**答案：C　解析**　智能家居产品的开发需要多个部门之间的紧密协作和快速响应，因此项目型组织结构最为合适。项目型结构允许项目经理拥有对项目的完全控制权，可以跨部门调配资源，确保项目的顺利推进。矩阵型结构虽然也涉及跨部门协作，但可能因权力分配和沟通问题而导致效率降低；职能型和虚拟型结构则更不适合此类项目。

（8）**答案：A　解析**　对于智慧城市建设项目这样的复杂项目，项目管理办公室（PMO）的主要职责应该是提供项目管理支持服务，包括模板、最佳实践、培训等。这有助于确保项目团队能够遵循最佳实践，提高项目管理水平。直接管理项目可能过于僵化，不利于项目的灵活性和创新性；制定项目政策和监督项目合规性虽然也是 PMO 的职责之一，但在此情境下并非主要职责。

（9）**答案：B　解析**　在强矩阵型结构中，项目经理拥有对项目的最终决策权，可以跨部门调配资源，确保项目的顺利推进。职能经理则负责提供技术支持和资源保障，但不拥有对项目的最终决策权；项目管理办公室（PMO）主要提供支持和协调服务，同样不拥有最终决策权；高级管理层则负责监督项目的整体进展和战略目标的实现，但通常不直接参与项目的日常决策。

（10）**答案：C　解析**　敏捷项目管理方法注重的是快速响应客户需求和变化，以灵活的方式推进项目。因此，客户需求的快速响应是敏捷项目管理方法最注重的方面。相比之下，项目计划的详细性、项目进度和项目成本的严格控制虽然也是项目管理中需要考虑的因素，但在敏捷方法中并不是最重要的。敏捷方法更强调团队的协作和快速迭代，以适应不断变化的市场需求。

17.2　项目经理的角色

- 小张在公司里负责确保项目按时、按预算完成，同时协调团队成员之间的工作，他担任的职位最可能是＿＿（1）＿＿。

    （1）A．职能经理　　　　　　　　　　B．运营经理
    　　　C．项目经理　　　　　　　　　　D．组织经理

- 李经理在项目管理中经常与团队成员沟通项目进展，解决团队冲突，并向上级汇报项目状态，这体现了项目经理在___(2)___层面上的影响力。
  - (2) A．项目　　　　　　B．组织　　　　　　C．行业　　　　　　D．专业学科
- 王经理在项目中经常关注并准备关键项目管理要素，如进度表、财务报告等，这体现了他的___(3)___技能。
  - (3) A．领导力　　　　　　　　　　　　　　B．战略和商务管理
  　　C．项目管理　　　　　　　　　　　　　D．专业技能
- 张经理在项目执行过程中，经常与团队成员讨论项目愿景和目标，激发他们的创新潜能，这属于___(4)___领导力风格。
  - (4) A．放任型　　　　　　B．交易型　　　　　　C．变革型　　　　　　D．魅力型
- 赵经理在项目启动阶段，花时间制订了详细的项目计划，并谨慎地排定了任务的优先顺序，这体现了他的___(5)___项目管理技能。
  - (5) A．时间管理　　　　　B．风险管理　　　　　C．计划制订　　　　　D．沟通管理
- 刘经理在项目执行中，经常关注项目的长期愿景，而不仅仅是短期目标，这体现了他的___(6)___管理或领导力特点。
  - (6) A．管理关注近期目标　　　　　　　　　B．领导力关注长期愿景
  　　C．管理依赖控制　　　　　　　　　　　D．领导力激发信任
- 陈经理在项目中经常与团队成员合作，共同解决问题，并鼓励他们提出创新性的想法，这体现了他的___(7)___领导力风格。
  - (7) A．放任型　　　　　　B．服务型　　　　　　C．变革型　　　　　　D．交互型
- 周经理在项目管理中，经常关注项目进度、成本和资源风险，以确保项目能够按计划进行，这体现了他的___(8)___要素管理能力。
  - (8) A．时间管理　　　　　B．成本管理　　　　　C．质量管理　　　　　D．风险管理
- 在项目执行阶段，孙经理发现团队成员之间的沟通不畅，导致工作效率低下，他立即采取措施改善沟通，这体现了他的___(9)___管理或领导力技能。
  - (9) A．计划制订　　　　　B．风险管理　　　　　C．沟通管理　　　　　D．领导力
- 在项目收尾阶段，李项目经理组织团队成员进行项目复盘，总结经验教训，并为未来的项目提供参考，这体现了他的___(10)___的项目管理能力。
  - (10) A．启动管理　　　　B．执行管理　　　　　C．监控管理　　　　　D．收尾管理

答案及解析

（1）**答案：C** 解析　小张的职责包括确保项目按时、按预算完成，并协调团队成员，这些都是项目经理的典型职责。

（2）**答案：A** 解析　李经理与团队成员沟通、解决冲突和向上级汇报，都是项目经理在项

目层面上的影响力体现。

（3）**答案：C** **解析** 王经理关注并准备关键项目管理要素，是项目管理技能的重要体现。

（4）**答案：C** **解析** 张经理与团队成员讨论愿景、激发创新，是变革型领导力的典型特征。

（5）**答案：C** **解析** 赵经理花时间制订详细的项目计划和排定任务的优先顺序，是计划制订技能的重要体现。

（6）**答案：B** **解析** 刘经理关注项目的长期愿景，与领导力关注长期愿景的特点相符。

（7）**答案：B** **解析** 服务型和变革型均可（但根据题干描述更偏向B项服务型）。陈经理与团队成员合作、共同解决问题，体现了服务型的领导力风格，因为服务优先于领导。同时，鼓励创新也符合变革型领导力的特点。但题干中更强调合作和共同解决问题，因此服务型更为贴切。

（8）**答案：D** **解析** 周经理关注项目进度、成本和资源风险，这些都属于风险管理的范畴，因为风险管理包括识别、评估和应对可能影响项目的各种风险。同时，进度管理（时间管理）和成本管理也是项目管理的重要要素，但题干中强调的是对风险的关注和管理。因此，风险管理最为贴切，但需注意题干中涉及了时间（进度）和成本的管理元素。

（9）**答案：C** **解析** 孙经理改善团队成员之间的沟通，直接体现了沟通管理技能。同时，作为项目经理，采取措施改善沟通也体现了他的领导力，因为领导力包括指导、激励和带领团队。但题干中更直接地描述了沟通管理的行为，因此C选项更为贴切。

（10）**答案：D** **解析** 李经理在项目收尾阶段组织复盘和总结，是收尾管理能力的体现。

17.3 价值驱动的项目管理知识体系

- 小李负责一个新产品的开发项目，在项目初期，他需要与团队成员和关键干系人明确项目的目标和范围，这一行为属于项目管理过程组中的＿＿＿（1）＿＿＿。

  （1）A．启动过程组　　B．规划过程组　　C．执行过程组　　D．监控过程组

- 张经理在负责一个IT系统的升级项目时，采用了敏捷开发方法，每个迭代周期结束后都会向客户展示并收集反馈，然后调整下一个迭代的内容。这种项目生命周期类型属于＿＿＿（2）＿＿＿。

  （2）A．预测型生命周期　　　　　　B．迭代型生命周期

  　　 C．增量型生命周期　　　　　　D．适应型生命周期（敏捷型）

- 王女士负责一个市场营销活动的策划项目，在项目执行阶段，她需要确保所有计划的活动都按计划进行，并及时调整偏差。这一行为属于项目管理知识领域中的＿＿＿（3）＿＿＿。

  （3）A．项目整合管理　　　　　　　B．项目范围管理

  　　 C．项目进度管理　　　　　　　D．项目成本管理

- 在一个软件开发项目中，项目经理发现开发团队对需求的理解存在偏差，导致项目进度受阻。为了解决这个问题，项目经理应该首先进行＿＿＿（4）＿＿＿。

  （4）A．实施整体变更控制　　　　　B．控制范围

  　　 C．控制进度　　　　　　　　　D．监控风险

- 小李在一个跨部门项目中担任项目经理，他需要确保项目信息在项目团队和外部干系人之间及时、准确地传递。这一行为属于项目管理知识领域中的___(5)___。

    (5) A. 项目整合管理　　　　　　　　B. 项目范围管理
    　　C. 项目沟通管理　　　　　　　　D. 项目风险管理

- 在一个新产品研发项目中，项目经理决定采用增量型生命周期，通过一系列迭代逐步增加产品的功能。在项目的最后阶段，所有功能都已被实现并集成到产品中。这一阶段的结束标志着项目的___(6)___的完成。

    (6) A. 启动过程组　　　　　　　　　B. 规划过程组
    　　C. 执行过程组　　　　　　　　　D. 收尾过程组

- 张经理在负责一个大型基础设施建设项目时，发现项目成本超出了预算。为了控制成本，他应该首先进行___(7)___。

    (7) A. 估算成本　　　　　　　　　　B. 制定预算
    　　C. 控制成本　　　　　　　　　　D. 规划成本管理

- 在一个软件开发项目中，项目经理发现团队成员之间的沟通和协作存在障碍，导致项目进度受阻。为了改善这种情况，项目经理应该首先进行___(8)___。

    (8) A. 管理沟通　　　　　　　　　　B. 管理干系人参与
    　　C. 管理质量　　　　　　　　　　D. 管理团队

- 在一个新产品市场推广项目中，项目经理需要确保所有关键干系人都对项目有清晰的了解，并对项目的成功有共同的期望。这一行为属于项目管理知识领域中的___(9)___。

    (9) A. 项目整合管理　　　　　　　　B. 项目范围管理
    　　C. 项目干系人管理　　　　　　　D. 项目风险管理

- 在一个跨国公司的全球项目中，项目经理需要确保不同国家和文化背景的团队成员之间能够顺畅沟通，并有效协作。为了实现这一目标，项目经理应该首先进行___(10)___过程。

    (10) A. 规划沟通管理　　　　　　　　B. 管理团队
    　　　C. 管理干系人参与　　　　　　　D. 管理质量

答案及解析

(1) **答案：A　解析**　启动过程组定义了新项目或现有项目的新阶段，并授权项目或阶段的开始。明确项目目标和范围是启动过程组的核心任务之一。

(2) **答案：D　解析**　敏捷开发方法属于适应型生命周期（敏捷型），它强调在交付期间频繁细化需求，并实时将变更融入项目。虽然迭代型生命周期也涉及定期的变更融入，但适应型生命周期（敏捷型）更强调对变化的快速响应和持续迭代。

(3) **答案：C　解析**　项目进度管理涉及管理项目按时完成所需的各个过程，包括监控进度和及时调整偏差。

（4）**答案：B 解析**　控制范围涉及确保项目包含且仅包含所需的工作，以成功完成项目。当发现开发团队对需求的理解出现偏差时，首先需要通过控制范围来纠正偏差。

（5）**答案：C 解析**　项目沟通管理涉及确保项目信息及时且恰当地规划、收集、生成、发布、存储、检索、管理、控制、监督和最终处置。

（6）**答案：D 解析**　在增量型生命周期中，每个迭代都增加了产品的功能，直到最后阶段所有功能都被实现并集成。这一阶段的结束标志着项目的收尾过程组的完成，即正式完成或结束项目。

（7）**答案：C 解析**　控制成本涉及监督成本执行情况，发现偏差并采取纠正措施。当发现成本超出预算时，张经理应该首先进行控制成本的过程。

（8）**答案：A 解析**　管理沟通涉及确保项目信息在团队内部和干系人之间及时、准确地传递。当发现团队成员之间沟通和协作存在障碍时，项目经理应该首先进行管理沟通的过程，以改善沟通状况。

（9）**答案：C 解析**　项目干系人管理涉及识别影响或受项目影响的人员、团队或组织，分析干系人对项目的期望和影响，并制定合适的管理策略来有效调动干系人参与项目决策和执行。

（10）**答案：A 解析**　规划沟通管理涉及确定项目干系人的信息需求，并制订沟通计划。在跨国项目中，由于存在文化和语言差异，项目经理需要首先进行规划沟通管理，以确保团队成员之间能够顺畅沟通。

第18章 智慧城市发展规划

18.1 发展整体环境

- 小王所在的城市近年来大力推进智慧城市建设，通过整合信息资源，提升了城市管理和服务水平。根据国家标准定义，智慧城市的核心目的是___(1)___。

  (1) A. 提高城市居民的健康水平

      B. 实现城市各系统间信息资源共享和业务协同

      C. 增加城市的 GDP 总量

      D. 提升城市绿化覆盖率

- 李阿姨所在的城市在智慧城市建设过程中，特别注重信息安全的建设。这属于智慧城市成熟度模型框架中的___(2)___类能力要素。

  (2) A. 惠民服务   B. 城市治理

      C. 共性基础类   D. 产业发展

- 小张所在的城市在智慧城市建设方面已经达到了较高的水平，实现了多业务、多层级、跨领域应用系统的集成，推动了各领域间的协同改进。根据智慧城市成熟度等级划分，该城市目前处于___(3)___。

  (3) A. 规划级   B. 管理级   C. 协同级   D. 优化级

- 智慧城市的建设离不开宏观环境的支持。以下___(4)___不属于智慧城市规划的宏观环境。

  (4) A. 政策环境   B. 经济环境

      C. 自然环境   D. 技术环境

- 某城市在智慧城市建设过程中，特别注重数据要素的价值挖掘和开发利用，推动了城市竞争力的持续提升。根据智慧城市成熟度等级划分，该城市可能处于___(5)___或以上的水平。

  (5) A. 规划级   B. 管理级   C. 协同级   D. 优化级

答案及解析

（1）**答案：B** 解析 根据国家标准定义，智慧城市的核心目的是通过运用信息通信技术，有效整合各类城市管理系统，实现城市各系统间信息资源共享和业务协同，从而提升城市管理和服务水平。

（2）**答案：C** 解析 智慧城市成熟度模型框架中，共性基础类能力要素作为智慧城市建设的能力支撑，贯穿智慧城市发展的全过程，包括数字战略、全周期管理、ICT资源、数据、技术服务、信息安全等。因此，信息安全建设属于共性基础类能力要素。

（3）**答案：C** 解析 根据智慧城市成熟度等级划分，三级（协同级）的特征是有效管控智慧城市各项发展目标，实施多业务、多层级、跨领域应用系统的集成，持续推进信息资源的共享与交换，推动惠民服务、城市治理、生态宜居、产业发展等的融合创新，实现跨领域的协同改进。小张所在的城市已经实现了这些特征，因此处于协同级。

（4）**答案：C** 解析 智慧城市规划的宏观环境包括政策环境、经济环境、社会环境和技术环境。这些环境因素对智慧城市的建设和发展具有重要影响。

（5）**答案：D** 解析 根据智慧城市成熟度等级划分，四级（优化级）的特征是智慧城市与城市发展深度融合，基于数据与知识模型实现城市经济、社会精准化治理，数据要素的价值挖掘和开发利用活跃，城市竞争力持续提升。某城市已经注重数据要素的价值挖掘和开发利用，并推动了城市竞争力的持续提升，因此可能处于优化级或以上的水平。

18.2　发展关注焦点

- 小张所在的城市最近安装了大量的智能监控摄像头，并引入了大数据分析系统来监测和预测公共安全事件。这属于智慧城市建设中的___（1）___领域。
  （1）A．惠民服务　　B．城市治理　　C．生态宜居　　D．产业发展
- 小李所在的社区最近推出了一个在线政务服务平台，居民可以通过该平台办理各种政务手续，如申请证件、查询个人信息等。这属于智慧城市建设中的___（2）___领域。
  （2）A．城市治理　　B．惠民服务　　C．生态宜居　　D．区域协同
- 某城市为了推动绿色低碳发展，引入了智能电网和智能水表等技术，以实时监测和控制能源和水资源的消耗。这属于智慧城市建设中的___（3）___领域。
  （3）A．产业发展　　B．惠民服务　　C．生态宜居　　D．城市治理
- 某市为了促进智慧商圈的发展，推出了一个集成购物、餐饮、娱乐等多功能的智能App，方便市民和游客进行消费和娱乐。这属于智慧城市建设中的___（4）___领域。
  （4）A．生态宜居　　B．惠民服务　　C．产业发展　　D．城市治理

- 为了推动城乡一体化发展，某省实施了跨区域协同发展战略，通过建设智能交通系统和信息共享平台，加强城乡之间的联动和协同发展。这属于智慧城市建设中的___(5)___领域。

    （5）A．惠民服务　　　B．城市治理　　　C．区域协同　　　D．生态宜居

答案及解析

（1）**答案：B** **解析** 题干中提到的智能监控摄像头和大数据分析系统用于监测和预测公共安全事件，这属于城市治理领域中的公共安全业务。

（2）**答案：B** **解析** 题干中提到的在线政务服务平台，方便居民办理各种政务手续，这属于惠民服务领域中的政务服务业务。

（3）**答案：C** **解析** 题干中提到的智能电网和智能水表等技术，用于实时监测和控制能源和水资源的消耗，这属于生态宜居领域中的绿色低碳和智慧能源业务。

（4）**答案：C** **解析** 题干中提到的智能 App，集成了购物、餐饮、娱乐等多功能，用于促进智慧商圈的发展，这属于产业发展领域中的智慧商圈业务。

（5）**答案：C** **解析** 题干中提到的跨区域协同发展战略，通过建设智能交通系统和信息共享平台，加强城乡之间的联动和协同发展，这属于区域协同领域中的城乡联动和跨区域协同业务。

18.3　发展规划要点

- 智慧城市规划中，关于与国家城镇化、信息化发展规划的结合，以下说法不正确的是___(1)___。
    （1）A．应与城市其他相关规划、政策文件相衔接
    　　　B．可以完全独立于国家城镇化、信息化发展规划
    　　　C．应推进公共服务便捷化等目标的实现
    　　　D．应从城市整体发展战略层面进行规划和设计

- 在智慧城市规划中，以下___(2)___不属于应考虑的因素。
    （2）A．政府、企业、居民等多元主体的实际需求
    　　　B．智慧城市建设的经济效益最大化
    　　　C．围绕目标导向、问题导向和需求导向展开
    　　　D．重点围绕跨部门、跨领域、跨层级的资源统筹

- 智慧城市规划中的"一网协同"主要聚焦于___(3)___。
    （3）A．政府机关内部的数字化　　　B．政府对外治理和服务的数字化
    　　　C．公共服务领域的数字化　　　D．数字经济产业的数字化

- 以下___(4)___不是数字社会规划的主要范畴。
    （4）A．公共服务　　　　　　　　　B．教育
    　　　C．智能制造　　　　　　　　　D．数字乡村

- 在数字经济规划中，数据要素的核心资产是___（5）___。
  - （5）A．数字产业化　　　　　　　　B．产业数字化
    C．数据要素市场化　　　　　　D．数字技术
- 智慧城市的数字基础设施主要包括___（6）___。
  - （6）A．信息基础设施　　　　　　　B．融合基础设施
    C．创新基础设施　　　　　　　D．传统基础设施
- 以下___（7）___不是智慧城市组织与保障体系规划的重点关注内容。
  - （7）A．组织体系　　　　　　　　　B．市场化生态
    C．生态环境保护　　　　　　　D．人才队伍
- 在智慧城市规划中，关于信息安全保障措施，以下说法不正确的是___（8）___。
  - （8）A．应全面落实信息安全责任制　　B．可以忽略终端安全的重要性
    C．应确保安全工具的有效性　　　D．应强化网络行为审计和运维审计
- 智慧城市规划中，关于规划目标的设定，以下说法不正确的是___（9）___。
  - （9）A．应以阶段为划分，明确各阶段的主要任务
    B．总体目标应以近期为准，明确规划期完成后的宏观成效
    C．规划目标可以随意设定，不受城市战略及智慧城市指导思想等内容的约束
    D．应建立指标体系，实现对智慧城市建设效果的量化
- 以下___（10）___不是智慧城市业务与技术融合规划的主要内容。
  - （10）A．数字政府规划　　　　　　　B．数字社会规划
    C．数字经济规划　　　　　　　D．数字娱乐规划

答案及解析

（1）**答案：B**　解析　智慧城市规划应与国家城镇化、信息化发展规划进行有机结合，并与城市其他相关规划、政策文件相衔接，以推进公共服务便捷化等目标的实现，并从城市整体发展战略层面进行规划和设计。

（2）**答案：B**　解析　智慧城市发展规划应考虑政府、企业、居民等多元主体的实际需求，围绕目标导向、问题导向和需求导向展开，并重点围绕跨部门、跨领域、跨层级的资源统筹。而经济效益最大化并不是智慧城市规划的首要或唯一考虑因素。

（3）**答案：A**　解析　"一网协同"规划主要聚焦于政府机关内部的数字化，包括机关内部办公、办会、办事等方面的数字化提升方法和途径。

（4）**答案：C**　解析　数字社会规划的主要范畴包括公共服务、教育、医疗、社会治理、数字乡村、便民服务等领域。而智能制造属于数字经济规划中的产业数字化范畴。

（5）**答案：C**　解析　在数字经济规划中，数据要素是核心资产，数据要素市场化是推动数字经济发展的重要环节。

（6）**答案：A　解析**　智慧城市的数字基础设施主要包括信息基础设施、融合基础设施和创新基础设施。但在这三者中，信息基础设施是最基础、最主要的组成部分，包括"云、网、数、智、安、端"等内容。

（7）**答案：C　解析**　智慧城市组织与保障体系规划的重点关注内容包括组织体系、市场化生态、人才队伍和信息安全等方面。生态环境保护虽然重要，但并不属于智慧城市组织与保障体系规划的重点关注内容。

（8）**答案：B　解析**　在智慧城市信息安全保障措施规划中，应全面落实信息安全责任制，确保任何安全风险和安全事件都有对应的人负责；同时应重视网络安全、数据安全和系统安全，并把终端安全（IoT、ICT 等）的重要性提高到新的高度；还应确保安全工具的有效性，并强化网络行为审计和运维审计等。

（9）**答案：C　解析**　智慧城市规划目标的设定应以阶段为划分，明确各阶段的主要任务；总体目标应以近期为准，明确规划期完成后在政务、经济、社会、文化、生态文明等领域所取得的宏观成效；同时应建立指标体系，实现对智慧城市建设效果的量化。规划目标不能随意设定，应充分衔接城市战略及智慧城市指导思想等内容。

（10）**答案：D　解析**　相比之下，数字娱乐规划并不是智慧城市业务与技术融合规划的主要内容。虽然数字娱乐作为数字经济的一个细分领域，对城市的文化产业和居民生活有一定影响，但它并不直接构成智慧城市业务与技术融合规划的核心框架，智慧城市规划更侧重于政府管理，社会服务和经济发展等关键领域的数字化转型。

18.4　系统架构

- 在智慧城市建设中，以下___（1）___环节主要负责识别和规划城市智慧化建设的核心业务场景。
  - （1）A．应用架构　　　　　　　　　B．业务架构
  　　　C．数据架构　　　　　　　　　D．技术架构
- 智慧城市的感知层通常不包括___（2）___。
  - （2）A．视频监控　　　　　　　　　B．物联网感知体系
  　　　C．数据汇聚和分析　　　　　　D．气象监测设备
- 在智慧城市的应用架构设计中，以下___（3）___不是需要重点考虑的内容。
  - （3）A．识别可重用或共用的系统模块　B．设计重点信息系统的功能
  　　　C．确定城市数据模型　　　　　　D．设计跨部门信息系统的功能
- 智慧城市的___（4）___架构层面主要负责为城市各业务系统的运行提供数据资源保障。
  - （4）A．应用层　　　　　　　　　　B．数据层
  　　　C．感知层　　　　　　　　　　D．平台层
- 在智慧城市的安全体系设计中，以下___（5）___方面不是需要综合考虑的内容。
  - （5）A．规则　　　B．技术　　　C．经济　　　D．管理

- 智慧城市的___(6)___架构层面通常包括业务平台和技术平台。

    (6) A．感知层　　　　　　　　　　B．数据层
    　　C．平台层　　　　　　　　　　D．应用层

- 以下___(7)___不是智慧城市数据架构的主要组成部分。

    (7) A．城市总体数据模型　　　　　　B．数据分布
    　　C．数据安全策略　　　　　　　　D．数据服务

- 在智慧城市的应用架构设计中，以下___(8)___不是对应用系统的描述。

    (8) A．新建的应用系统　　　　　　　B．升级改造的应用系统
    　　C．利旧的应用系统　　　　　　　D．淘汰的应用系统

- 智慧城市的___(9)___直接面向用户提供业务系统和服务。

    (9) A．感知层　　　　　　　　　　　B．数据层
    　　C．应用层与展示层　　　　　　　D．平台层

- 在智慧城市的产业体系规划中，以下___(10)___不是需要考虑的内容。

    (10) A．城市产业基础　　　　　　　　B．新技术发展趋势
    　　 C．居民收入水平　　　　　　　　D．新产业、新业态的发展

答案及解析

（1）**答案：B**　解析　业务架构是智慧城市建设的业务需求，负责识别和规划城市智慧化建设的核心业务场景。应用架构主要关注应用系统的结构和关联关系；数据架构关注数据模型、数据分布和数据服务；技术架构关注技术实现和平台服务能力。

（2）**答案：C**　解析　智慧城市的感知层主要包括视频监控、物联网感知体系、气象监测设备等，用于收集城市各业务领域的实时数据。数据汇聚和分析属于数据层的功能。

（3）**答案：C**　解析　智慧城市的应用架构主要关注应用系统的结构和功能，而确定城市数据模型是数据架构的内容。智慧城市应用架构应包含以下要点：①总体梳理城市应用系统；②识别可重用或共用的系统模块，统筹设计城市内部跨部门使用的信息系统；③设计重点信息系统的功能；④设计城市内跨部门信息系统的功能。

（4）**答案：B**　解析　智慧城市的数据层包括数据汇聚、清洗、分析、共享交换等功能，为城市各业务系统的运行提供数据资源保障。

（5）**答案：C**　解析　智慧城市的安全体系设计需要综合考虑规则、技术和管理等方面，而经济方面通常不是安全体系设计的直接内容。

（6）**答案：C**　解析　智慧城市的平台层通常包括业务平台和技术平台，以共性平台为主，通过统筹集约方式建设服务各业务领域运行。

（7）**答案：C**　解析　智慧城市的智慧城市数据架构的主要组成部分包括城市总体数据模型、数据分布和数据服务，数据安全策略通常属于安全体系的内容。

（8）**答案：D　解析**　在智慧城市的应用架构设计中，通常会识别新建、升级改造和利旧的应用系统，淘汰的应用系统通常不在应用架构设计的直接考虑范围内，而是在后续的项目实施阶段进行决策。

（9）**答案：C　解析**　智慧城市的应用层与展示层是直接面向用户的业务系统，包括民生服务、城市治理、产业发展、生态环保等。

（10）**答案：C　解析**　在智慧城市的产业体系规划中，通常需要考虑城市产业基础、新技术发展趋势以及新产业、新业态的发展等，居民收入水平虽然重要，但通常不是产业体系规划的直接内容。

第19章 智慧园区发展规划

19.1 发展整体环境

- 智慧园区的建设对于园区发展的积极影响有___(1)___。
  - (1) A．提升园区工作效率　　　　　　B．增加园区污染排放
  　　　C．降低园区经济效益　　　　　　D．减少园区就业机会
- 以下___(2)___不是智慧园区建设的主要特点。
  - (2) A．开放、共建、共享　　　　　　B．服务均等化
  　　　C．高污染、高能耗　　　　　　　D．发展特色化
- 智慧园区在平台化发展阶段，主要实现了___(3)___功能。
  - (3) A．数据融合和数据价值挖掘　　　B．传统产业转型升级
  　　　C．园区全面自动化生产　　　　　D．园区员工生活智能化
- 以下模式中，___(4)___是目前智慧园区建设中最受推崇的投资模式。
  - (4) A．由园区管委会推动的"智慧园区"建设
  　　　B．由运营商推动的"智慧园区"建设
  　　　C．由各种厂商推动的"智慧园区"的建设
  　　　D．在园区管委会支持下组建专业第三方公司推动的"智慧园区"建设
- 智慧园区的建设对于园区环境的积极影响有___(5)___。
  - (5) A．减少污染排放　　　　　　　　B．增加噪声污染
  　　　C．破坏生态平衡　　　　　　　　D．降低绿化覆盖率
- 以下___(6)___不是智慧园区建设面临的主要问题。
  - (6) A．技术模型和总体规划不足　　　B．数据孤岛问题普遍存在
  　　　C．园区员工素质普遍较高　　　　D．信息安全和法律法规不健全

- 智慧园区的全要素融合阶段主要依托___（7）___技术。
  （7）A．人工智能和数字孪生技术　　　B．传统机械自动化技术
  　　　C．单一的信息技术　　　　　　　D．简单的数据处理技术
- 智慧园区的建设对于园区企业来说有___（8）___的好处。
  （8）A．提升企业生产效率　　　　　　B．增加企业运营成本
  　　　C．降低企业市场竞争力　　　　　D．减少企业创新机会
- 以下___（9）___不是智慧园区投资运营模式的一种。
  （9）A．政府投资类　　　　　　　　　B．平台公司类
  　　　C．园区员工自发组织类　　　　　D．政府和社会资本合作共建
- 智慧园区的建设对于促进区域经济发展的积极作用有___（10）___。
  （10）A．吸引优质企业入驻　　　　　　B．导致区域人才流失
  　　　C．阻碍区域经济一体化进程　　　D．降低区域整体竞争力

答案及解析

（1）**答案：A**　解析　智慧园区的建设通过引入先进的技术和管理模式，能够显著提升园区的工作效率，包括办公效率、生产效率等。

（2）**答案：C**　解析　智慧园区建设的主要特点包括开放、共建、共享、服务均等化，以及发展特色化。而高污染、高能耗与智慧园区的绿色、可持续发展理念相违背。

（3）**答案：A**　解析　在平台化发展阶段，智慧园区通过一体化的信息数字平台，实现了数据融合和数据价值挖掘，用数据支持园区精益运营，实现园区数据和服务共享等。

（4）**答案：D**　解析　就目前实践情况来看，在园区管委会支持下组建专业第三方公司推动的"智慧园区"建设模式最大的特点是具有自主权，受到的制约因素较少，投资建设较灵活。因此，这种全新模式也是目前最受推崇的。A、B、C三项虽然也是智慧园区的投资模式，但在灵活性和自主权方面相对较弱。

（5）**答案：A**　解析　智慧园区的建设通过引入先进的环保技术和管理模式，能够减少园区的污染排放，提升园区的环境质量。

（6）**答案：C**　解析　智慧园区建设面临的主要问题包括技术模型和总体规划不足、数据孤岛问题普遍存在、信息安全和法律法规不健全等。而园区员工素质普遍较高并不是智慧园区建设面临的主要问题，反而可能是智慧园区建设的一个有利条件。

（7）**答案：A**　解析　在全要素融合阶段，智慧园区将以人工智能、数字孪生等技术为依托，打造"全要素聚合、全场景智慧"，强化数字环境下的模拟和预测能力。

（8）**答案：A**　解析　智慧园区的建设通过提供智能化的管理和服务，能够提升企业的生产效率，降低运营成本，增强市场竞争力，并激发企业的创新活力。

（9）**答案：C**　解析　智慧园区的投资运营模式主要有政府投资类、平台公司类、政府和社

会资本合作共建等。园区员工自发组织类并不是智慧园区的投资运营模式之一。

（10）**答案：A** 解析　智慧园区的建设通过提供优质的营商环境和智能化的服务，能够吸引优质企业入驻，从而带动区域经济的发展。

19.2　发展关注焦点

- 智慧园区在招商引资过程中，以下工作___(1)___不是其主要关注的。
  - (1) A．产业定位与招商目标　　　　　B．优惠政策与服务定价
  　　　C．营销推广与便捷运营　　　　　D．员工招聘与培训
- 智慧园区通过___(2)___手段实现对企业经营状况的一图总览和风险预警。
  - (2) A．企业画像系统　　　　　　　　B．财务管理软件
  　　　C．物业管理平台　　　　　　　　D．访客管理系统
- 智慧园区的智慧环保主要体现在___(3)___。
  - (3) A．环境监测与节能减排　　　　　B．废物管理与环境预警
  　　　C．水资源管控与应急一体化　　　D．以上都是
- 智慧园区在公共安全领域，以下___(4)___不是其主要关注的。
  - (4) A．周界防范与视频监控　　　　　B．报警预警与消防一张图
  　　　C．人员通行权限与访客管理　　　D．园区文化活动组织
- 智慧园区的产城融合主要评价___(5)___的智慧化程度。
  - (5) A．政务协同与专项治理　　　　　B．专项监督与政策应用
  　　　C．园区效能与经济发展　　　　　D．以上都是
- 智慧园区的运行管理不包括___(6)___。
  - (6) A．设施设备管理与绿化管理　　　B．施工管理与充电管理
  　　　C．公共卫生与治安联防　　　　　D．企业营销与市场推广
- 智慧园区在绿色环保方面，以下___(7)___不是其主要关注的。
  - (7) A．环保管理与能源管理　　　　　B．双碳发展与绿色能源
  　　　C．废物回收与资源再利用　　　　D．网络安全与数据保护
- 智慧园区通过___(8)___实现园区的应急指挥。
  - (8) A．应急一张图与综合分析研判系统
  　　　B．物业管理平台与财务管理系统
  　　　C．企业画像系统与招商管理系统
  　　　D．安防管理系统与访客管理系统
- 以下___(9)___不是智慧园区在产业服务方面主要关注的内容。
  - (9) A．产业运行与营商环境　　　　　B．企业发展与数字经济
  　　　C．共享融合与园区文化建设　　　D．营商环境优化与政策扶持

- 智慧园区的信息与应用建设主要关注___（10）___。

（10）A．信息治理与数据治理 B．物联感知与网络传输
C．数据中心与计算资源 D．以上都是

答案及解析

（1）**答案：D** 解析 智慧园区在招商引资过程中，主要关注的是产业定位、招商目标、优惠政策、服务定价、营销推广和便捷运营等方面，以吸引优质企业入驻。员工招聘与培训并非招商引资的直接工作，而是企业入驻后的内部管理事务。

（2）**答案：A** 解析 企业画像系统是智慧园区对入园企业各类情况的客观刻画和表达，能够帮助园区管理者和相关企业经营者一图总览企业的经营状况，并有效对未来的风险进行预警和处置。

（3）**答案：D** 解析 智慧园区的智慧环保重点体现在环境监测、节能减排、废物管理、环境预警等方面，同时水资源管控与应急一体化也是智慧水务的重要组成部分，属于智慧环保的范畴。

（4）**答案：D** 解析 智慧园区在公共安全领域主要关注的是周界防范、视频监控、报警预警、消防一张图、人员通行权限、访客管理等方面，以确保园区的安全稳定。园区文化活动组织属于园区的社群服务范畴，并非公共安全的主要关注内容。

（5）**答案：D** 解析 智慧园区的产城融合主要评价园区与城市融合发展方面的智慧化程度，重点关注政务协同、专项治理、专项监督、政策应用以及园区效能、经济发展等方面。

（6）**答案：D** 解析 智慧园区的运行管理主要关注园区各类设备设施、绿化、照明、楼宇等日常运行管理活动，使用智能化手段和智慧化管理的情况。企业营销与市场推广属于园区的产业服务范畴，并非运行管理的主要内容。

（7）**答案：D** 解析 智慧园区在绿色环保方面主要关注的是环保管理、能源管理、双碳发展、绿色能源、废物回收与资源再利用等方面，以推动园区在环保、能源、双碳等方面的智慧化。网络安全与数据保护属于信息与应用范畴，并非绿色环保的主要关注内容。

（8）**答案：A** 解析 智慧园区在应急指挥领域，往往通过应急一张图、综合分析研判、协同会商、辅助决策、指挥调度等系统实现园区的应急指挥。这些系统能够帮助园区在紧急情况下迅速做出反应，保障园区的安全稳定。

（9）**答案：C** 解析 智慧园区在产业服务方面主要关注的是产业运行、营商环境、企业发展、数字经济以及共享融合政策扶持等方面，以推动园区的产业发展。园区文化建设虽然也是园区发展的重要组成部分，但并非产业服务的主要关注内容。

（10）**答案：D** 解析 智慧园区的信息与应用建设主要关注信息治理、数据治理、物联感知、网络传输、数据中心、计算资源以及应用建设等方面，以确保园区的信息与数字基础设施的建设情况良好，以及信息化系统应用的部署与应用能力强大。

19.3　发展规划要点

- 智慧园区建设的重点在于数智化能力提升，以下___(1)___不属于数智化能力提升的主要体现。
  （1）A．基础设施集约化　　　　　　B．运营管理精细化
  　　　C．园区服务平台化　　　　　　D．物业管理自动化
- 建设智慧园区时，为了走低碳、绿色可持续发展道路，以下措施___(2)___不是必要的。
  （2）A．产业优化升级　　　　　　　B．引入高能耗产业
  　　　C．实施零碳改造　　　　　　　D．数字赋能环保
- 智慧园区在技术与制度创新方面，以下___(3)___不是其重要内容。
  （3）A．数字化改革促进园区发展　　　B．封闭数据，保护企业隐私
  　　　C．因地制宜充分发挥园区特色　　D．规范法律法规和制度设计
- 智慧园区的运维与运营体系中，以下___(4)___不是其关键组成部分。
  （4）A．运维组织体系建设　　　　　　B．运维管理制度体系建设
  　　　C．市场营销策略制订　　　　　　D．园区综合运维平台
- 智慧园区在提升企业服务方面，以下措施___(5)___不是其常用的手段。
  （5）A．构建一站式服务平台　　　　　B．定期举办企业交流活动
  　　　C．引入外部培训机构进行员工培训　D．严格限制企业间的竞争

答案及解析

（1）**答案：D**　**解析**　智慧园区建设的重点在于数智化能力提升，主要体现在基础设施集约化（如智能安防、智能照明等系统的集成与优化）、运营管理精细化（如通过数据分析实现资源的高效配置与利用）、园区服务平台化（如构建一站式服务平台，为企业提供便捷服务）以及产业发展数字化（如利用大数据、云计算等技术推动产业升级）。物业管理自动化虽然也是智慧园区建设的一部分，但它更多的是物业管理领域的技术应用，并非数智化能力提升的主要体现。

（2）**答案：B**　**解析**　建设智慧园区应综合考虑环境影响和资源利用效率，走低碳、绿色可持续发展道路，这包括产业优化升级（降低高污染、高能耗产业的比重），实施零碳改造（如建设太阳能发电站、推广电动汽车等），以及数字赋能环保（如利用大数据、物联网等技术优化环境监测与管理）。而引入高能耗产业显然与低碳、绿色可持续发展的目标相悖。

（3）**答案：B**　**解析**　智慧园区在技术与制度创新方面，重要的是通过数字化改革促进园区发展，促进数据开放创新共享机制（而非封闭数据），因地制宜充分发挥园区特色，以及规范法律法规和制度设计。封闭数据不仅不利于数据的共享与创新，还可能阻碍园区的数字化进程。

（4）**答案：C**　**解析**　智慧园区的运维与运营体系包括运维组织体系建设（如设立专门的运维团队）、运维管理制度体系建设（如制定运维流程、标准与规范）、运维考核指标体系建设（如设

定运维效率、质量等指标）以及园区综合运维平台（如集成安防、消防、环境等系统的监控与管理）。市场营销策略制订虽然也是园区运营的一部分，但它更多地属于市场营销领域的内容，并非运维与运营体系的关键组成部分。

（5）**答案：D** 解析 智慧园区在提升企业服务方面，常用的手段包括构建一站式服务平台（为企业提供便捷、高效的服务），定期举办企业交流活动（促进企业间的交流与合作），以及引入外部培训机构进行员工培训（提升企业员工的专业技能与素质）。而严格限制企业间的竞争不仅不利于园区的健康发展，还可能阻碍企业的创新与进步。

19.4 信息系统架构

- 在智慧园区的综合安防体系中，以下＿＿（1）＿＿不是其主要功能。
  （1）A. 实时情境意识　　　　　　　　B. 安防系统集成
  　　　C. 园区人流统计　　　　　　　　D. 访客门禁管理优化
- 智慧园区在提升人员通行便捷性方面，以下措施＿＿（2）＿＿不是其常用的手段。
  （2）A. 门禁与闸机系统联动　　　　　　B. 大数据平台分析人流
  　　　C. 引入智能机器人引导　　　　　　D. GIS 平台定位人员轨迹
- 智慧园区的设施管理系统中，以下功能＿＿（3）＿＿不是其包含的。
  （3）A. 设备运行数据查询　　　　　　　B. 告警信息实时展示
  　　　C. 能源消耗数据分析　　　　　　　D. 工单作业闭环管理
- 在智慧园区的资产管理中，使用 RFID 标签的主要目的是＿＿（4）＿＿。
  （4）A. 提升员工工作效率　　　　　　　B. 简化工作流程
  　　　C. 实时监控资产位置　　　　　　　D. 预测资产维修需求
- 智慧园区的能耗管理系统中，以下＿＿（5）＿＿不是其主要功能。
  （5）A. 采集能耗数据　　　　　　　　　B. 指导节能降耗
  　　　C. 监控能效设备状态　　　　　　　D. 优化园区交通管理
- 智慧园区的环境管理系统中，以下＿＿（6）＿＿不是其主要任务。
  （6）A. 数据采集与分析　　　　　　　　B. 发布环境监测报告
  　　　C. 预测自然灾害风险　　　　　　　D. 整理传感器数据
- 智慧园区的智能运营中心采用＿＿（7）＿＿技术实现园区的可视化动态管理。
  （7）A. GIS　　　　　　　　　　　　　　B. RFID
  　　　C. IoT　　　　　　　　　　　　　　D. 大数据
- 智慧园区的交互体系中，以下＿＿（8）＿＿不是其建设目标。
  （8）A. 实现用户与系统的交互　　　　　B. 提供全域感知信息
  　　　C. 实时更新应用状态　　　　　　　D. 自动化园区清洁作业

- 智慧园区的统一综合性门户中，以下___(9)___是其外部门户的主要服务对象。
  (9) A．互联网用户 B．功能企业
      C．枢纽管理经营者 D．政府监督部门
- 智慧园区不适合通过___(10)___官方渠道提供园区智慧体系的介绍和信息推送。
  (10) A．园区 App B．微信公众号
       C．微博 D．电视广告

答案及解析

（1）**答案：D** 解析 综合安防体系更侧重于创建园区情境智能整体解决方案，实现实时、准确的情境意识、安防系统的集成以及园区人流统计。访客门禁管理优化虽然与园区安防相关，但更偏向于便捷通行体系的功能，而非综合安防体系的主要功能。

（2）**答案：C** 解析 智慧园区在提升人员通行便捷性方面，更侧重于门禁与闸机系统的联动、大数据平台分析人流以优化通行管理、GIS 平台定位人员轨迹以加强安保。引入智能机器人引导虽然可以提升园区的智能化水平，但并不是提升人员通行便捷性的常用手段。

（3）**答案：C** 解析 设施管理系统主要关注设备的运行、告警和检修维护、工单作业等，能源消耗数据分析则是能耗管理系统的功能，属于能耗管理的范畴。

（4）**答案：B** 解析 简化工作流程是 RFID 标签在智慧园区资产管理中的主要目的。RFID 标签可以自动识别和跟踪资产，从而简化入库、盘点等繁杂的工作流程，提高供应链的效率和透明度。提升员工工作效率虽然可能间接受到影响，但不是 RFID 标签的主要目的；实时监控资产位置虽然可以实现，但并非 RFID 标签的核心功能；预测资产维修需求则属于资产管理系统的数据分析功能，与 RFID 标签的直接作用无关。

（5）**答案：D** 解析 能耗管理系统主要关注能耗数据的采集、分析和节能降耗的指导，以及能效设备的状态监控。优化园区交通管理属于便捷通行体系的功能，而不是能耗管理系统的功能。

（6）**答案：C** 解析 智慧园区的环境管理系统更侧重于通过数据采集与分析、发布环境监测报告、整理传感数据来监测和评估园区的环境质量。预测自然灾害风险虽然与环境管理相关，但通常不属于智慧园区环境管理系统的直接任务。自然灾害风险的预测则更多依赖于气象、地质等专门机构的数据和模型。

（7）**答案：A** 解析 GIS 技术是智慧园区智能运营中心实现可视化动态管理的关键技术。GIS 技术可以对园区进行地图化展示，结合实时数据和业务分析，提供园区的运营状态可视化和辅助决策支持。

（8）**答案：D** 解析 智慧园区的交互体系主要关注用户、系统、信息三者之间的交互，提供全域感知信息，实时更新应用状态，并为用户提供个性化的智慧服务。自动化园区清洁作业属于智慧园区的自动化服务范畴，但并不是交互体系的建设目标。

（9）**答案：A**　**解析**　B、C、D 三项均属于内部门户的主要服务对象，而外部门户主要面向互联网用户提供相关的信息服务。

（10）**答案：D**　**解析**　智慧园区提供园区智慧体系介绍和信息推送的官方渠道包括园区 App、微信公众号和微博等，这些社交媒体平台可以方便地推送信息、演示智慧应用、通知重点活动等。电视广告虽然是一种信息传播方式，但通常不属于智慧园区提供官方信息的渠道范围。

第20章 数字乡村发展规划

20.1 发展整体环境

- 2018年中央一号文件正式提出实施___（1）___。
  - （1）A. 智慧城市战略　　　　　　　　B. 数字乡村战略
  　　　C. 乡村信息化战略　　　　　　　D. 农业现代化战略
- 以下文件___（2）___将实施数字乡村战略单独作为一节提出。
  - （2）A.《乡村振兴战略规划（2018—2022年）》
  　　　B. 2019年中央一号文件
  　　　C. 2020年中央一号文件
  　　　D."十四五"规划纲要
- ___（3）___中央一号文件提出了开展国家数字乡村试点的要求。
  - （3）A. 2018年　　　B. 2019年　　　C. 2020年　　　D. 2022年
- 以下省份___（4）___没有出台数字乡村发展相关政策文件。
  - （4）A. 浙江　　　　B. 广东　　　　C. 海南　　　　D. 河南
- 数字乡村建设中的___（5）___方面相对欠缺。
  - （5）A. 农村信息基础设施建设　　　　B. 各县域探索差异化发展路径
  　　　C. 数字普惠金融助力乡村振兴　　D. 产业数字化赋能
- 以下国际组织___（6）___成立了ISO智慧农业标准化战略咨询组。
  - （6）A. 国际电信联盟　　　　　　　　B. 国际标准化组织
  　　　C. 世界卫生组织　　　　　　　　D. 联合国粮农组织
- 以下___（7）___明确给出了数字乡村标准体系框架。
  - （7）A.《乡村振兴战略规划（2018—2022年）》
  　　　B.《数字乡村标准体系建设指南》

C. "十四五"规划纲要

D. 农业农村部发布的行业标准

- 以下___(8)___不是数字乡村建设面临的问题或挑战。

    (8) A. 数字乡村建设发展不平衡　　　　B. 数字乡村标准化建设待完善

    　　 C. 乡村居民数字素养较高　　　　　D. 数字乡村建设人才培养待加强

- 以下___(9)___不是数字乡村产业发展现状的描述。

    (9) A. 农村信息基础设施建设不断完善　B. 数字普惠金融助力乡村振兴

    　　 C. 乡村居民收入普遍较高　　　　　D. 新产业新业态竞相涌现

- 以下___(10)___不是国外数字乡村标准的相关组织或机构。

    (10) A. ISO 智慧农业标准化战略咨询组　B. 国际电信联盟标准化部

    　　　C. 欧盟委员会　　　　　　　　　　D. 中国电子技术标准化研究院

答案及解析

(1) 答案：B　解析　2018 年中央一号文件《中共中央 国务院关于实施乡村振兴战略的意见》正式提出要实施数字乡村战略。

(2) 答案：B　解析　2019 年中央一号文件《中共中央 国务院关于坚持农业农村优先发展做好"三农"工作的若干意见》将实施数字乡村战略单独作为一节提出。

(3) 答案：C　解析　2020 年中央一号文件《中共中央 国务院关于抓好"三农"领域重点工作确保如期实现全面小康的意见》提出加快现代信息技术在农业领域的应用，并开展国家数字乡村试点。

(4) 答案：C　解析　浙江、广东、河南等 20 余个省份相继出台数字乡村发展相关政策文件。

(5) 答案：D　解析　虽然农村信息基础设施建设不断完善、各县域探索差异化发展路径以及数字普惠金融助力乡村振兴等方面都取得了进展，但产业数字化赋能相对欠缺，是当前数字乡村建设中的一个问题。

(6) 答案：B　解析　ISO 智慧农业标准化战略咨询组（SAG SF）是国际标准化组织（ISO）成立的，旨在聚焦全球可持续发展战略，分析智慧农业标准化需求等。

(7) 答案：B　解析　2022 年中央网信办等四部门联合发布的《数字乡村标准体系建设指南》明确给出了数字乡村标准体系框架。

(8) 答案：C　解析　数字乡村建设面临的问题或挑战包括发展不平衡、标准化建设待完善以及人才培养待加强等。乡村居民数字素养较高并非问题或挑战，而是数字乡村建设的一个积极方面。

(9) 答案：C　解析　数字乡村产业发展现状包括农村信息基础设施建设不断完善、数字普惠金融助力乡村振兴以及新产业新业态竞相涌现等方面。乡村居民收入普遍较高并非数字乡村产业发展现状的描述，因为收入水平受多种因素影响，并非仅由数字乡村产业发展决定。

（10）**答案：D　解析**　ISO 智慧农业标准化战略咨询组、国际电信联盟标准化部以及欧盟委员会都是与国外数字乡村标准相关的组织或机构。中国电子技术标准化研究院是中国的标准化研究机构，并非国外的组织或机构。

20.2　发展关注焦点

- 小张在某村庄新开了一家网店，专门销售自家种植的有机蔬菜。这属于数字乡村发展中的 (1) 。
  - (1) A. 农业数字化　　　　　　　　B. 乡村电子商务
  　　C. 乡村普惠金融　　　　　　　D. 乡村新业态
- 某村庄的李大爷最近通过某村庄的智能穿戴设备，在家就能享受到远程医疗服务。这体现了 (2) 数字乡村服务。
  - (2) A. "互联网+政务"　　　　　　B. "互联网+医疗"
  　　C. "互联网+养老"　　　　　　D. 乡村数字治理
- 王村长利用村务管理系统，实现了村务公开和在线办理村民事务。这属于数字乡村治理中的 (3) 。
  - (3) A. 智慧党建　　　　　　　　　B. 网上村务管理
  　　C. 基层综合治理信息化　　　　D. 乡村自然灾害应急管理
- 某村庄的小刘通过手机上的 App，就能轻松查询到自家农田的土壤环境和作物生长情况。这是数字乡村 (4) 的应用。
  - (4) A. 农业生态环境监测　　　　　B. 山水林田湖草沙系统监测
  　　C. 农村人居环境监测　　　　　D. 乡村数字治理
- 某村庄的老张最近通过某村庄的电商平台，将自家的手工编织品卖到了全国各地。这反映了数字乡村发展的 (5) 成果。
  - (5) A. 农业数字化　　　　　　　　B. 乡村电子商务的普及
  　　C. 乡村普惠金融的推广　　　　D. 乡村新业态的兴起
- 某村庄的学校最近引入了数字化教学资源，孩子们可以通过网络学习更多课程。这属于数字乡村 (6) 的服务。
  - (6) A. "互联网+政务"　　　　　　B. "互联网+医疗"
  　　C. 数字资源与教育服务　　　　D. 乡村数字治理
- 某村庄的卫生院最近升级了信息系统，医生可以通过电脑查看病人的电子病历。这属于数字乡村 (7) 的进步。
  - (7) A. 农业数字化　　　　　　　　B. 乡村远程医疗
  　　C. "互联网+医疗"　　　　　　D. 乡村数字治理
- 为了加强某村庄的治安管理，某村庄安装了智能监控摄像头，并接入了网格化管理系统。这属于数字乡村治理中的 (8) 。

（8）A. 智慧党建 B. 基层综合治理信息化
C. 乡村自然灾害应急管理 D. 乡村文化数字资源建设

- 某村庄的老张最近通过某村庄的普惠金融服务点，申请到了一笔低息贷款用于扩大养殖规模。这体现了数字乡村发展中的___（9）___。

（9）A. 农业数字化 B. 乡村电子商务
C. 乡村普惠金融 D. 乡村新业态

- 为了保护某村庄的非物质文化遗产，某村庄最近建立了一个数字博物馆，将传统手工艺、民俗活动等以数字化形式展示给游客。这属于数字乡村___（10）___的建设。

（10）A. 农业生态环境监测 B. 乡村数字治理
C. 文化资源数字化 D. 乡村新业态

答案及解析

（1）**答案：B** **解析** 小张通过网店销售蔬菜，属于电子商务行为，特别是在乡村地区开展的电子商务活动。

（2）**答案：C** **解析** 虽然智能穿戴设备在医疗领域有应用，但在此情境中，它是为老年人提供远程医疗服务的一部分，因此更贴近"互联网+养老"的范畴。

（3）**答案：B** **解析** 王村长通过村务管理系统实现村务公开和在线办理事务，这正是网上村务管理的核心功能。

（4）**答案：A** **解析** 小刘通过手机 App 查询农田土壤环境和作物生长情况，属于农业生态环境监测的范畴。

（5）**答案：B** **解析** 老张通过电商平台销售手工编织品，直接体现了乡村电子商务的普及和应用。

（6）**答案：C** **解析** 虽然选项中没有直接提及"数字资源与教育服务"，但根据题意，C 选项（如果将其理解为包含数字资源在教育领域的应用）最为接近。这里我们稍作调整，将 C 选项理解为数字资源在教育领域的具体应用。

（7）**答案：C** **解析** 卫生院升级信息系统，医生可查看电子病历，这是"互联网+医疗"在乡村地区的具体应用。

（8）**答案：B** **解析** 安装智能监控摄像头并接入网格化管理系统，是基层综合治理信息化的重要手段。

（9）**答案：C** **解析** 老张通过普惠金融服务点申请到低息贷款，正是乡村普惠金融的具体体现。

（10）**答案：C** **解析** 建立数字博物馆，将非物质文化遗产以数字化形式展示，正是文化资源数字化的核心内容。

20.3　发展规划要点

- 为了缩小城乡教育资源差距，某村庄最近引入了在线教育平台。这体现了数字乡村规划中的___(1)___。
  - (1) A. 加强乡村数字基础建设　　　　B. 推动数字治理体系建设
  　　　C. 加快城乡教育一体化建设　　　D. 坚持数字经济发展导向
- 某村庄的老李最近通过某村庄的电子显示屏，实时查看到了农田的灌溉情况。这得益于___(2)___的应用。
  - (2) A. 5G移动通信技术　　　　　　　B. 物联网技术
  　　　C. 区块链技术　　　　　　　　　D. 数据链路传输与安全加密技术
- 为了提升乡村治理水平，某村庄最近安装了智能监控摄像头，并接入了网格化管理系统。这属于数字乡村规划中的___(3)___。
  - (3) A. 加强乡村数字基础建设　　　　B. 推动数字治理体系建设
  　　　C. 加快城乡教育一体化建设　　　D. 关键技术与数字乡村应用的深度融合
- 某村庄的农产品最近通过电商平台销售到了全国各地，这得益于___(4)___数字经济的发展模式。
  - (4) A. 城乡公共服务一体化　　　　　B. 创新科技成果转化下乡机制
  　　　C. 农村数字经济新业态　　　　　D. 数据链路传输与安全加密技术
- 为了加强乡村数据的安全共享与传输，某村庄最近采用了___(5)___。
  - (5) A. 物联网技术　　　　　　　　　B. 大数据监测预警与分析技术
  　　　C. 数据链路传输与安全加密技术　D. 农产品数字编码技术
- 某村庄的孩子们最近能够通过网络学习到更多的课外知识，这得益于___(6)___的应用。
  - (6) A. 无人机应用技术　　　　　　　B. 空天地一体化智能感知技术
  　　　C. 乡村教育信息化　　　　　　　D. 全域数字孪生技术
- 为了提升农业生产的智能化水平，某村庄最近引入了___(7)___。
  - (7) A. 区块链技术　　　　　　　　　B. 物联网技术
  　　　C. 数据链路传输与安全加密技术　D. 5G移动通信技术
- 某村庄的老李最近通过某村庄的电子服务平台，轻松办理了各种政务手续。这体现了数字乡村规划中的___(8)___。
  - (8) A. 加快城乡教育一体化建设　　　B. 推动数字治理体系建设
  　　　C. 坚持数字经济发展导向　　　　D. 关键技术与数字乡村应用的深度融合
- 为了促进科技成果在乡村的转化应用，某村庄最近采取的措施为___(9)___。
  - (9) A. 引入在线教育平台　　　　　　B. 创新科技成果转化下乡机制
  　　　C. 加强乡村数字基础建设　　　　D. 搭建乡村数字资源的共享平台

- 某村庄的农产品最近通过数字编码技术实现了全程可追溯，这得益于___（10）___的应用。

  （10）A．物联网技术　　　　　　　　　B．农产品数字编码技术
  　　　C．数据链路传输与安全加密技术　　D．区块链技术

答案及解析

（1）**答案：C**　**解析**　引入在线教育平台是推进乡村教育信息化的具体举措，旨在缩短城乡教育资源差距，符合加快城乡教育一体化建设的重点。

（2）**答案：B**　**解析**　老李通过电子显示屏实时查看农田灌溉情况，是物联网技术在数字乡村信息感知方面的应用。物联网技术能够实现对农田环境的实时监测和智能控制。

（3）**答案：B**　**解析**　安装智能监控摄像头并接入网格化管理系统，是提升乡村治理精细化、智慧化水平的重要举措，符合推动数字治理体系建设的重点。

（4）**答案：C**　**解析**　农产品通过电商平台销售到全国各地，是农村数字经济新业态的具体体现，如乡村电子商务等。

（5）**答案：C**　**解析**　数据链路传输与安全加密技术是保障乡村数据安全共享与传输的关键技术。

（6）**答案：C**　**解析**　孩子们通过网络学习到更多的课外知识，是乡村教育信息化的直接结果。

（7）**答案：B**　**解析**　物联网技术能够实现对农业生产环境的实时监测和智能控制，是提升农业生产智能化水平的关键技术。

（8）**答案：B**　**解析**　老李通过电子服务平台轻松办理政务手续，是推进城乡公共服务一体化向乡村延伸的具体体现，符合推动数字治理体系建设的重点。

（9）**答案：B**　**解析**　创新科技成果转化下乡机制是促进科技成果在乡村转化应用的重要措施。

（10）**答案：B**　**解析**　农产品数字编码技术能够对农产品进行数字化标识和全程追溯，确保农产品的质量和安全。虽然区块链技术也能实现数据的可追溯性，但在此情境中明确提到了农产品数字编码技术。

20.4　信息系统架构

- 在数字乡村建设中，以下___（1）___不属于业务架构的范畴。

  （1）A．乡村数字经济　　　　　　B．乡村数字服务
  　　　C．乡村数字治理　　　　　　D．乡村智慧教育

- 某村庄的网络基础设施得到了显著改善，村民可以更方便地接入互联网。这属于数字乡村建设中的___（2）___。

  （2）A．数据资源　　　　　　　　B．基础设施
  　　　C．平台支撑　　　　　　　　D．业务应用

- 为了提升数字乡村的数据服务能力，以下措施___(3)___是不必要的。

  (3) A. 强化数据治理能力　　　　　　B. 充分运用数据智能技术和手段

  　　 C. 忽略数据安全　　　　　　　　D. 构建数据标准

- 某村庄的农业生产数据被统一收集并存储在一个数据库中，以便后续分析和利用。这体现了数字乡村建设中的___(4)___。

  (4) A. 数据采集　　　　　　　　　　B. 数据存储

  　　 C. 数据挖掘　　　　　　　　　　D. 数据展示

- 在数字乡村建设中，以下___(5)___不是平台支撑所提供的能力。

  (5) A. 统一认证平台　　　　　　　　B. GIS 引擎

  　　 C. 农产品交易平台　　　　　　　D. 区块链

- 某村庄的数字乡村建设涵盖了多个方面，其中不包括___(6)___。

  (6) A. 农业生产智能化　　　　　　　B. 乡村治理数字化

  　　 C. 村民生活网络化　　　　　　　D. 乡村工业发展

- 以下措施___(7)___有助于提升数字乡村的数据治理能力。

  (7) A. 加强数据安全管理　　　　　　B. 忽视数据质量

  　　 C. 减少数据采集频率　　　　　　D. 降低数据存储成本

- 某村庄的数字乡村建设需要建立安全保障体系，以下___(8)___不属于安全保障体系的内容。

  (8) A. 物理环境安全　　　　　　　　B. 网络安全

  　　 C. 经济安全　　　　　　　　　　D. 数据安全

- 在数字乡村建设中，以下___(9)___是运营服务保障的重要任务。

  (9) A. 制定管理制度和业务规范　　　B. 提供农产品交易平台

  　　 C. 进行数据挖掘和分析　　　　　D. 构建数据标准

- 以下___(10)___不属于数字乡村建设取得成效的结果。

  (10) A. 提升了乡村治理水平　　　　　B. 促进了乡村经济发展

  　　　C. 改善了村民生活质量　　　　　D. 增加了城市污染

答案及解析

　　(1) **答案：D** **解析**　乡村智慧教育虽然也是数字乡村建设的一个重要方面，但它并不直接属于数字乡村建设的业务架构范畴。业务架构主要包括乡村数字经济、乡村数字服务、乡村数字治理和乡村数字生态文明。

　　(2) **答案：B** **解析**　网络基础设施的改善是数字乡村建设中基础设施的一部分。它提供了村民接入互联网的基础条件，使得数字乡村的各项应用能得以实施。

　　(3) **答案：C** **解析**　在数字乡村建设中，数据安全是至关重要的。忽略数据安全可能会导致数据泄露、滥用等风险，从而损害村民的隐私和权益。

（4）**答案：B**　**解析**　农业生产数据被统一收集并存储在一个数据库中，这是数据存储的环节。数据存储是数据体系中的一个重要部分，它提供了数据分析和利用的基础。

（5）**答案：C**　**解析**　农产品交易平台虽然也是数字乡村建设中的一个重要部分，但它并不属于平台支撑所提供的能力。平台支撑主要提供技术支撑和能力支持，如统一认证平台、GIS引擎、区块链等。

（6）**答案：D**　**解析**　数字乡村建设主要关注农业、农村和农民等涉农领域，旨在通过数字化手段提升乡村治理水平、促进乡村经济发展和改善村民生活。虽然乡村工业发展也是乡村经济的一部分，但它并不直接属于数字乡村建设的范畴。

（7）**答案：A**　**解析**　加强数据安全管理是提升数字乡村数据治理能力的重要措施之一，它有助于保护数据的完整性和机密性，防止数据泄露和滥用。

（8）**答案：C**　**解析**　数字乡村建设中的安全保障体系主要关注物理环境安全、网络安全和数据安全等方面。经济安全虽然也是乡村发展的重要方面，但它并不直接属于数字乡村建设的安全保障体系范畴。

（9）**答案：A**　**解析**　运营服务保障主要是确保数字乡村运营工作的正常运行，包括制定管理制度和业务规范、提供系统运维和服务资源、进行部门协同等工作。

（10）**答案：D**　**解析**　数字乡村建设旨在通过数字化手段提升乡村治理水平、促进乡村经济发展和改善村民生活质量，但并不会增加城市污染。

第21章 企业数字化转型发展规划

21.1 转型驱动力

- 企业紧跟时代步伐，满足时代需求的基础是___(1)___。
  - (1) A. 扩大生产规模　　　　　　B. 提高产品质量
  　　　C. 高质量发展　　　　　　　D. 降低成本
- 消费重塑驱动企业变革的主要表现不包括___(2)___。
  - (2) A. 更大的生产批量　　　　　B. 更好的定制化体验服务
  　　　C. 更短的产品生命周期　　　D. 更短的生产周期
- 下列___(3)___不是企业数字化转型的技术资源驱动力。
  - (3) A. 数字信息技术及其应用与服务创新　　B. 新型基础设施建设
  　　　C. 政策支持与财政补贴　　　　　　　　D. 人工智能技术的爆发式发展
- 在连接方面，___(4)___网络技术突破可以驱动网络的峰值速度可达 1TB/s。
  - (4) A. 4G 移动通信　　　　　　B. 5G+TSN/工业以太网
  　　　C. 蓝牙　　　　　　　　　　D. Wi-Fi
- 下列政策中，___(5)___提出了到 2035 年建成国际领先的工业互联网网络基础设施和平台的目标。
  - (5) A. 《关于深化"互联网+先进制造业"发展工业互联网的指导意见》
  　　　B. 《工业和信息化部办公厅关于推动工业互联网加快发展的通知》
  　　　C. 《关于推进"上云用数赋智"行动培育新经济发展实施方案》
  　　　D. 《关于支持新业态新模式健康发展激活消费市场带动扩大就业的意见》
- 财政科技支出和政府创新补贴对企业数字化转型的作用主要体现在___(6)___。
  - (6) A. 直接增加企业收入　　　　B. 优化资金流向管理和绩效考核机制
  　　　C. 降低企业生产成本　　　　D. 提高企业产品质量

- 企业外部环境的 VUCA 特征不包括___(7)___。

    (7) A. 稳定　　　　B. 不确定　　　　C. 复杂　　　　D. 模糊

- 在新时代，传统发展视角下的竞争力保持和增强方法越来越难以支撑企业发展需求的原因不包括___(8)___。

    (8) A. 决策瓶颈　　　　　　　　B. 变革制约

    　　C. 市场需求稳定　　　　　　D. 需求响应延迟

- 数据资产在企业发展中扮演的核心角色是___(9)___。

    (9) A. 辅助生产要素　　　　　　B. 战略生产要素

    　　C. 非关键生产要素　　　　　D. 次要生产要素

- 下列___(10)___不是企业数字化转型所关注的关键生产要素。

    (10) A. 数据　　　　　　　　　　B. 流程

    　　　C. 自然资源　　　　　　　　D. 设备设施

答案及解析

（1）**答案：C** 解析　紧跟时代步伐，满足时代需求是企业高质量发展的基础，这体现了企业对市场变化的适应能力和持续发展的能力。扩大生产规模、提高产品质量、降低成本虽然也是企业发展的重要方面，但不是紧跟时代步伐的基础。

（2）**答案：A** 解析　消费重塑驱动企业变革的主要表现为更小的生产批量、更好的定制化体验服务、更短的产品生命周期或生产周期。更大的生产批量通常与规模化生产相关，而不是消费重塑的直接结果。

（3）**答案：C** 解析　技术资源驱动力主要包括数字信息技术及其应用与服务创新、新型基础设施建设以及人工智能等技术的发展。政策支持与财政补贴属于政策金融驱动力，而不是技术资源驱动力。

（4）**答案：B** 解析　5G（第五代移动通信）+TSN（时间敏感网络）/工业以太网等网络技术突破，可以驱动网络的峰值速度达到 1TB/s，满足海量实时、差异化连接需求。

（5）**答案：A** 解析　由国务院印发的《关于深化"互联网+先进制造业"发展工业互联网的指导意见》提出了到 2035 年建成国际领先的工业互联网网络基础设施和平台的目标。

（6）**答案：B** 解析　财政科技支出和政府创新补贴作为激发企业创新活力的政策工具，主要作用在于优化资金流向管理和绩效考核机制，为企业营造良好的创新生态场景，从而推动企业数字化转型。

（7）**答案：A** 解析　企业外部环境的 VUCA 特征包括不稳定（Volatile）、不确定（Uncertain）、复杂（Complex）和模糊（Ambiguous）。稳定不是 VUCA 特征的一部分。

（8）**答案：C** 解析　在新时代，由于经济与社会竞争的加剧，传统发展视角下的竞争力保持和增强方法越来越难以支撑企业发展需求，具体体现为决策瓶颈、变革制约、知识资产流失和需求响应延迟。市场需求稳定不是导致这一问题的原因。

（9）**答案：B** **解析** 数据资产在企业发展中扮演核心战略生产要素的角色，是企业各类业务活动离不开的关键支撑。

（10）**答案：C** **解析** 企业数字化转型所关注的关键生产要素包括数据、流程、技术、工艺和设备设施等。自然资源虽然是企业生产的基础，但不是数字化转型所特别关注的关键生产要素。

21.2 转型关注焦点

- 在日常生活中，当你走进一家咖啡店，店员通过你的历史购买记录为你推荐了你最喜欢的咖啡，这体现了企业正在___(1)___。

　　（1）A. 从规模化转向个性化　　　　B. 从产品为中心转向客户为中心
　　　　C. 从线下营销转向线上营销　　D. 从成本控制转向质量提升

- 某电商平台在春节期间根据用户的浏览历史和购买偏好，推送了定制化的年货大礼包，这体现了___(2)___业务模式的变革。

　　（2）A. 从产品运营商转变为客户运营商　　B. 从规模化生产转向小批量生产
　　　　C. 从线下销售转向线上销售　　　　　D. 从传统广告转向社交媒体营销

- 一家汽车制造商开始提供汽车租赁服务，并承诺根据客户的驾驶习惯和车辆使用情况来调整租金，这体现了___(3)___转变。

　　（3）A. 从产品为中心转向服务为中心　　B. 从规模化转向个性化
　　　　C. 从硬件销售转向软件销售　　　　D. 从传统制造转向智能制造

- 某银行通过大数据分析，能够预测客户的贷款违约风险，并据此调整贷款利率，这体现了___(4)___能力。

　　（4）A. 数据驱动决策　　　　B. 硬件资源的软件化
　　　　C. 平台化设计能力　　　D. 智能化生产能力

- 一家零售企业通过建立全面的数据采集体系，实现了对库存、销售和顾客行为的实时监控，这体现了___(5)___应用场景。

　　（5）A. 数字化管理　　　　B. 个性化定制
　　　　C. 网络化协同　　　　D. 智能化生产

- 某服装企业开始利用3D打印技术为客户提供定制化服装，这体现了___(6)___生产方式的变革。

　　（6）A. 规模化生产　　　　B. 个性化定制
　　　　C. 智能化生产　　　　D. 精益生产

- 一家制造企业通过建立数字化平台，实现了与供应商、客户和合作伙伴的信息共享和协同工作，这体现了___(7)___应用场景。

　　（7）A. 网络化协同　　　　B. 数字化管理
　　　　C. 个性化定制　　　　D. 智能化生产

- 某物流公司通过引入智能机器人和自动化分拣系统，大大提高了物流效率，这体现了___（8）___数字化转型应用场景。

  （8）A．智能化生产 　　　　　　　　B．数字化管理
  　　　C．平台化设计 　　　　　　　　D．自动化升级

- 一家餐厅通过引入智能点餐系统和移动支付，大大提升了顾客的就餐体验和支付效率，这体现了___（9）___数字化转型的应用。

  （9）A．智能化服务 　　　　　　　　B．数字化营销
  　　　C．自动化生产 　　　　　　　　D．平台化运营

- 某医院通过建立电子病历系统和远程医疗平台，实现了医疗信息的数字化管理和远程医疗服务，这体现了___（10）___数字化转型的应用场景。

  （10）A．数字化管理 　　　　　　　　B．个性化医疗
  　　　 C．网络化协同 　　　　　　　　D．智能化诊断

答案及解析

（1）**答案：B** **解析** 咖啡店通过记录和分析客户的购买历史，提供个性化推荐，这是典型的从产品为中心转向客户为中心的做法。

（2）**答案：A** **解析** 电商平台通过分析用户数据，提供定制化产品，这是从产品运营商向客户运营商转变的体现。

（3）**答案：A** **解析** 汽车制造商提供租赁服务，并根据客户使用情况调整租金，是从产品销售向服务销售的转变。

（4）**答案：A** **解析** 银行通过大数据分析预测风险并调整利率，是典型的数据驱动决策。

（5）**答案：A** **解析** 零售企业通过数据采集体系实现实时监控，是典型的数字化管理应用场景。

（6）**答案：B** **解析** 服装企业提供定制化服装，是典型的个性化定制生产方式。规模化生产与题目中的定制化无直接关系。

（7）**答案：A** **解析** 制造企业通过数字化平台实现信息共享和协同工作，是典型的网络化协同应用场景。

（8）**答案：A** **解析** （在特定情境下，将物流视为一种广义的"生产"过程，即货物的流动和处理过程。）这里我们可以理解为，物流公司的智能化升级是其数字化转型的一个重要应用场景，它提高了生产效率，是数字化转型价值的一种体现。当然，在实际应用中，物流公司的数字化转型可能涉及多个场景，但在此题的设定下，智能化生产为最接近的答案。

（9）**答案：A** **解析** （虽然选项中没有直接提及"服务数字化转型"，但在此情境下，我们可以将智能点餐系统和移动支付视为提升服务效率和体验的数字化手段，因此近似理解为"智能化服务"。）餐厅通过引入智能点餐和移动支付系统，提升了顾客的就餐体验和支付效率，这是服务数

字化转型的一种体现。

（10）**答案：A** **解析** 医院通过建立电子病历系统和远程医疗平台，实现了医疗信息的数字化管理和远程医疗服务，这是典型的数字化管理应用场景。

21.3 转型能力成熟度

- 数字化转型的能力域可以划分为多个方面，其中_____（1）_____四个能力域被视为企业开展数字化转型的基础能力。

    （1）A．组织、技术、数据、资源　　　　B．组织、技术、市场、资源
    　　 C．组织、创新、数据、资源　　　　D．技术、数据、资源、营销

- 数字化转型成熟度等级中，最高等级是_____（2）_____。

    （2）A．一级　　　　B．二级　　　　C．三级　　　　D．五级

- 在数字化转型中，被视为牵引数字化转型的引导动能是_____（3）_____能力域。

    （3）A．技术　　　　B．组织　　　　C．数据　　　　D．资源

- 以下_____（4）_____不属于数字化运营需要重点关注的方面。

    （4）A．需求与计划　　　　　　　　B．客户管理
    　　 C．产品设计　　　　　　　　　D．精准营销

- 在数字化供应链方面，企业需要重点关注_____（5）_____环节以确保供应链安全。

    （5）A．采购管理　　　　　　　　　B．供应商管理
    　　 C．物流管控　　　　　　　　　D．以上都是

- 依据国家标准，企业智能制造能力成熟度的评估可以参照_____（6）_____。

    （6）A．GB/T 39116—2020 和 GB/T 39118—2020
    　　 B．GB/T 39116—2020 和 GB/T 39117—2020
    　　 C．GB/T 39115—2020 和 GB/T 39117—2020
    　　 D．GB/T 39116—2019 和 GB/T 39117—2020

- 在数字化转型的服务层面，企业需要关注_____（7）_____能力子域的成熟度建设。

    （7）A．服务产品、服务能力、服务交付
    　　 B．服务产品、技术能力、服务运行
    　　 C．服务创新、服务能力、服务交付
    　　 D．服务产品、服务质量、服务运行

- 以下_____（8）_____不是数字化转型成熟度等级划分的目的。

    （8）A．明确转型工作所要达成的成熟度等级目标
    　　 B．制定详细的转型工作路径
    　　 C．评估企业的市场竞争力
    　　 D．制定各细项目标

- 在数字化营销方面,企业需要特别关注___(9)___方面以实现精准营销。
  - (9) A. 产品设计　　　　　　　　　　B. 客户管理
  　　　C. 仓储配送　　　　　　　　　　D. 供应链安全
- 数字化转型中,___(10)___能力域被视为落实数字化转型的关键保障。
  - (10) A. 组织　　　　　　　　　　　　B. 技术
  　　　 C. 数据　　　　　　　　　　　　D. 资源

答案及解析

（1）**答案：A**　**解析**　根据数字化转型成熟度模型,组织、技术、数据、资源是企业开展数字化转型的基础能力。市场和创新虽然重要,但在此模型中并不属于基础能力域；营销是数字化运营中的一个方面,也不属于基础能力域。

（2）**答案：D**　**解析**　数字化转型成熟度等级可分为五个等级,自低向高分别为一级、二级、三级、四级和五级,其中五级是最高等级。

（3）**答案：B**　**解析**　在数字化转型中,组织被视为牵引数字化转型的引导动能,它是推动企业数字化转型的关键力量。

（4）**答案：C**　**解析**　数字化运营需要重点关注需求与计划、客户管理、业务协同、精准营销和模式创新等。产品设计属于数字化生产需要关注的方面,不属于数字化运营。

（5）**答案：D**　**解析**　在数字化供应链方面,企业需要重点关注采购管理、供应商管理、物流管控等多个环节以确保供应链安全。这些环节共同构成了供应链安全的关键要素。

（6）**答案：B**　**解析**　依据国家标准,企业智能制造能力成熟度的评估可以参照 GB/T 39116—2020《智能制造能力成熟度模型》和 GB/T 39117—2020《智能制造能力成熟度评估方法》。

（7）**答案：A**　**解析**　在数字化转型的服务层面,企业需要关注服务产品、服务能力、服务交付、服务运行等能力子域的成熟度建设。技术能力虽然重要,但在此模型中并不属于服务层面的能力子域；服务创新是服务提升的一个方面,但在此问题中并未提及。

（8）**答案：C**　**解析**　数字化转型成熟度等级划分的目的包括明确转型工作所要达成的成熟度等级目标、制定详细的转型工作路径和各细项目标,但并不包括评估企业的市场竞争力。市场竞争力是企业综合实力的体现,与数字化转型成熟度等级划分无直接关系。

（9）**答案：B**　**解析**　在数字化营销方面,企业需要特别关注客户管理以实现精准营销。通过深入了解客户需求和行为模式,企业可以制定更加精准的营销策略,提高营销效果。产品设计、仓储配送和供应链安全虽然重要,但与精准营销无直接关系。

（10）**答案：D**　**解析**　在数字化转型中,资源被视为落实数字化转型的关键保障。资源包括人力、物力、财力等多个方面,是企业开展数字化转型不可或缺的支持条件。组织、技术和数据虽然重要,但在此模型中并不属于落实数字化转型的关键保障能力域。

21.4 转型的规划要点

- 某企业计划进行数字化转型，首先需要从＿＿（1）＿＿方面对规划活动实施有力的管控。
  - （1）A. 组织、宣教、目标、过程　　　　B. 财务、技术、市场、资源
  　　　 C. 人力、宣传、策略、时间　　　　D. 产品、销售、服务、物流
- 在数字化转型过程中，企业形成统一愿景的重要性体现在＿＿（2）＿＿。
  - （2）A. 提升员工士气　　　　　　　　　B. 引导数字化发展规划
  　　　 C. 增加企业利润　　　　　　　　　D. 改善办公环境
- 某企业在进行数字化转型诊断评估时，应基于＿＿（3）＿＿进行分析。
  - （3）A. 行业最领先案例　　　　　　　　B. 企业基本状态
  　　　 C. 竞争对手情况　　　　　　　　　D. 市场发展趋势
- 在识别企业数字化转型的能力需求时，以下＿＿（4）＿＿不是需要关注的要点。
  - （4）A. 参与国际市场竞争的能力
  　　　 B. 适应全球化与逆全球化并存环境的能力
  　　　 C. 提升内部管控效能的能力
  　　　 D. 增加广告宣传投入的能力
- 某集团企业在制订数字化转型路径计划时，以下＿＿（5）＿＿不是需要考虑的因素。
  - （5）A. 集团总部的战略规划与控制　　　B. 各产业公司的业务特点
  　　　 C. 基础单位的运营效率　　　　　　D. 政府的政策补贴
- 在确保企业数字化转型保障措施有效性方面，以下措施＿＿（6）＿＿最为关键。
  - （6）A. 重塑企业文化　　　　　　　　　B. 增加资金投入
  　　　 C. 引进先进设备　　　　　　　　　D. 扩大企业规模
- 某企业在数字化转型过程中，通过＿＿（7）＿＿确保保障措施的量化表达。
  - （7）A. 制订详细的预算计划　　　　　　B. 引入先进的管理理念
  　　　 C. 开展员工培训课程　　　　　　　D. 加强与供应商的沟通
- 以下＿＿（8）＿＿不是企业规划建设数字人才时需要关注的方面。
  - （8）A. 数字人才的分类　　　　　　　　B. 数字人才的分级
  　　　 C. 数字人才的薪酬水平　　　　　　D. 数字人才的需求周期
- 某企业在培养数字人才时，以下措施＿＿（9）＿＿最为有效。
  - （9）A. 设立专门的数字人才培训机构　　B. 打破部门壁垒进行跨部门培养
  　　　 C. 增加数字人才的福利待遇　　　　D. 严格限制数字人才的流动
- 在数字化转型过程中，企业＿＿（10）＿＿监测保障措施的有效性。
  - （10）A. 通过直接数据　　　　　　　　　B. 依赖员工的口头反馈
  　　　　C. 仅关注企业的财务报表　　　　　D. 通过市场趋势预测转型效果

答案及解析

（1）**答案：A** **解析** 企业进行数字化转型时，需要从组织、宣教、目标、过程等方面进行全面的管控，以确保转型的顺利进行。

（2）**答案：B** **解析** 企业形成统一愿景在数字化转型过程中能够引导数字化发展规划与建设工作，确保各部门和业务板块在转型过程中保持一致性和协同性。

（3）**答案：B** **解析** 企业进行数字化转型诊断评估时，应基于企业基本状态进行分析，以确保评估结果的准确性和针对性。

（4）**答案：D** **解析** 在识别企业数字化转型的能力需求时，需要关注参与国际市场竞争、适应全球化与逆全球化并存环境、提升内部管控效能等方面的能力。增加广告宣传投入的能力虽然对企业市场推广有一定作用，但与数字化转型的核心能力需求无直接关联。

（5）**答案：D** **解析** 集团企业在制定数字化转型路径计划时，需要考虑集团总部的战略规划与控制、各产业公司的业务特点以及基础单位的运营效率等因素，以确保转型计划的针对性和可行性。政府的政策补贴虽然可能对企业转型有一定支持作用，但并非制订转型路径计划的核心考虑因素。

（6）**答案：A** **解析** 重塑企业文化是确保企业数字化转型保障措施有效性的关键。数字文化的形成能够改变全员的数字思维和意识，为转型提供有力的文化支撑。

（7）**答案：A** **解析** 确保保障措施的量化表达需要制订详细的预算计划，将量化内容与企业绩效考核等进行一体化融合。

（8）**答案：C** **解析** 企业规划建设数字人才时需要关注数字人才的分类、分级以及需求周期等方面，以确保数字人才梯队的建设符合企业转型需求。数字人才的薪酬水平虽然重要，但并非规划建设数字人才时的核心关注方面。薪酬水平应根据企业实际情况和市场状况进行合理设定。

（9）**答案：B** **解析** 打破部门壁垒进行跨部门培养是企业在培养数字人才时最为有效的措施之一。这有助于数字人才在不同部门之间交流和学习，提升他们的综合素质和适应能力。

（10）**答案：A** **解析** 在数字化转型过程中，企业需要通过直接数据来监测保障措施的有效性。这些数据可以包括业务指标、运营效率、客户满意度、系统性能等多方面的量化信息。通过监测这些数据，企业能够客观评估数字化转型的进展和效果，及时发现问题并调整策略。直接数据监测是确保数字化转型保障措施有效性的关键手段。

21.5 转型系统架构规划设计

- 某企业计划进行数字化转型，其业务架构的首要层级是构建____（1）____。

（1）A. 全域业务架构　　　　　　　　B. 能力主线业务架构
　　　C. 企业级价值链　　　　　　　　D. 数据主题视图

- 在数字化转型中，___(2)___层级关注企业各业务板块的业务能力构建。
  - (2) A．企业级价值链　　　　　　　B．全域业务架构
       C．能力主线业务架构　　　　　D．技术架构
- 以下___(3)___不是数字化转型中业务流程架构梳理的内容。
  - (3) A．甄选核心业务　　　　　　　B．业务流程优化
       C．数据流分析　　　　　　　　D．市场趋势预测
- 数据架构中的数据主题目录不包括___(4)___。
  - (4) A．战略管控层　　　　　　　　B．人力、财务、物流等保障层
       C．生产、设备、质量等业务运营层　　D．市场营销层
- 在数据架构中，数据从数据源层到数据中台加工处理的过程属于___(5)___环节。
  - (5) A．数据聚　　　　　　　　　　B．数据存
       C．数据管　　　　　　　　　　D．数据出
- 应用架构中的___(6)___展示了应用系统的功能模块和组件。
  - (6) A．应用视图　　　　　　　　　B．应用模块视图
       C．应用集成视图　　　　　　　D．技术架构视图
- 以下___(7)___不是技术架构优化设计的内容。
  - (7) A．数据流贯通与运营技术需求分析　　B．统一平台架构设计研讨
       C．企业市场策略制定　　　　　D．分布式微服务架构设计研讨
- 在数字化转型中，___(8)___关注技术平台、网络架构等具体技术领域的设计。
  - (8) A．业务架构　　　　　　　　　B．数据架构
       C．应用架构　　　　　　　　　D．技术架构
- 以下___(9)___不是数字化转型中技术支撑能力调研的内容。
  - (9) A．统一平台架构设计研讨　　　B．全局数据架构设计研讨
       C．企业员工培训计划制订　　　D．分布式微服务架构设计研讨
- 在数字化转型中，___(10)___关注应用系统的集成和交互。
  - (10) A．业务架构　　　　　　　　　B．数据架构
        C．应用集成视图　　　　　　　D．技术架构

答案及解析

（1）**答案：C** 解析　企业级价值链是从企业领导视角构建的企业生态融合发展的价值链，是数字化转型业务架构的首要层级。全域业务架构和能力主线业务架构分别位于第二层级和第三层级；数据主题视图是数据架构的一部分，与业务架构的首要层级无关。

（2）**答案：B** 解析　全域业务架构从企业领导及部门经理视角出发，实现企业业务能力的构建，为生态融合提供战略支撑。企业级价值链更侧重于整体生态的构建；能力主线业务架构则关

注各业务板块的具体业务能力；技术架构则关注技术层面的支撑。

（3）答案：D 解析 数字化转型中业务流程架构梳理包括甄选核心业务、进行业务主线框架梳理、端到端业务运营流程框架分析，以及基于业务运营的基本支撑要素进行业务流程优化和数据流分析。市场趋势预测虽然对企业发展重要，但并非业务流程架构梳理的内容。

（4）答案：D 解析 数据主题目录分为战略管控层，人力、财务、物流等保障层，以及生产、设备、质量等业务运营层。市场营销层并不属于数据主题目录的常规分类。

（5）答案：A 解析 数据从数据源到数据中台加工处理的过程是数据聚的环节，即数据的收集和整合。数据存是指数据的存储；数据管是指数据的管理和维护；数据出是指数据的输出和提供。

（6）答案：B 解析 应用模块视图在应用架构中展示了应用系统的功能模块和组件，是应用架构的重要组成部分。应用视图更侧重于整体应用的描述；应用集成视图则关注应用之间的集成关系；技术架构视图则关注技术层面的支撑。

（7）答案：C 解析 技术架构优化设计的内容包括数据流贯通与运营技术需求分析、统一平台架构设计研讨、全局数据架构设计研讨、分布式微服务架构设计研讨等。企业市场策略制定是市场营销层面的内容，与技术架构优化设计无关。

（8）答案：D 解析 技术架构关注技术平台、网络架构、物理环境等具体技术领域的设计，是数字化转型中技术层面的支撑。业务架构关注业务能力的构建；数据架构关注数据的管理和利用；应用架构关注应用系统的设计和集成。

（9）答案：C 解析 数字化转型中技术支撑能力调研的内容包括统一平台架构设计研讨、全局数据架构设计研讨、分布式微服务架构设计研讨等。企业员工培训计划制订是人力资源管理层面的内容，与技术支撑能力调研无关。

（10）答案：C 解析 应用集成视图在应用架构中关注应用系统的集成和交互，是确保各应用系统之间能够顺畅沟通和协同工作的重要部分。业务架构关注业务能力的构建；数据架构关注数据的管理和利用；技术架构则关注技术层面的支撑。虽然技术架构也涉及系统集成，但应用集成视图更专注于应用层面的集成问题。

第22章 智能制造发展规划

22.1 发展整体环境

- 智能制造的概念首次在___(1)___中提出。
  - (1) A.《工业4.0》 B.《智能制造》
    C.《智慧中国》 D.《中国制造2025》
- 以下___(2)___不是智能制造相比传统制造自动化的核心差异。
  - (2) A. 面向规模化生产，提高生产效率
    B. 强调对"干扰"的敏捷控制、应对和处置
    C. 实现各类事件与问题的快速感知与及时处理
    D. 强调经营管理、生产制造等治理、管理和控制的自动化
- 在现代工业体系中，中国具有___(3)___独特地位。
  - (3) A. 世界上最大的经济体 B. 唯一全部工业门类齐全的国家
    C. 制造业自动化程度最高 D. 智能制造发展最领先
- 以下技术___(4)___不是智能制造广泛应用的新型智能化装备。
  - (4) A. 数控机床 B. 传统ERP系统
    C. AGV智能运输车 D. 智能立体仓库
- 在信息化建设方面，智能制造相比传统制造的转变是___(5)___。
  - (5) A. 从手工操作向机械化操作转变
    B. 从传统ERP系统和MES系统向MOM系统转变
    C. 从单一生产线向多条生产线转变
    D. 从本地化生产向全球化生产转变
- 以下国家___(6)___不是近年来积极推出智能制造发展战略的国家。
  - (6) A. 德国 B. 美国 C. 英国 D. 巴西

- 《中国制造2025》确立的基本方针不包括___(7)___。

    （7）A．创新驱动　　　　　　　　　　B．质量为先

    　　　C．高速发展　　　　　　　　　　D．人才为本

- 以下___(8)___不是《"十四五"智能制造发展规划》中提到的目标。

    （8）A．到2025年，规模以上制造业企业基本普及数字化

    　　　B．到2035年，实现全球制造业领先地位

    　　　C．到2035年，骨干企业基本实现智能转型

    　　　D．依托制造单元、车间、工厂等载体构建智能制造系统

- 智能制造相比传统制造，在数据开发利用方面的突破有___(9)___。

    （9）A．实现了从机械化到自动化的转变

    　　　B．提升了产品的质量和一致性

    　　　C．新一代智能装备本身具有数控系统

    　　　D．降低了生产成本和人力需求

- 以下___(10)___不是推动智能制造发展的关键要素。

    （10）A．先进的传感技术和网络技术

    　　　B．大规模的生产线和流水作业

    　　　C．人工智能和大数据分析技术的应用

    　　　D．拟人化智能技术和自动化技术的融合

答案及解析

（1）**答案：B** 解析　智能制造的概念首次在20世纪80年代的《智能制造》一书中提出，该书由美国纽约大学怀特教授和卡内基梅隆大学的布恩教授共同撰写。

（2）**答案：A** 解析　智能制造相比传统制造自动化的核心差异在于其面向产品的全生命周期治理，强调对"干扰"的敏捷控制、应对和处置，以及实现各类事件与问题的快速感知与及时处理。面向规模化生产，提高生产效率是传统制造自动化的核心，不是智能制造的核心差异。

（3）**答案：B** 解析　在现代工业体系中，中国是世界上唯一全部工业门类齐全的国家。

（4）**答案：B** 解析　数控机床、AGV智能运输车和智能立体仓库都是智能制造广泛应用的新型智能化装备。传统ERP系统是一种信息管理系统，不属于新型智能化装备。

（5）**答案：B** 解析　在信息化建设方面，智能制造相比传统制造有从传统ERP系统和MES系统向基于工业互联网平台的MOM系统的转变。

（6）**答案：D** 解析　近年来，德国、美国、英国等多个国家都积极推出了智能制造发展战略。巴西虽然也在推进工业化进程，但并未特别突出智能制造作为其核心发展战略。

（7）**答案：C** 解析　《中国制造2025》确立的基本方针包括创新驱动、质量为先、绿色发展、结构优化、人才为本等。高速发展并不是《中国制造2025》确立的基本方针之一。

（8）**答案：B** **解析** 《"十四五"智能制造发展规划》中提到的目标包括到2025年规模以上制造业企业基本普及数字化、到2035年骨干企业基本实现智能转型以及依托制造单元、车间、工厂等载体构建智能制造系统等。"到2035年，实现全球制造业领先地位"并不是该规划中明确提到的目标。

（9）**答案：C** **解析** 智能制造相比传统制造，在数据开发利用方面的突破在于新一代智能装备本身具有数控系统，能够实现智能化生产模式的跃迁。

（10）**答案：B** **解析** 推动智能制造发展的关键要素包括先进的传感技术和网络技术、人工智能和大数据分析技术的应用以及拟人化智能技术和自动化技术的融合等。大规模的生产线和流水作业是传统制造业的特点之一，并非推动智能制造发展的关键要素。虽然智能制造仍然需要生产线和流水作业，但更重要的是这些过程的智能化和自动化程度以及数据的应用和分析能力。

22.2 发展关注焦点

- 企业在推进智能制造过程中，___（1）___起到决定性的作用。
  - （1）A．技能人才 　　　　　　　　 B．应用人才
  - 　　　C．复合型、创新型人才　　　　D．领军人才
- 以下___（2）___不属于智能制造人才培训体系的内容。
  - （2）A．规划管理模块培训　　　　　B．技术模块培训
  - 　　　C．市场营销模块培训　　　　　D．业务领域方向培训
- 数字化研发设计通常使用___（3）___软件进行三维设计。
  - （3）A．Word　　　　　　　　　　 B．Excel
  - 　　　C．AutoCAD　　　　　　　　　D．PowerPoint
- 智能化生产的核心是___（4）___。
  - （4）A．自动化设备　　　　　　　　B．信息化系统
  - 　　　C．基于自动化设备的信息系统集成　D．人员管理
- 以下___（5）___不是设备管理智能化的主要内容。
  - （5）A．设备数字化维保　　　　　　B．设备联网数据采集
  - 　　　C．设备销售推广　　　　　　　D．设备综合效率管理
- 智能物流中，___（6）___技术常用于实现原材料、半成品的自动化运输。
  - （6）A．条形码　　　　　　　　　　B．RFID 射频识别
  - 　　　C．AGV 自动运输小车　　　　 D．数字仓库系统
- 智慧安全管理主要依赖于___（7）___先进技术。
  - （7）A．物联网和定位服务　　　　　B．传统监控摄像头
  - 　　　C．手动记录安全日志　　　　　D．人工智能

- 智慧环保管理以＿＿（8）＿＿为核心。
  （8）A．遵循环保集中管控　　　　　　B．追求最大经济效益
  　　　C．忽视环境风险　　　　　　　　D．环境综合评价体系
- 以下＿＿（9）＿＿不是实现智慧能源管理的实践路径。
  （9）A．能源数据自动采集和分析　　　B．引入传统电表进行能耗记录
  　　　C．高能耗设备智能联控　　　　　D．基于能效评估的节能改造
- 在智能制造中，＿＿（10）＿＿技术常用于实现原材料、半成品的快速拣货和及时配送。
  （10）A．RFID 射频识别　　　　　　　　B．数字化仓库系统
  　　　 C．手动拣货和配送　　　　　　　D．AGV 自动运输小车和 WCS 系统

答案及解析

（1）**答案：C**　**解析**　复合型、创新型人才具备跨领域的知识和技能，能够综合运用多学科知识解决实际问题，对于智能制造的规划和实施起到决定性的作用。技能人才、应用人才和领军人才虽然也很重要，但他们在智能制造中的作用更多地体现在具体执行和领导层面。

（2）**答案：C**　**解析**　智能制造人才培训体系通常包括规划管理模块、技术模块和业务领域方向的培训，旨在提升员工在智能制造相关领域的专业知识和技能。市场营销模块与智能制造人才培训体系的核心内容不直接相关。

（3）**答案：C**　**解析**　数字化研发设计通常使用三维建模工业软件，如 AutoCAD（三维版）、SolidWorks 等进行产品的三维设计。Word、Excel 和 PowerPoint 是办公软件，不用于三维设计。

（4）**答案：C**　**解析**　智能化生产的核心是基于自动化设备的信息系统集成，通过制造执行、高级排产、过程监控等信息系统实现生产计划管理、生产过程控制等智能化功能。虽然自动化设备和信息化系统都很重要，但智能化生产更强调的是它们的集成应用。

（5）**答案：C**　**解析**　设备管理智能化的主要内容包括设备数字化维保、设备联网数据采集、设备监控与故障分析、设备综合效率管理等。设备销售推广与设备管理智能化的核心内容不直接相关。

（6）**答案：C**　**解析**　AGV 自动运输小车是智能物流中常用的自动化设备，用于实现原材料、半成品的自动化运输。条形码和 RFID 射频识别主要用于物品标识和信息采集；数字仓库系统则用于仓储管理。

（7）**答案：A**　**解析**　智慧安全管理主要依赖于物联网、定位服务、大数据和移动终端等先进技术，实现对生产过程中的人员、设备、环境等的全面智能化管理和升级改造。传统监控摄像头和手动记录安全日志虽然也能起到一定的安全管理作用，但它们不属于智慧安全管理的核心技术；人工智能从成本、技术局限性、隐私性等方面考虑，也不属于智慧安全管理的核心技术。

（8）**答案：D**　**解析**　智慧环保管理的核心思想是以遵循环保集中管控为基础、以环境综合评价体系为核心，通过实时监测、过程监控、风险预警的一体化设计，对生产环境中的各项风险进

行预测、评价、管控。追求最大经济效益和忽视环境风险与智慧环保管理的核心思想相悖。

（9）**答案：B 解析**　实现智慧能源管理的实践路径包括能源数据自动采集和分析、能源指标精细化管理、高能耗设备智能联控、基于能效评估的节能改造等。引入传统电表进行能耗记录虽然也能记录能耗数据，但它不具备智能电表的数据采集、分析和可视化功能，因此不是实现智慧能源管理的实践路径。

（10）**答案：D 解析**　在智能制造中，AGV 自动运输小车和 WCS（仓库控制系统）常用于实现原材料、半成品的快速拣货和及时配送。RFID 射频识别和数字化仓库系统虽然也能提高仓储管理的效率，但它们在快速拣货和及时配送方面的作用不如 AGV 自动运输小车和 WCS 系统直接和显著；手动拣货和配送则效率较低，不符合智能制造的要求。

22.3　能力成熟度模型

- 以下＿＿（1）＿＿不是 CMMM 中定义的企业开展智能制造能力建设需要关注的能力要素。
  （1）A. 人员技术　　　　　　　　　B. 财务管理
  　　　C. 资源　　　　　　　　　　　D. 制造
- CMMM 规定智能制造能力成熟度共分为＿＿（2）＿＿等级。
  （2）A. 3 个　　　　　　　　　　　B. 4 个
  　　　C. 5 个　　　　　　　　　　　D. 6 个
- 在 CMMM 中，企业达到二级成熟度时，应实现的目标是＿＿（3）＿＿。
  （3）A. 对核心业务进行流程化管理　　B. 实现单一业务的数据共享
  　　　C. 跨业务间的数据共享　　　　　D. 基于模型持续驱动业务优化
- 以下＿＿（4）＿＿不是 CMMM 主要解决的问题之一。
  （4）A. 帮助制造企业了解自身现状
  　　　B. 为政府主管部门提供智能制造水平数据
  　　　C. 帮助服务商明确个人职业规划
  　　　D. 为服务商提供统一技术路径和方法
- 企业在进行 CMMM 评估时，以下＿＿（5）＿＿价值不是主要体现的。
  （5）A. 消除成见，避免走弯路　　　　B. 提升全员创新意识
  　　　C. 获得政府直接资金支持　　　　D. 通过评估促进智能制造能力提升
- 在 CMMM 中，企业达到三级成熟度时，应实现的目标是＿＿（6）＿＿。
  （6）A. 对核心业务进行流程化管理　　B. 实现单一业务的数据共享
  　　　C. 跨业务间的数据共享　　　　　D. 实现对核心业务的精准预测和优化
- 以下＿＿（7）＿＿不是 CMMM 评估带来的企业能力展现方面的优势。
  （7）A. 权威资质认定　　　　　　　　B. 全方位考核方式
  　　　C. 个人技能提升　　　　　　　　D. 优质供应商遴选

- 某制造企业希望通过 CMMM 评估明确自身在智能制造方面的差距和发展目标,这体现了 CMMM 的___(8)___价值。
  - (8)A. 智能制造全面梳理与认识　　　　B. 建设把控
  - C. 全员意识提升　　　　D. 企业资质优势
- 在 CMMM 中,企业达到四级成熟度时,应实现的目标是___(9)___。
  - (9)A. 对核心业务进行流程化管理　　　　B. 实现单一业务的数据共享
  - C. 跨业务间的数据共享　　　　D. 实现对核心业务的精准预测和优化
- 以下___(10)___不是 CMMM 应用中的一个方面。
  - (10)A. 整体能力建设　　　　B. 制造新模式建设
  - C. 企业文化建设　　　　D. 智能制造项目规划

答案及解析

(1)答案:B　解析　CMMM 中定义的企业开展智能制造能力建设需要关注的能力要素包括人员技术、资源和制造。财务管理并不属于这些要素之一。

(2)答案:C　解析　CMMM 规定智能制造能力成熟度共分为 5 个等级,分别为一级(规划级)、二级(规范级)、三级(集成级)、四级(优化级)和五级(引领级)。

(3)答案:B　解析　在 CMMM 中,企业达到二级成熟度时,应采用自动化技术、信息技术手段对核心装备和业务等进行改造和规范,实现单一业务的数据共享。

(4)答案:C　解析　CMMM 主要解决的问题包括帮助制造企业了解自身现状、为政府主管部门提供智能制造水平数据、为服务商提供统一技术路径和方法等。帮助服务商明确个人职业规划并不是 CMMM 的主要目标。

(5)答案:C　解析　企业在进行 CMMM 评估时,主要体现的价值包括消除成见、避免走弯路、提升全员创新意识、通过评估促进智能制造能力提升等。获得政府直接资金支持并不是 CMMM 评估的直接结果。

(6)答案:C　解析　在 CMMM 中,企业达到三级成熟度时,应对装备、系统等开展集成,实现跨业务间的数据共享。

(7)答案:C　解析　CMMM 评估带来的企业能力展现方面的优势包括权威资质认定、全方位考核方式、优质供应商遴选等。个人技能提升并不是企业能力展现方面的直接优势。

(8)答案:A　解析　制造企业希望通过 CMMM 评估明确自身在智能制造方面的差距和发展目标,这体现了 CMMM 在智能制造全面梳理与认识方面的价值。

(9)答案:D　解析　在 CMMM 中,企业达到四级成熟度时,应对人员、资源、制造等进行数据挖掘,形成知识、模型等,实现对核心业务的精准预测和优化。

(10)答案:C　解析　CMMM 应用主要包括整体能力建设、制造新模式建设和智能制造项目规划等方面。企业文化建设并不是 CMMM 应用的一个直接方面。

22.4 发展规划要点

- 在实施智能制造发展规划时，以下___(1)___原则不是通常需要遵循的。
  (1) A．需求驱动 B．投入产出
  　　C．盲目跟风 D．全局性
- 智能制造规划中的诊断评估主要参考___(2)___模型。
  (2) A．Six Sigma B．CMMM
  　　C．5S 管理 D．PDCA 循环
- 制造企业在进行智能制造规划时，如果诊断评估发现某个能力子域存在短板，应该___(3)___。
  (3) A．立即更换所有相关设备 B．优先建设该短板部分
  　　C．放弃该能力子域的发展 D．等待其他能力子域发展后再补充
- 以下___(4)___不是智能制造规划重点突破的可能方向。
  (4) A．技术创新 B．管理创新
  　　C．模式创新 D．营销创新
- 企业在进行智能制造人才保障规划时，以下___(5)___不是主要考虑的方面。
  (5) A．统筹智能制造的团队 B．智能制造专业技术人员
  　　C．员工的休闲娱乐设施 D．业务人员数字素养
- 以下表述中，___(6)___不能体现智能制造规划中的有效性原则。
  (6) A．企业通过智能制造规划提高了生产效率
  　　B．企业通过智能制造规划降低了成本
  　　C．企业通过智能制造规划增加了产品种类
  　　D．企业盲目购买大量先进设备以提高竞争力
- 在智能制造发展规划的过程中，以下___(7)___不是管理要点的内容。
  (7) A．多元参与 B．知识传递
  　　C．严格保密 D．实践借鉴
- 制造企业在进行智能制造规划时，如果某个能力子域已经达到了较高水平，下一步应该___(8)___。
  (8) A．保持现状不变 B．设定更高的发展目标
  　　C．减少对该能力子域的投资 D．将资源转移到其他能力子域
- 以下___(9)___不是智能制造人才保障规划中培训体系构建的内容。
  (9) A．制订培训计划 B．确定培训内容
  　　C．选择培训方式 D．评估员工个人财产
- 企业在实施智能制造发展规划时，以下___(10)___不是多元参与可能带来的好处。
  (10) A．汇聚多方智慧 B．提高规划的科学性
  　　　C．减少决策失误 D．增加管理成本

答案及解析

（1）**答案：C**　**解析**　智能制造发展规划需要基于企业的实际需求来制定，同时要考虑投入产出比和全局性影响，盲目跟风显然不符合科学规划的原则。需求驱动、投入产出、全局性都是实施智能制造发展规划时需要遵循的重要原则。

（2）**答案：B**　**解析**　智能制造规划中的诊断评估通常参考 CMMM（智能制造能力成熟度模型）所规定的范围进行，包括组织战略、人员技能等多个方面。

（3）**答案：B**　**解析**　根据均衡部署的原则，制造企业在进行智能制造规划时，如果诊断评估发现某个能力子域存在短板，应该优先建设这些短板部分，因为它是制约企业智能制造发展的主要因素。

（4）**答案：D**　**解析**　智能制造规划的重点突破方向可以是技术、管理和模式上的创新。营销创新虽然对企业发展也很重要，但它并不直接属于智能制造规划的重点突破方向。

（5）**答案：C**　**解析**　企业在进行智能制造人才保障规划时，主要考虑的是统筹智能制造的团队、智能制造专业技术人员以及业务人员的数字素养等方面。员工的休闲娱乐设施虽然对员工福利有一定影响，但并不属于智能制造人才保障规划的主要考虑方面。

（6）**答案：D**　**解析**　智能制造规划中的有效性原则强调规划实施后能够带来实际效益和成果，如提高生产效率、降低成本、提升产品质量、增强市场竞争力等。

（7）**答案：C**　**解析**　智能制造发展规划的过程需要得到有效管理，包括多元参与、知识传递、目标控制和实践借鉴等方面。严格保密虽然是企业信息安全管理的重要方面，但它并不属于智能制造发展规划的管理要点内容。

（8）**答案：B**　**解析**　根据均衡部署的方法，当制造企业某个能力子域已经达到较高水平时，应该设定更高的发展目标，以推动该能力子域的持续进步和整体智能制造水平的提升。

（9）**答案：D**　**解析**　智能制造人才保障规划中的培训体系构建主要包括制订培训计划、确定培训内容和选择培训方式等方面。评估员工个人财产与培训体系构建不直接相关，它属于员工个人财务管理或人力资源管理的范畴。

（10）**答案：D**　**解析**　多元参与意味着在实施智能制造发展规划时能够汇聚多方智慧，提高规划的科学性和减少决策失误。增加管理成本并不是多元参与带来的好处，反而可能是多元参与需要面对的挑战之一。因此，在实施智能制造发展规划时，应该积极寻求多元参与，以充分利用其带来的好处。

22.5　信息系统架构

- 智能制造系统架构主要从　　（1）　　三个维度进行描述。
    （1）A．生命周期、生产流程、智能程度　　B．生命周期、系统层级、智能特征
    　　　C．产品类型、系统层级、技术应用　　D．生产阶段、智能特征、管理模式

- 智能制造的关键集成不包括___(2)___。
  - (2) A. 纵向集成 　　　　　　　　B. 横向集成
  　　　C. 端到端集成　　　　　　　　D. 斜向集成
- 在智能制造的生命周期中，___(3)___阶段涉及产品的设计。
  - (3) A. 生产阶段　　　　　　　　　B. 销售阶段
  　　　C. 设计阶段　　　　　　　　　D. 回收再制造阶段
- 以下层级___(4)___不属于智能制造的系统层级。
  - (4) A. 设备层　　　　　　　　　　B. 单元层
  　　　C. 总部层　　　　　　　　　　D. 协同层
- 智能制造的智能特征中，___(5)___是指基于信息数字技术使制造活动具有自感知能力。
  - (5) A. 自学习　　　　　　　　　　B. 自决策
  　　　C. 自执行　　　　　　　　　　D. 自感知
- 智能制造系统集成架构中的决策层主要依赖于___(6)___技术。
  - (6) A. 自动化生产设备　　　　　　B. 工业互联网
  　　　C. 大数据、驾驶舱、数字孪生　D. 质量管理系统
- 在智能制造实施路径的第一阶段，信息化系统的建设目标是___(7)___。
  - (7) A. 全面智能　　　　　　　　　B. 全面通畅
  　　　C. 由缺到全　　　　　　　　　D. 全面覆盖
- 以下系统___(8)___属于智能制造系统集成架构中的执行层。
  - (8) A. 客户关系管理系统（CRM）　 B. 企业资源管理系统（ERP）
  　　　C. 生产执行系统（MES）　　　 D. 数字孪生系统
- 智能制造系统中的传输层主要解决___(9)___问题。
  - (9) A. 设备状态和运行数据的采集
  　　　B. 底层设备和上层信息化系统的集成互通
  　　　C. 生产过程的透明化管理
  　　　D. 企业运营和管理决策的效率
- 在智能制造系统中，以下设施___(10)___构成智能制造底层基础设施。
  - (10) A. 客户关系管理系统（CRM）　B. 自动化生产设备
  　　　 C. 工业互联网平台　　　　　　D. 数字孪生系统

答案及解析

（1）**答案：B**　解析　智能制造系统架构从生命周期（包括设计、生产、物流、销售、服务等阶段）、系统层级（设备层、单元层、车间层、企业层和协同层）和智能特征（自感知、自学习、自决策等）三个维度进行描述。其他选项没有准确涵盖这三个维度。

（2）**答案：D　解析**　智能制造的关键集成包括纵向集成（不同层级间的集成）、横向集成（不同资源要素间的集成）和端到端集成（从设计到服务的全过程集成）。斜向集成不是智能制造的关键集成方式。

（3）**答案：C　解析**　在智能制造的生命周期中，设计阶段涉及产品的原型研发和设计工作。其他选项分别涉及产品的生产、销售和回收再制造。

（4）**答案：C　解析**　智能制造的系统层级包括设备层、单元层、车间层、企业层和协同层。总部层不是智能制造系统层级的标准划分。

（5）**答案：D　解析**　智能制造的智能特征中，自感知是指基于信息数字技术使制造活动能够自我感知状态和环境变化。其他选项分别指自我学习能力、自我决策能力和自我执行能力。

（6）**答案：C　解析**　智能制造系统集成架构中的决策层主要依赖于大数据、驾驶舱、数字孪生和人工智能等技术，以构建数据驱动决策体系。自动化生产设备、工业互联网和质量管理系统分别属于设备层、传输层和执行层的技术或系统。

（7）**答案：C　解析**　在智能制造实施路径的第一阶段，信息化系统的建设目标是由缺到全，即逐步完善信息化系统的各个部分。全面智能、全面通畅、全面覆盖分别属于后续阶段的目标。

（8）**答案：C　解析**　生产执行系统（MES）属于智能制造系统集成架构中的执行层，负责实现生产下发和过程数据采集上传等任务。CRM、ERP 和数字孪生系统分别属于业务层和决策层的系统。

（9）**答案：B　解析**　智能制造系统中的传输层主要解决底层设备和上层信息化系统的集成互通问题，为设备状态和运行数据的采集提供数据通道。设备状态和运行数据的采集、生产过程的透明化管理、企业运营和管理决策的效率分别属于设备层、执行层和决策层的功能。

（10）**答案：B　解析**　自动化生产设备、数字化检测设备、AGV 运输车和立体仓库等智能物流设施构成智能制造底层基础设施。CRM、工业互联网平台和数字孪生系统分别属于业务层、传输层和决策层的系统或技术。

第23章 新型消费系统规划

23.1 发展整体环境

- 小明现在可以通过手机在淘宝、京东等平台上随时随地购物,这主要得益于__(1)__的发展。
  - (1) A. 电子商务技术　　　　　　　　B. 物联网技术
  　　　C. 人工智能技术　　　　　　　　D. XR 技术
- 小李在餐厅用餐时,通过扫描桌上的二维码进行点餐和支付,这种支付方式属于__(2)__。
  - (2) A. NFC 支付　　　　　　　　　　B. 现金支付
  　　　C. 二维码支付　　　　　　　　　D. 近场通信支付
- 某电商平台通过分析用户的购买记录,向用户推荐可能感兴趣的商品,这主要依赖于__(3)__。
  - (3) A. 电子商务技术　　　　　　　　B. 大数据技术
  　　　C. 人工智能技术　　　　　　　　D. 物联网技术
- 小王在家通过智能电视观看高清电影,并享受到了智能语音控制的便利,这体现了__(4)__的融合应用。
  - (4) A. 电子商务技术与大数据技术　　B. 物联网技术与人工智能技术
  　　　C. 移动支付技术与大数据技术　　D. XR 技术与人工智能技术
- 政府提出加快 5G 技术与能源、教育等垂直行业融合应用,主要是为了__(5)__。
  - (5) A. 提升网络速度　　　　　　　　B. 挖掘消费潜力
  　　　C. 降低通信费用　　　　　　　　D. 增加就业机会
- 小张在商场购物时,通过 AR 试衣镜试穿不同款式的衣服,这种体验属于__(6)__的应用。
  - (6) A. VR 技术　　　　　　　　　　　B. AR 技术
  　　　C. MR 技术　　　　　　　　　　　D. XR 技术(广义)

- 某城市推出智慧停车系统，车主可以通过手机 App 查找附近的停车位并预约，这体现了新型消费的____(7)____特征。

    (7) A．网络化 　　　　　　　　　　B．实体化

    　　C．单一化 　　　　　　　　　　D．低效化

- 政府鼓励发展新零售模式，主要是为了____(8)____。

    (8) A．增加传统零售业的就业机会 　　B．保持传统零售业的竞争力

    　　C．促进线上线下消费融合 　　　　D．限制电商平台的发展

- 某电商平台通过大数据分析用户行为，优化商品推荐算法，提高了用户满意度和销售额，这体现了大数据技术的____(9)____作用。

    (9) A．数据分析与挖掘 　　　　　　　B．数据存储与管理

    　　C．数据安全与保护 　　　　　　　D．数据可视化与展示

- 在智慧旅游中，游客可以通过手机 App 获取景点介绍、导航等信息，并享受个性化的旅游服务，这体现了新型消费的____(10)____趋势。

    (10) A．标准化 　　　　　　　　　　B．单一化

    　　 C．个性化 　　　　　　　　　　D．规模化

答案及解析

(1) **答案：A** **解析** 小明通过手机在电商平台购物，直接体现了电子商务技术的应用，包括电子商务平台、支付系统、物流系统等。物联网技术主要关注物品间的互联互通；人工智能技术更多用于实现机器的自主学习、分析和决策；XR 技术则主要提供虚拟与现实结合的沉浸感。

(2) **答案：C** **解析** 小李通过扫描二维码进行点餐和支付，这是二维码支付的典型应用。NFC 支付和近场通信支付通常涉及手机与 POS 机或其他设备的近距离接触；现金支付则不涉及任何数字技术。

(3) **答案：B** **解析** 电商平台通过分析大量用户的购买记录来推荐商品，这是大数据技术的典型应用。虽然电子商务技术提供了平台支持，但推荐功能主要依赖于数据分析；人工智能技术在推荐系统中也有应用，但这里更侧重于数据的挖掘和分析，在此情境下不如大数据技术直接；物联网技术与推荐功能无关。

(4) **答案：B** **解析** 智能电视通过物联网技术连接到网络，同时利用人工智能技术实现语音控制。电子商务技术和移动支付技术与此场景无关；XR 技术主要提供虚拟与现实结合的沉浸感，也不适用于此场景。

(5) **答案：B** **解析** 政府提出加快 5G 技术与垂直行业融合应用，主要是为了推动新技术在各行各业的应用，从而挖掘新的消费潜力和经济增长点。提升网络速度和降低通信费用虽然是 5G 技术带来的好处，但不是政府此举的主要目的；增加就业机会虽然也是积极效果之一，但并非直接目的。

(6) **答案：B** **解析** AR（增强现实）技术允许用户将虚拟信息叠加到现实世界中，小张通过 AR 试衣镜试穿不同款式的衣服正是这种技术的应用。VR（虚拟现实）技术提供完全虚拟的环境；MR（混合现实）是 AR 和 VR 技术的结合体，但在此场景中更侧重于 AR 的应用；XR 是 AR、VR、MR 等技术的统称，但在此情境下 AR 技术更具体且准确。

(7) **答案：A** **解析** 智慧停车系统通过网络连接车主和停车位信息，体现了新型消费的网络化特征。实体化、单一化和低效化均与新型消费的特征不符。

(8) **答案：C** **解析** 新零售模式通过线上线下融合，为消费者提供更加便捷、多元化的消费体验。政府鼓励发展新零售模式，主要是为了促进线上线下消费融合，推动消费市场的升级和发展。增加传统零售业的就业机会虽然可能带来一定的就业机会，但不是主要目的；保持传统零售业的竞争力与新型消费的发展趋势不符；限制电商平台的发展更是与政府的政策导向相悖。

(9) **答案：A** **解析** 电商平台通过大数据分析用户行为，优化商品推荐算法，这体现了大数据技术在数据分析与挖掘方面的作用。数据存储与管理、数据安全与保护以及数据可视化与展示虽然也是大数据技术的重要组成部分，但在此场景中更侧重于数据的分析与挖掘。

(10) **答案：C** **解析** 智慧旅游通过提供个性化的旅游服务，满足了游客的多样化需求。这体现了新型消费向个性化、多元化方向发展的趋势。标准化、单一化和规模化均与新型消费的趋势不符。

23.2 发展关注焦点

- 小王最近在一家线上线下深度融合的超市购物，他可以在手机上查看商品信息，然后到实体店提货，这种购物模式属于___（1）___新业态。

  (1) A. 传统零售　　　　　　　　B. 新零售
  　　C. 电子商务　　　　　　　　D. 无人零售

- 小李在健身房使用了一款健身软件，可以记录他的运动数据并提供个性化的训练计划，这属于___（2）___。

  (2) A. 数字化教育　　　　　　　B. 互联网健身
  　　C. 智慧文旅　　　　　　　　D. 共享型消费

- 小张在网上购买了一部手机，但选择到附近的实体店进行提货和验货，这种购物方式体现了新零售的___（3）___特点。

  (3) A. 线上服务、线下体验　　　B. 无人零售
  　　C. 以品牌为主体　　　　　　D. 传统零售模式

- 某在线教育平台通过直播课程为学生提供个性化辅导，这种教育方式属于___（4）___新型消费方式。

  (4) A. 数字化教育　　　　　　　B. 互联网健身
  　　C. 智慧文旅　　　　　　　　D. 兴趣消费

- 小李通过一款智能手环监测自己的睡眠质量,这种设备属于___(5)___新型消费方式的一部分。
  - (5) A. 数字化教育　　　　　　　　　B. 互联网健身
  　　　C. 智慧文旅　　　　　　　　　　D. 可穿戴设备(互联网健身)
- 小王在使用一款共享单车 App 时,发现它不仅能提供附近的单车信息,还能根据他的骑行习惯推荐最适合的路线,这体现了共享经济的___(6)___特点。
  - (6) A. 经济性　　　　　　　　　　　B. 便捷性
  　　　C. 文化上的人文性　　　　　　　D. 可持续性
- 小张是一位旅游爱好者,他通过一款智慧文旅 App 获取了详细的景区信息和智能导览服务,这种旅游方式体现了智慧文旅的___(7)___特点。
  - (7) A. 技术上的先进性　　　　　　　B. 供给上的单一化
  　　　C. 时空上的有限性　　　　　　　D. 文化上的落后性
- 小李是一名大学生,他通过在线平台购买了自己感兴趣的编程课程进行学习,这种消费行为体现了___(8)___新型消费方式。
  - (8) A. 互联网健身　　　　　　　　　B. 数字化教育
  　　　C. 智慧文旅　　　　　　　　　　D. 兴趣消费
- 某电商平台推出了无人超市,顾客可以通过自助结账系统完成购物,这种零售模式属于___(9)___新型业态。
  - (9) A. 新零售　　　　　　　　　　　B. 传统零售
  　　　C. 电子商务　　　　　　　　　　D. 数字化教育
- 小张是一名"90 后",他购买商品时更注重个性化和体验感,这种消费行为体现了___(10)___新型消费趋势。
  - (10) A. 数字化教育　　　　　　　　　B. 智慧文旅
  　　　C. 兴趣消费　　　　　　　　　　D. 共享型消费

答案及解析

(1) **答案:B** 解析　新零售是以用户为中心,线上线下深度融合的零售新模式,小王在手机上查看商品信息然后到实体店提货的行为正是新零售的特点之一。传统零售没有线上融合;电子商务主要是线上购物;无人零售则更侧重于自助化、智能化,没有实体店的提货环节。

(2) **答案:B** 解析　小李使用的健身软件属于互联网健身的范畴,它结合了健身软件、可穿戴设备和数据服务,为用户提供个性化的健身体验。数字化教育主要关注教育领域;智慧文旅关注旅游体验;共享型消费则侧重于资源共享。

(3) **答案:A** 解析　小张在网上购买手机但选择到实体店提货和验货,这体现了新零售中线上服务、线下体验的特点。无人零售主要关注自助化、智能化;以品牌为主体是传统零售的特点之一,但新零售更强调以消费者为主体;传统零售模式没有线上服务的融合。

（4）**答案：A 解析** 在线教育平台通过直播课程为学生提供个性化辅导，这是数字化教育的一种形式。数字化教育利用互联网、移动互联网等技术手段将教育资源和服务数字化。互联网健身关注健身领域；智慧文旅关注旅游体验；兴趣消费则侧重于消费者的兴趣爱好。

（5）**答案：D 解析** （智能手环作为可穿戴设备，可以监测用户的睡眠质量等健康数据，这是互联网健身的一个重要组成部分。数字化教育主要关注教育领域；智慧文旅关注旅游体验；虽然可穿戴设备本身不直接等同于新型消费方式，但在此情境下它属于互联网健身的一部分。因此，A、C选项明显不符合题意，B选项虽相关但不够具体，D选项虽表述有歧义但根据题意理解为可穿戴设备在互联网健身中的应用是最合适的。

（6）**答案：B 解析** 共享单车App提供附近的单车信息和根据骑行习惯推荐路线，这体现了共享经济的便捷性。经济性是指共享经济能够降低成本、提高效率；文化上的人文性则与共享经济无直接关联；可持续性是指共享经济能够减少资源浪费、促进资源循环利用。

（7）**答案：A 解析** 小张通过智慧文旅App获取详细的景区信息和智能导览服务，这体现了智慧文旅在技术上的先进性。供给上的单一化、时空上的有限性、文化上的落后性均与智慧文旅的特点不符。智慧文旅通过先进的技术手段提高旅游体验度，供给多样化、时空无限性、文化人文性是其重要特点。

（8）**答案：B 解析** 小李通过在线平台购买编程课程进行学习，这是数字化教育的一种形式。数字化教育利用互联网、移动互联网等技术手段将教育资源和服务数字化。互联网健身关注健身领域；智慧文旅关注旅游体验；兴趣消费虽然与消费者的兴趣爱好相关，但在此情境下更侧重于教育资源的数字化。

（9）**答案：A 解析** 无人超市是新零售的一种形式，它结合了线上线下的优势，通过自助化、智能化的方式提高购物效率。传统零售没有线上融合和自助化服务；电子商务主要是线上购物；数字化教育关注教育领域。

（10）**答案：C 解析** 小张作为"90后"，购买商品时注重个性化和体验感，这体现了兴趣消费的趋势。兴趣消费是以消费者的兴趣爱好为主导的新型消费方式。数字化教育关注教育领域；智慧文旅关注旅游体验；共享型消费则侧重于资源共享。

23.3 规划要点

- 某电商平台计划优化其用户界面以提高用户体验，这属于需求分析中的___(1)___。

  (1) A. 确定系统的核心功能和特性　　　　B. 收集用户需求和期望

  　　C. 分析市场和竞争情况　　　　　　　D. 优化系统的反馈机制

- 一家餐饮连锁店通过大数据分析顾客的消费习惯，为顾客提供个性化菜单推荐，这属于精准营销中的___(2)___。

  (2) A. 智能化管理库存和物流配送　　　　B. 提供个性化推荐服务

  　　C. 自动化完成重复性工作　　　　　　D. 预测消费者购物趋势

- 某在线教育平台计划推出一款针对小学生的数学辅导软件,在需求分析阶段,他们应该重点考虑___(3)___。

    (3)A. 系统的性能指标　　　　　　　　B. 小学生的游戏偏好
    　　C. 竞争对手的广告投放策略　　　　D. 成年人的学习需求

- 一家电商网站为了提高用户购物体验,计划在支付环节增加多种支付方式,这属于用户体验设计中的___(4)___。

    (4)A. 提供个性化的设置和选项　　　　B. 设计简洁易用的用户界面
    　　C. 优化系统的反馈机制　　　　　　D. 强化视觉优化

- 某健身房计划通过智能手环收集会员的运动数据,以提供个性化的健身建议,这属于精准营销中___(5)___方面。

    (5)A. 深度分析消费者购买行为　　　　B. 智能化管理商品库存
    　　C. 通过大数据分析预测消费者需求　D. 自动化完成重复性营销工作

- 一家旅游网站计划通过社交媒体平台进行联合营销,以提高品牌知名度,这属于精准营销中的___(6)___注意事项。

    (6)A. 遵循国家相关法律法规　　　　　B. 注重联合营销接口的支撑能力
    　　C. 部署流量计量功能　　　　　　　D. 关注细节数据沉淀

- 某电商企业在开发新系统时,计划采用灵活的商业模式和收费策略,这属于效益分析中的___(7)___。

    (7)A. 评估系统开发和实施成本
    　　B. 预测系统运营和维护收益
    　　C. 采用灵活的商业模式和收费策略
    　　D. 进行成本效益分析和投资回报评估

- 一家咖啡店为了提高顾客满意度,计划定期收集顾客对咖啡口味的反馈,这属于用户体验设计中的___(8)___方面。

    (8)A. 建立用户体验反馈群体　　　　　B. 策划用户体验的发布策略
    　　C. 优化系统的反馈机制　　　　　　D. 强化视觉优化

- 某电商平台为了提高广告投放效果,计划利用历史数据对用户进行精准定位,这属于精准营销中重点关注的___(9)___方面。

    (9)A. 系统支持营销活动与消费者互动
    　　B. 互联网历史数据助力精准配置目标用户
    　　C. 对商品库存进行智能化管理
    　　D. 自动化完成重复性营销任务

- 一家连锁超市计划开发一款 App,以提高顾客购物的便利性和忠诚度,在需求分析阶段,他们应该重点关注___(10)___。

    (10)A. 预测消费者购物趋势　　　　　　B. 确定系统的核心功能和特性
    　　 C. 自动化完成重复性营销工作　　　D. 强化视觉优化以提升用户体验

答案及解析

（1）**答案：B** 解析　优化用户界面是为了更好地满足用户需求，提高用户体验，这属于收集用户需求和期望的范畴。A 选项关注系统的核心功能和特性，与界面优化不直接相关；C 选项关注市场和竞争情况，更多用于战略层面；D 选项虽然涉及系统反馈，但它是用户体验优化的一个具体方面，不属于需求分析的主要方面。

（2）**答案：B** 解析　餐饮连锁店通过大数据分析顾客消费习惯并提供个性化菜单推荐，正是精准营销中提供个性化推荐服务的体现。A 选项关注库存和物流配送的智能化管理，与菜单推荐不直接相关；C 选项虽然涉及自动化，但更多是指如机器人客服等重复性工作的自动化；D 选项预测消费者购物趋势虽然也是大数据应用的一部分，但在此情境中更侧重于推荐服务。

（3）**答案：A** 解析　在线教育平台推出针对小学生的数学辅导软件，在需求分析阶段应重点考虑系统的性能指标，以确保软件能够满足小学生的学习需求，如稳定性、响应速度等。B 选项小学生的游戏偏好虽然可能影响软件设计，但不属于需求分析的核心；C 选项竞争对手的广告投放策略更多用于市场营销；D 选项成年人的学习需求与小学生数学辅导软件不直接相关。

（4）**答案：A** 解析　电商网站在支付环节增加多种支付方式，是为了提供个性化的支付选项，以满足不同用户的支付需求，这属于提供个性化的设置和选项的范畴。B 选项虽然涉及用户界面设计，但更侧重于整体的简洁易用性；C 选项关注系统反馈机制的优化；D 选项强调视觉优化。

（5）**答案：C** 解析　健身房通过智能手环收集会员运动数据并提供个性化健身建议，是基于大数据分析预测消费者健身需求的一种体现。A 选项虽然涉及消费者行为分析，但更多的是指购买行为，与健身建议不直接相关；B 选项关注商品库存的智能化管理；D 选项涉及自动化营销工作，如机器人客服等。

（6）**答案：B** 解析　旅游网站计划通过社交媒体平台进行联合营销，需要注重联合营销接口的支撑能力，以确保与其他平台的顺利对接和拓展。A 选项关注法律法规的遵循；C 选项涉及流量计量功能，虽然与营销相关，但不是联合营销的核心注意事项；D 选项虽然重要，但在此情境中更侧重于联合营销的接口支撑。

（7）**答案：C** 解析　电商企业计划采用灵活的商业模式和收费策略，正是效益分析中关注的一个方面，旨在提高系统的商业价值和投资回报率。A 选项关注成本评估；B 选项关注收益预测；D 选项虽然涉及效益分析，但更多的是指整体的成本效益和投资回报评估过程。

（8）**答案：A** 解析　咖啡店计划定期收集顾客对咖啡口味的反馈，这一举措直接对应了"建立用户体验反馈群体"的行为，即通过特定方式（如定期调查）主动获取用户反馈，以改进产品或服务，提升用户体验。

（9）**答案：B** 解析　电商平台利用历史数据对用户进行精准定位，以提高广告投放效果，正是精准营销中互联网历史数据助力精准配置目标用户的体现。A 选项虽然涉及营销活动与消费者

219

的互动，但更多的是指互动功能的支持；C 选项关注商品库存的智能化管理；D 选项涉及自动化营销任务。

（10）**答案：B　解析**　连锁超市开发 App 以提高顾客购物的便利性和忠诚度，在需求分析阶段应重点关注系统的核心功能和特性，如商品搜索、购物车管理、会员积分等。A 选项虽然涉及消费者购物趋势的预测，但更多是在系统运营阶段考虑的内容；C 选项关注自动化营销工作，与需求分析阶段不直接相关；D 选项虽然重要，但更多属于用户体验设计层面，不是需求分析的核心。

23.4　系统架构

- 在新型消费系统的总体架构中，___(1)___是确保系统能够处理大量用户请求和数据的关键。

  （1）A. 数据安全和隐私保护能力　　　　B. 处理大量用户请求能力

  　　C. 实时响应和交互能力　　　　　　D. 多终端支持能力

- 新零售技术架构中，___(2)___提供了系统的核心功能。

  （2）A. 设备层　　B. 接口层　　C. 服务层　　D. 数据层

- 消费者在使用新型消费系统时，其个人信息和支付安全主要由___(3)___保障。

  （3）A. 应用层　　　　　　　　　　　　B. 数据层

  　　C. 支撑平台层　　　　　　　　　　D. 安全保障层

- 某电商平台计划提升其系统的可扩展性，以便快速适应市场变化，以下___(4)___措施不是直接相关的。

  （4）A. 模块化设计　　　　　　　　　　B. 基于云计算的架构

  　　C. 自动化运维和部署　　　　　　　D. 强化视觉优化

- 在新型消费系统的技术架构中，___(5)___负责存储消费者信息、商品信息等数据。

  （5）A. 设备层　　　　　　　　　　　　B. 接口层

  　　C. 数据层　　　　　　　　　　　　D. 应用层

- 某餐饮连锁店计划开发一款点餐 App，以提高顾客点餐效率和体验，以下___(6)___不是其技术架构中必须考虑的。

  （6）A. 消费者 App 接口　　　　　　　　B. 厨房打印设备接口

  　　C. 广告推送服务　　　　　　　　　D. 菜品信息数据库

- 在新型消费系统的安全保障措施中，___(7)___是防止未经授权访问系统的关键。

  （7）A. 数据加密　　　　　　　　　　　B. 防火墙

  　　C. 监控和日志记录　　　　　　　　D. 身份认证

- 某电商平台为了提高系统的稳定性和安全性，计划部署一套入侵检测系统，这属于___(8)___的安全保障措施。

  （8）A. 数据层　　　　　　　　　　　　B. 应用层

  　　C. 支撑平台层　　　　　　　　　　D. 安全保障层

- 在新型消费系统的灵活扩展方面，___(9)___措施有助于系统功能的快速迭代和更新。

  (9) A．模块化设计　　　　　　　　　B．基于云计算的架构
  　　C．强化视觉优化　　　　　　　　D．统一数据管理和分析平台

- 某零售企业计划开发一款线上购物 App，为了提高用户购物体验，以下___(10)___不是其必须考虑的技术因素。

  (10) A．实时响应和交互能力　　　　　B．物流接口和规则引擎接口
  　　 C．消费者信息数据库　　　　　　D．线下门店促销活动安排

答案及解析

（1）**答案：B** **解析** 新型消费系统需要能够处理大量用户请求和数据，这是确保系统高效运行和满足用户需求的基础。A 选项虽然重要，但更多地关注数据的安全性；C 选项关注系统的响应速度；D 选项关注系统的多终端兼容性。

（2）**答案：C** **解析** 在新零售技术架构中，服务层包括消费者 App 服务、商家 Web 服务、支付服务、物流服务等，这些服务共同构成了系统的核心功能。设备层主要负责与用户和商家的交互；接口层负责不同系统之间的通信；数据层负责存储系统所需的数据。

（3）**答案：D** **解析** 消费者个人信息和支付安全主要由系统的安全保障措施来保障，这些措施包括数据加密、身份认证、防火墙等，它们共同构成了系统的安全保障层。应用层主要负责提供用户界面和交互体验；数据层负责存储数据；支撑平台层提供系统支持和维护。

（4）**答案：C** **解析** 强化视觉优化主要关注用户体验的改善，与系统的可扩展性不直接相关。模块化设计有助于系统功能的灵活扩展；基于云计算的架构提供了弹性计算资源，支持系统的快速扩展；自动化运维和部署提高了系统部署和运维的效率，有助于快速适应市场变化。

（5）**答案：C** **解析** 在新型消费系统的技术架构中，数据层负责存储系统所需的各种数据，包括消费者信息、商品信息等。设备层主要负责与用户和商家的交互；接口层负责不同系统之间的通信；应用层主要负责提供用户界面和交互体验。

（6）**答案：C** **解析** 虽然广告推送服务在某些 App 中可能很重要，但对于餐饮连锁店的点餐 App 来说，它并不是必须考虑的技术架构部分。消费者 App 接口是必需的，用于与消费者进行交互；厨房打印设备接口也是必要的，用于将订单信息传递给厨房；菜品信息数据库用于存储菜品信息，供消费者选择和点餐。

（7）**答案：D** **解析** 身份认证是防止未经授权访问系统的关键措施，它确保只有合法的用户才能访问系统。数据加密主要用于保护数据的机密性；防火墙用于阻止外部攻击；监控和日志记录用于记录系统的运行情况，以便及时发现和解决问题。虽然这些措施也很重要，但身份认证是防止未经授权访问的直接手段。

（8）**答案：D** **解析** 入侵检测系统属于系统的安全保障措施之一，它主要用于检测和防御外部攻击。虽然题干没有直接列出"安全保障层"，但根据题意，入侵检测系统应归类于这一层级。

数据层主要负责存储数据；应用层主要负责提供用户界面和交互体验；支撑平台层提供系统支持和维护。

（9）**答案：A** **解析** 模块化设计有助于系统功能的快速迭代和更新，因为每个模块都是相对独立的，可以单独开发和测试，从而加快系统的更新速度。基于云计算的架构提供了弹性计算资源，但不一定直接加速功能的迭代和更新；强化视觉优化主要关注用户体验的改善；统一数据管理和分析平台主要用于数据的整合和分析。

（10）**答案：D** **解析** 虽然线下门店促销活动安排对于零售企业来说很重要，但它不是开发线上购物 App 时必须考虑的技术因素。实时响应和交互能力是提高用户购物体验的关键；物流接口和规则引擎接口是线上购物 App 必须考虑的技术接口；消费者信息数据库用于存储用户信息，支持个性化推荐等功能。

第24章 法律法规和标准规范

24.1 法律法规

- 下列___(1)___不属于法的四大基本特征。
  - (1) A．法是调整人的行为或社会关系的规范
    - B．法是由国家制定或认可，并具有普遍约束力的社会规范
    - C．法是以道德强制力保证实施的社会规范
    - D．法是规定权利和义务的社会规范
- 在中国特色社会主义法律体系中，___(2)___是规范社会民事和商事活动的基础性法律。
  - (2) A．宪法相关法　　　　　　B．民法商法
    - C．行政法　　　　　　　　D．经济法
- 下列关于法的效力的说法，错误的是___(3)___。
  - (3) A．法的效力即法律的约束力
    - B．法的对象效力通常不包括外国人和无国籍人
    - C．法律的空间效力指法律在哪些地域有效力
    - D．法律的时间效力涉及法律何时生效、何时终止效力以及是否具有溯及力
- 在法律法规体系的效力层级中，___(4)___具有最高的法律效力。
  - (4) A．法律　　　　　　　　　B．行政法规
    - C．地方性法规　　　　　　D．宪法
- 下列法律___(5)___不是系统规划项目管理中常用的法律。
  - (5) A．《中华人民共和国民法典》（合同编）
    - B．《中华人民共和国招标投标法》
    - C．《中华人民共和国消费者权益保护法》
    - D．《中华人民共和国专利法》

- 《中华人民共和国网络安全法》是我国＿＿（6）＿＿的首部基础性法律。

   （6）A. 数据安全 B. 知识产权保护

   C. 网络空间安全管理 D. 电子商务

- 下列＿＿（7）＿＿不属于法律终止生效的原因。

   （7）A. 法律被明确废止 B. 法律被新法替代且新法规定其废止

   C. 法律因违宪被撤销 D. 法律因社会舆论压力而失效

- 在处理地方性法规与部门规章之间对同一事项规定不一致的情况时，应＿＿（8）＿＿。

   （8）A. 直接适用地方性法规

   B. 直接适用部门规章

   C. 由国务院提出意见并决定适用哪项规定

   D. 由全国人大常委会裁决

- 下列法律＿＿（9）＿＿主要规定了发明创造的保护。

   （9）A.《中华人民共和国民法典》（合同编）

   B.《中华人民共和国专利法》

   C.《中华人民共和国著作权法》

   D.《中华人民共和国商标法》

- 关于法律的时间效力中的溯及力，下列说法正确的是＿＿（10）＿＿。

   （10）A. 所有新法都具有溯及力

   B. 所有旧法都不具有溯及力

   C. 法律的溯及力由法律规定，若无明确规定则不具有溯及力

   D. 法律的溯及力仅适用于刑事案件

答案及解析

（1）**答案：C** 解析 法的四大基本特征包括调整人的行为或社会关系的规范、由国家制定或认可并具有普遍约束力、以国家强制力保证实施、规定权利和义务。道德强制力并非法的特征，法是以国家强制力为保证的。

（2）**答案：B** 解析 民法商法是规范社会民事和商事活动的基础性法律，调整平等主体的自然人、法人和非法人组织之间的人身关系和财产关系。

（3）**答案：B** 解析 法的对象效力包括对中国公民的效力以及对外国人和无国籍人的效力。A、C、D 选项均正确描述了法的效力的不同方面。

（4）**答案：D** 解析 在法律法规体系的纵向效力层级中，宪法具有最高的法律效力，随后依次是法律、行政法规、地方性法规、规章。

（5）**答案：C** 解析 《中华人民共和国消费者权益保护法》虽然是一部重要的法律，但它并不是直接涉及系统规划项目管理的常用法律范畴。

(6) **答案**：C **解析** 《中华人民共和国网络安全法》是我国第一部全面规范网络空间安全管理方面问题的基础性法律。

(7) **答案**：D **解析** 法律终止生效的原因通常包括法律被明确废止、被新法替代且新法规定其废止、因违宪被撤销等。社会舆论压力并非法律终止生效的法定原因。

(8) **答案**：C **解析** 根据规定，地方性法规与部门规章之间对同一事项规定不一致，不能确定如何适用时，由国务院提出意见并决定适用哪项规定。国务院认为适用地方性法规的，应当决定在该地方适用地方性法规的规定；认为适用部门规章的，应当提请全国人大常委会裁决。

(9) **答案**：B **解析** 《中华人民共和国专利法》主要规定了发明创造的保护，包括发明、实用新型和外观设计。

(10) **答案**：C **解析** 法律的溯及力是指法律对其生效以前的事件和行为是否适用。这通常由法律规定，若无明确规定则不具有溯及力。并非所有新法都具有溯及力；也非所有旧法都不具有溯及力；法律的溯及力不仅适用于刑事案件，也可能适用于民事、行政等案件。

24.2 标准规范

- 小王在购买家电时，发现产品上标注有"GB"字样，这意味着该家电符合___(1)___。
    - (1) A．国际标准 B．国家强制性标准
    - C．推荐性国家标准 D．企业标准
- 李女士在参与社区垃圾分类活动时，了解到分类标准是根据___(2)___的标准制定的。
    - (2) A．国家标准 B．行业标准 C．地方标准 D．团体标准
- 某软件开发公司准备将其软件产品申请为国家级标准，应首先向___(3)___提交申请。
    - (3) A．ISO B．SAC C．ITU D．CAS
- 张先生在网上购买了一款标注为"GB/T"的家用电器，这表示该电器遵循的是___(4)___。
    - (4) A．强制性标准 B．推荐性标准
    - C．企业内部标准 D．行业标准
- 某城市为了提升公共交通服务质量，制定了专门的公交服务标准，这属于___(5)___。
    - (5) A．国家标准 B．地方标准 C．团体标准 D．行业标准
- 某公司在实施 ISO/IEC 20000 信息技术服务管理体系时，发现其服务流程与现行国家标准存在冲突，应___(6)___。
    - (6) A．优先遵循 ISO/IEC 20000 标准 B．优先遵循国家标准
    - C．自行决定遵循哪个标准 D．向标准化管理部门申请裁决
- 某企业在其生产线上引入了一套自动化管理系统，该系统需符合我国信息技术服务标准体系中的___(7)___。
    - (7) A．通用标准 B．基础服务标准
    - C．技术创新服务标准 D．保障标准

- 小王在使用一款手机 App 时，发现其隐私政策明确声明遵循 ISO/IEC 27001 标准，这一标准主要关注___(8)___。

　　(8) A. 数据服务质量　　　　　　　　B. 信息安全管理体系
　　　　C. 用户界面设计　　　　　　　　D. 网络通信协议

- 某市政府为了推动智慧城市建设，制定了一系列智慧城市相关的地方标准，这些标准应___(9)___。

　　(9) A. 每年复审一次　　　　　　　　B. 每两年复审一次
　　　　C. 不超过五年复审一次　　　　　D. 无须复审

答案及解析

（1）**答案：B**　**解析**　国家标准分为强制性标准和推荐性标准，其中强制性国家标准的代号为"GB"，表示该家电必须符合这一强制性标准，以保障消费者安全和产品质量。

（2）**答案：C**　**解析**　地方标准是根据本地区的特殊情况和需要，由省、自治区、直辖市人民政府标准化行政主管部门制定的标准，垃圾分类等地方性规定往往依据地方标准执行。

（3）**答案：B**　**解析**　SAC（中国国家标准化管理委员会）是负责我国国家标准制定、批准和发布的权威机构。

（4）**答案：B**　**解析**　GB/T 代表推荐性国家标准，意味着该电器遵循的是国家推荐使用的标准，而非强制执行的标准。

（5）**答案：B**　**解析**　地方标准是在全国性的技术标准下，根据本地区的特殊情况和需要，由省、自治区、直辖市人民政府标准化行政主管部门制定的标准。公交服务标准属于地方性的公共服务标准，因此属于地方标准。

（6）**答案：B**　**解析**　在我国，国家标准具有法律效力，当国际标准与国家标准存在冲突时，应优先遵循国家标准。

（7）**答案：C**　**解析**　技术创新服务标准是指在传统信息技术服务基础上，与新一代信息技术充分结合产生的新型服务模式的标准。自动化管理系统作为新一代信息技术的应用，其引入和实施应符合技术创新服务标准的要求。

（8）**答案：B**　**解析**　ISO/IEC 27001 是信息安全管理体系的国际标准，它规定了信息安全管理体系的要求，旨在帮助组织建立、实施、维护和持续改进信息安全管理体系。

（9）**答案：C**　**解析**　根据《地方标准管理办法》，地方标准的复审周期一般不超过五年。在智慧城市建设过程中，随着技术的不断进步和政策的调整，相关地方标准也需要适时进行复审和更新，以确保其适用性和有效性。

第25章 案例分析

25.1 智慧城市案例分析

【说明】

近年来,某市高度重视智慧城市和数字政府建设,将其作为深化改革、优化营商环境和增进人民福祉的关键举措,并发布了《数字政府和智慧城市"十四五"发展规划》。该市在数字经济、数字政府、数字社会等领域领先全国,尤其在数字经济方面,凭借独特优势吸引了众多科技创新型企业,实现了多领域数字化应用创新。政务服务全面推行"一网通办",社会治理建立了大数据支撑机制,新技术高效推广,工业互联网应用领先,催生新业态新模式。此外,该市基础设施已达领先水平,为全市数字化发展提供了有力支撑。

【问题1】
什么是智慧城市?

【问题2】
智慧城市的发展关注焦点有哪些?

【问题3】
智慧城市的系统架构有哪几层?

案例题答案

【问题1】答案

智慧城市是指在城市规划、设计、建设、管理与运营等领域中,通过物联网、云计算、大数据、空间地理信息集成等信息数字技术的应用,使得城市管理、教育、医疗、房地产、交通运输、公用事业和公众安全等城市组成的关键基础设施组件和服务更互联、高效和智能，从而为市民提供更美好的生活和工作服务，为组织创造更有利的商业发展环境，为政府赋能更高效的运营与管理机制。

【问题 2】答案

智慧城市的发展关注焦点有：

1．城市治理
2．惠民服务
3．生态宜居
4．产业发展
5．区域协同

【问题 3】答案

智慧城市的系统架构有：

1．业务架构
2．应用架构
3．数据架构
4．技术架构
5．其他内容

25.2　智慧园区案例分析

【说明】

某智慧园区项目紧贴"以人为本"的核心战略，积极响应国家"物联网+"与某市"三创"战略，以及"建设宜居宜业的现代化山海品质新城"的规划要求。园区内创新性地打造了"IoT 物联平台+IoC 决策运营中心+9 大智慧园区服务体系+9 个场景智慧解决方案"，实现了远程控制、在线检测、协同办公等 13 个场景的 5G 部署，全面覆盖智慧科研、信息服务、智慧教育、智慧康养、智慧楼宇、配套服务等多种业态。这一项目不仅为园区提供了统一管理、应急部署、互动展示等方面的有效管理和集成，更为用户带来了安全、绿色、高效、便捷的园区生活。通过构建创新、开放、共赢的社群生态圈平台及智慧生活产业链群，该智慧园区已成为以新兴产业为主导，智慧生活及精品商业为配套的百万平米级智慧产城园区。

【问题 1】

智慧园区的概念是什么？

【问题 2】

智慧园区的发展关注焦点有哪些？

【问题 3】

智慧园区评价指标应包括哪些？什么是产城融合？

案例题答案

【问题1】答案

智慧园区是依托对物联网、移动互联网、云计算、大数据、人工智能等新一代信息技术的开发利用，面向各类业务场景，整合内外部资源，实现设备设施智能化、运营管理高效化、产业服务便捷化、信息数据共享化、产业生态体系化、双碳发展科学化，赋能产业高质量发展，深化产业协同创新，从而打造具备韧性、敏捷、高效、绿色等特征的新型园区。

【问题2】答案

智慧园区的发展关注焦点有：

1. 招引建设
2. 经济监测
3. 园区运行
4. 公共安全
5. 产城融合
6. 绿色园区
7. 关键评价指标

【问题3】答案

智慧园区评价指标体系的最佳实践框架中，明确了智慧园区建设可选的覆盖方向，包括产城融合、组织战略、运营管理、产业服务、社群服务、绿色环保、安全应急、运行管理、信息与应用等，园区可以结合自身的发展阶段、属性类型和特征特点，进行选择性使用和规划布局。

产城融合指的是评价园区与城市融合发展方面的智慧化程度。

25.3 数字乡村案例分析

【说明】

A县作为浙江省首批省级乡村振兴产业示范县，致力于以四季鲜果产业为核心，推动具有地方特色的数字乡村规划建设。通过构建物联网基础设施、智慧农业大数据中心及数字乡村大数据平台，A县深度融合了物联网、云计算、大数据和区块链等信息技术于农业农村领域，旨在全面提升农产品的生产、管理、营销效能及乡村整体的数字化水平。其总体架构涵盖农业大数据中心、业务应用平台、智慧农业示范点等数字化系统建设，有效对接并整合现有业务系统与数据资源，实现行政监管、生产经营主体管理、智慧农机应用、产业数据可视化分析及多元化数据应用。此外，智慧果园与数字植物工厂的建设进一步促进了信息技术与生产经营的深度融合，显著提升了A县农业的数字化生产、智慧化管理、网络化经营及便捷化服务能力，朝着成为长三角地区数字乡村创新高地与示范区的目标稳步迈进。

【问题 1】
什么是数字乡村？

【问题 2】
数字乡村的发展关注焦点有哪些？

【问题 3】
乡村数字经济的主要方向有哪些？

案例题答案

【问题 1】答案

数字乡村是运用信息数字技术，整合农业农村各领域数据资源，实现数字化与农业农村经济社会发展的全面深度融合，推动农业农村现代化、乡村治理能力智能化和城乡基本公共服务均等化，全面推进乡村振兴。

【问题 2】答案

数字乡村的发展关注焦点有：
1. 乡村数字经济
2. 乡村数字服务
3. 乡村数字治理
4. 乡村数字生态
5. 乡村资源数字化

【问题 3】答案

乡村数字经济的主要方向包括农业数字化、乡村电子商务、乡村普惠金融、乡村新业态等。

25.4 企业数字化案例分析

【说明】

某国有集团企业，自 20 世纪 50 年代成立以来，已发展成为涵盖石油和化工、农业现代化服务、城市开发、非银行金融等多领域的综合性集团。其旗下的销售公司，经过不懈努力，已跻身我国油品销售的主力军行列，业务遍布 20 余个省（自治区、直辖市），拥有 20 多家区域销售公司，近 2000 座加油站和 50 余座分销油库。该公司以灵活多样的营销策略，为消费者提供清洁、高品质的燃油及多样化增值服务，赢得了广泛认可。

2018 年，该销售公司敏锐地捕捉到数字化转型的浪潮，率先开展实践并取得显著成效，成为企业数字化转型的典型案例。秉承集团"科学至上"的发展理念，销售公司将企业愿景设定为"建设成为创新驱动的国内一流油品综合服务商"，并积极推进数字化转型。为此，公司制定了一系列支持政策，营造了良好的数字化转型文化氛围，同时创新商业模式，加速业务转型升级。

在深入研究数字化环境下的业务协同、融合与提升方向后,销售公司绘制了数字化业务场景全景图和数字化蓝图,明确了"自营+平台+服务"的战略方向。公司以建设承载核心业务的数字化平台(管服平台和贸易平台)为核心,提升开放、融合的数字技术服务能力,全面增强战略运营管控效能。在此基础上,公司陆续建设了油品采购、海运物流服务采购、终端客户销售、零售客户销售、贸易客户销售等多个数字化平台,不断推进经营数字化和决策智能化,重构业务流与上下游关系,打造全新的经营生态。

为进一步巩固并提升数字化转型效果,该集团自上而下成立了"数字化转型"部门及"线上××"工作领导小组,致力于不断提升生产运营效率和客户体验,推动集团数字化转型迈向新高度。

【问题1】
"紧跟时代步伐,满足时代需求"是企业高质量发展的基础,面对新时代的到来,企业需要能够高效捕捉到满足新时代发展的新业务、新模式和新方法等,从而实现高质量发展。那么哪些是时代驱动企业开展数字化转型的关键动力?

【问题2】
企业数字化转型关注的焦点有哪些?

【问题3】
企业数字化转型的规划要点有哪些?

案例题答案

【问题1】答案
"紧跟时代步伐,满足时代需求"是企业高质量发展的基础,面对新时代的到来,企业需要能够高效捕捉到满足新时代发展的新业务、新模式和新方法等,从而实现高质量发展。消费重塑、产业调整、劳动供给、绿色低碳、发展格局等,都是时代驱动企业开展数字化转型的关键动力。

【问题2】答案
企业数字化转型关注的焦点有:
1. 客户中心
2. 数智赋能
3. 敏捷组织
4. 新型文化

【问题3】答案
企业数字化转型的规划要点有:
1. 管控规划活动
2. 定义数字化蓝图
3. 明确数字化发展需求
4. 制定解决方案与路径规划

5. 确保保障措施的有效性
6. 规划建设数字人才

25.5 智能制造案例分析

【说明】

A 公司作为发动机行业的领军企业，专注于柴油发动机的生产，主要为重卡提供配套服务。为积极响应国家智能制造战略，A 公司引入智能制造理念与技术，对重型车用发动机生产基地进行全面升级，实现了设计数字化、制造自动化、信息集成化，并将精益化和绿色化理念贯穿于生产全过程，打造了一个智能化的工厂运营管理体系。该体系通过自动采集、传输、存储、决策分析与反馈控制的闭环系统，展现出自我学习、自行维护与自主控制的智能特性，能够根据实际运行环境自行调整系统配置，以优化生产过程中的质量、成本和效率。

A 公司的智能制造项目遵循总体规划和分步实施的原则，历经三个阶段，从数字化设计、生产设备自动化，到物流自动化、生产过程数据采集与可视化，再到 ERP、PDM、CAPP、MES 等系统的集成应用，以及互联网+工厂智造和智能服务的推进，逐步构建起产品全生命周期管理信息化系统框架。经过数年的努力，A 公司的智能制造模式已初具规模，实现了数字化设计与柔性、高效、自动化的生产线生产，设备互联水平大幅提升，保持了行业领先地位。

【问题 1】
什么是智能制造？

【问题 2】
智能制造的发展关注焦点有哪些？

【问题 3】
CMMM 是什么？简单介绍它的 5 个等级要求。

案例题答案

【问题 1】答案

智能制造是基于新一代信息通信技术与先进制造技术深度融合，贯穿于设计、生产、管理、服务等制造活动的各环节，具有自感知、自学习、自决策、自执行、自适应等功能的新型生产方式。智能制造是一项重要的国家战略，是各国推动新一代工业革命的关注焦点，也是企业数字化转型在生产制造业的体现。

【问题 2】答案

智能制造的发展关注焦点有：
1. 智能制造人才培养
2. 数字化研发设计

3. 生产过程智能化
4. 设备管理智能化
5. 智能物流与仓储配送
6. 智慧安全管理
7. 智慧环保管理
8. 智慧能源管理

【问题3】答案

CMMM是智能制造能力成熟度模型，它将智能制造的发展划分为5个由低到高的等级：一级（规划级），要求企业开始规划实施智能制造的基础和条件，并对核心业务进行流程化管理；二级（规范级），企业需要采用自动化技术和信息技术对核心装备和业务进行改造和规范，实现单一业务的数据共享；三级（集成级），要求企业对装备、系统进行集成，实现跨业务间的数据共享；四级（优化级），企业应挖掘人员、资源、制造等方面的数据，形成知识、模型，对核心业务进行精准预测和优化；五级（引领级），作为最高等级，要求企业基于模型持续驱动业务优化和创新，实现产业链协同，并衍生出新的制造模式和商业模式。每一高级别都涵盖了其以下所有低级别的要求。

25.6 新型消费系统案例分析

【说明】

新型消费通过推动消费数字化转型和多渠道销售布局，为服装企业转型发展提供了新思路。面对线上消费带来的冲击，许多服装品牌面临线下客流减少、销售停滞等难题。为应对这些挑战，服装企业需抓住新零售机遇，利用智能技术改进产销端，满足消费者多样化的需求。在新零售背景下，消费者主权时代到来，消费需求成为品牌成长的主要导向。服装市场趋向多样化，新生代消费主力军对服装色彩、款式、面料等方面表现出强烈的自我意识和求新主义。因此，服装企业需构建智慧门店，借助大数据和新兴科技，放大实体零售优势，为消费者提供沉浸式体验。智慧门店通过精准定位和分析消费者行为特征，利用数字大脑洞察消费行为，优化消费体验布局，辅助消费者做出购买决策。基础技术如交互引流、室内定位、射频识别和虚拟试衣等，共同构成服装智慧门店的核心，助力企业摆脱实体零售困境，实现全渠道平衡发展。

【问题1】
新型消费的概念是什么？

【问题2】
新型消费的发展关注焦点有哪些？

【问题3】
在规划新型消费系统的精准营销时，企业应着重关注哪些方面？

案例题答案

【问题 1】答案

新型消费是指不断适应居民消费升级趋势和方向，利用互联网、人工智能、区块链等信息数字技术实现供需、产销高效匹配，形成一系列新业态、新模式、新场景和新服务，从而有效满足消费者对更好产品和服务的需求，并促进消费高质量发展的各类消费的总称。

【问题 2】答案

新型消费的发展关注焦点有：

1．新零售业态
2．互联网+服务
3．共享型消费
4．兴趣消费

【问题 3】答案

在规划新型消费系统的精准营销时，企业应着重关注以下几点：

（1）利用互联网历史数据来精准、高效地配置目标用户，从而提升广告投放的效果。

（2）确保系统能够支持营销活动与消费者的互动，进而增强品牌和产品的认知度及美誉度。

（3）深度分析消费者的购买行为、消费习惯和偏好，提供个性化推荐服务，以优化消费体验并促进复购。

（4）借助大数据分析预测消费者的购物趋势和未来需求，为商家规划生产和销售策略提供有力支持。

（5）通过技术手段对商品库存、物流配送等环节进行智能化管理，以提高管理效率并降低成本。

（6）利用技术自动化完成重复性、烦琐的工作，如引入机器人客服，以减轻人力成本和管理压力。